Ernest Bozzano

Les Phénomènes de Hantise

TRADUIT DE L'ITALIEN PAR C. DE VESME,

Éditions Exergue

Ernest Bozzano
Les Phénomènes de hantise
Éditions Exergue
ISBN: 2-911525-15-9
Collection "Deux Mondes"
ISSN: 1275-2460

TABLE DES MATIÈRES

PRÉFACE DE L'ÉDITEUR

L'ouvrage que nous rendons ici à nouveau disponible pour le public français est un véritable classique, insurpassé jusqu'à présent dans son domaine. Il est en effet difficile de faire mieux qu'Ernest Bozzano dans la rigueur de l'investigation, la clarté de l'exposition et l'exhaustivité des hypothèses étudiées.

Ernest Bozzano appartient à cette génération de savants passionés par les phénomènes qu'on appelait alors « métapsychiques ». Jusqu'à la première moitié du XIXe, en effet, la communauté scientifique n'avait pas peur de se confronter à ce monde étrange et déroutant. Les temps ont bien changé, et il est maintenant de rigueur, sous peine d'ostracisme immédiat, de se voiler la face et de crier à l'imposture dès que le paranormal pointe son nez. Quelques signes, cependant, indiquent que, avec l'épuisement et le vieillissement de la génération des savants étroitement matérialistes, la parapsychologie savante peut maintenant renaître de ses cendres. L'un de ces signes est la reprise des activités de l'Institut Métapsychique International, qui fut en France, depuis sa fondation en 1919, le carrefour de cette recherche, et en collaboration avec lequel les éditions Exergue ouvriront très prochainement une nouvelle collection.

On peut cependant regretter que les chercheurs modernes en parapsychologie délaissent le domaine des faits dits « anecdotiques », c'est-à-dire spontanés et non reproductibles en laboratoires, pour lesquels ils dépendent essentiellement de témoignages dont les sceptiques peuvent toujours contester la véracité. Afin d'établir de manière incontestable la réalité des faits parapsychologiques, il a été jugé plus probant de se tourner vers les tests statistiques en laboratoire.

Pourtant, ce sont bien les phénomènes spontanés qui sont, de loin, les plus impressionnants. Bozzano se penche ici sur une catégorie particulière de tels faits. Il en donne de nombreux exemples parmi les mieux attestés de ceux qui ont déjà fait l'objet d'analyses publiées dans les revues des très prestigieuses *Society for Psychical Research* d'Angleterre et les Etats-Unis. Il s'attache à dégager leurs traits communs et de les confronter aux diverses hypothèses possibles.

Il y a, d'un côté, l'hypothèse dite « spirite », qui attribue les manifestations de fantômes aux désincarnés, et, de l'autre, les hypothèses télépathiques ou psychométriques, destinées à expliquer les phénomènes sans avoir recours à l'hypothèse de l'immortalité de l'âme. Bozzano débat avec les deux camps, pour dégager une position médiane qui rend justice à l'ensemble des manifestations. Il fait donc partie des chercheurs qui, sans tomber dans l'attitude partisane et peu rigoureuse des spirites, reconnaît néanmoins qu'un certain nombre de faits ne peuvent s'expliquer sans l'intervention des morts.

Par contre, en confrontant l'aspect automatique et répétitif de la plupart des phénomènes de hantise avec, d'une part, le même aspect observé dans certaines pathologies des vivants et, d'autre part, les cas bien attestés de « fantômes de vivants » dus à des projections télépathiques de pensées intenses, il conclut que les cas les plus classiques de hantise ne manifestent pas directement la présence consciente de désincarnés, mais sont plutôt des projections télépathiques de ces désincarnés en proie à certaines obsessions morbides associées à un lieu.

Cette théorie, défendue avec brio par Bozzano, éclaire un très grand nombre de faits, tant psychologiques que parapsychologiques, et aucun chercheur sérieux ne peut, nous semble-t-il, en faire l'économie. La réédition de ce livre s'imposait donc.

CHAPITRE 1

INTRODUCTION

Parmi les phénomènes supranormaux ou métapsychiques, ceux de hantise sont les plus fréquents et les plus généralement connus. Il en est question dans les chroniques de tous les peuples, depuis l'antiquité la plus reculée jusqu'à nos jours ; les explorateurs en trouvent partout des traces, aussi bien parmi les Esquimaux du Groenland que parmi les aborigènes de l'Afrique, chez les Peaux-Rouges des Montagnes Rocheuses comme chez les indigènes de la Micronésie ; toutes les langues, tous les dialectes possèdent des termes pour les désigner. Afin de les définir, nous dirons que *les phénomènes de hantise comprennent cet ensemble de manifestations mystérieuses et inexplicables dont le trait caractéristique essentiel est de se rattacher d'une façon spéciale à un lieu déterminé.*

Dans leur forme *auditive,* ils comprennent toutes sortes de sons sans cause apparente, depuis des coups et craquements de différentes intensités, jusqu'à des bruits imitant la chute de meubles ou le bris d'objets de ménage, tels que bouteilles, vaisselle, vitrages ; on croit entendre se fermer violemment des portes et des fenêtres, traîner de lourds objets sur le sol, comme des tonneaux ou autres ustensiles roulants, des chaises furieusement secouées, de grosses ferrailles s'écrouler avec un tapage infernal. En d'autres cas, ce sont des sons et des bruits qui semblent de provenance humaine, surtout des pas mesurés qui parcourent un couloir ou qui montent et descendent un escalier ; plus rarement on perçoit un étrange frou-frou de robes de soie passant et repassant devant les assistants, ou l'écho de cris plaintifs, de gémissements déchirants, de sanglots, de soupirs, de murmures, de mots et de phrases articulées ; il arrive même parfois d'entendre des passages de psalmodies liturgiques, de chants, de chœurs, de concerts musicaux, en des lieux anciennement destinés à des exhibitions analogues.

L'observation nous montre que ces sons, ces bruits sont en partie subjectifs ou hallucinatoires et en partie objectifs ou réels ; ceux de nature subjective sont cependant de beaucoup les plus fréquents. En effet, les portes et fenêtres dont on entend les claquements restent assez souvent fermées ; les meubles qui se renversent, la vaisselle qui se brise, sont retrouvés intacts à leur place ; en certains cas, des tapages jugés assourdissants par les personnes qui les perçoivent ne sont même pas entendus par quelques-uns des assistants. Par contre, il n'est pas rare qu'il se produise des sons et des bruits incontestablement objectifs, puisqu'on constate que les portes et fenêtres se sont réellement ouvertes ou qu'on les a surprises au moment même où elles claquaient ; on retrouve les meubles déplacés ou renversés, la vaisselle en morceaux ; ou bien, tous les assistants perçoivent simultanément des sons, des bruits, des gémissements qui deviennent parfois si formidables que des passants ont pu les entendre à des distances considérables. Il faut donc enregistrer l'existence de sons à perception « collective » et d'autres à perception « élective » les premiers sont généralement réels ; les deuxièmes ne peuvent être qu'hallucinatoires, bien que tout tende à prouver que les sons hallucinatoires tirent leur origine de conditions positivement extrinsèques.

Dans leur forme *visuelle,* les phénomènes de hantise comprennent des manifestations lumineuses et des apparitions de fantômes. Les manifestations lumineuses sont assez fréquentes ; le plus souvent, ce sont des clartés diffuses, illuminant les lieux de façon à rendre visible le fantôme qui se montre ; ou bien, ce sont des lueurs émanant du fantôme lui-même. Elles prennent, en certains cas, l'aspect de lumières sphéroïdales aux contours indécis, qui parcourent rapidement une courte trajectoire, puis s'évanouissent ; plus rarement, elles empruntent la forme de lumières globulaires aux contours précis, et persistent longtemps en planant en l'air. Il y a enfin des cas où la lumière proviendrait d'une bougie ou d'une petite lampe de nature hallucinatoire, portée en main par le fantôme ou encore de tisons, non moins hallucinatoires, d'une cheminée éteinte, et près de laquelle le fantôme se tient accroupi.

Les fantômes visualisés, sauf quelques apparitions d'animaux, revêtent toujours une forme humaine ; loin de se montrer entourés du blanc linceul spectral dont il est question dans les vieux contes, ils paraissent vêtus des costumes de l'époque à laquelle ils vécurent. Généralement, ils se présentent d'une manière si réaliste, qu'on pourrait les croire vivants ; quelquefois ils se montrent distinctement, mais transparents ; en d'autres cas, ils ne sont que des ombres avec forme humaine. La plupart du temps, ils semblent entrer par une porte, poursuivre leur chemin et entrer dans une autre chambre, où ils disparaissent ; mais souvent ils apparaissent subitement et s'évanouissent sur place comme de la vapeur ; ou même ils s'en vont en passant à travers une muraille ou une porte fermée. Parfois ils marchent, d'autres fois ils glissent, suspendus en l'air. Dans la plupart des cas ils se manifestent durant une longue série d'années, par intermittences, avec de longues périodes de relâche, et en certaines circonstances à des dates fixes ; mais généralement la durée de la hantise ne dure que quelques années, et souvent quelques mois, ou même seulement quelques jours. Leur manifestation est presque toujours précédée par le sentiment vague d'une « présence », qui saisit le percipient et l'amène à se retourner du côté où se trouve le fantôme ; si celui-ci s'approche, le percipient ressent comme une sorte de vent glacé. L'un des traits caractéristiques les plus fréquents que présentent les fantômes, c'est leur apparente indifférence vis-à-vis des vivants qui les contemplent, ou plutôt, leur apparente ignorance du milieu dans lequel ils se trouvent. Ils montent un escalier, traversent un corridor, pénètrent dans une chambre sans aucun but manifeste et sans se soucier des personnes qu'ils rencontrent ; ou bien ils vaquent à quelque fonction domestique, font des gestes de désespoir, s'accroupissent à côté du feu, en des conditions évidentes d'« absence psychique », comme si les actions qu'ils accomplissent se déroulaient par « automatisme somnambulique ». Tout cela n'empêche aucunement que cette règle comporte de nombreuses exceptions dans lesquelles le fantôme montre apercevoir les assistants, auxquels il s'adresse souvent intentionnellement par des gestes et des paroles – circonstance qui complique considérablement le problème à résoudre.

En ce qui concerne les phénomènes visuels il nous faut répéter ce que nous avons dit au sujet des fantômes auditifs, à savoir, que la perception des lueurs et des fantômes peut revêtir un caractère « collectif » ou un caractère « électif » dans le premier cas, tout prouve qu'il ne s'agit pas toujours de manifestations purement subjectives.

Dans leur forme *tactile,* les phénomènes de hantise sont rares et peu variés. Il s'agit alors de sensations de poids ou de pression sur quelque partie du corps, correspondant à la présence ignorée d'un fantôme assis sur le lit du percipient, ou exerçant une pression sur sa personne ; ce sont des mains glacées et gluantes qui étreignent, palpent, s'introduisent entre les draps et le corps ; dans une série de cas fort connus et suffisamment documentés, les mains fantomatiques qui serrèrent les percipients aux poignets, ou qui touchèrent les objets environnants, auraient laissé des empreintes indélébiles de brûlures, comme s'il s'était agi de mains enflammées.

Quant aux phénomènes de forme *olfactive*, ils sont encore plus rares que ceux tactiles, et varient depuis la puanteur cadavérique en rapport avec un drame de sang ou un cadavre non enterré, jusqu'au parfum de violettes rappelant un gracieux épisode survenu au lit de mort du défunt qui se manifeste.

Dans leur forme *physique,* outre les phénomènes auxquels nous avons déjà fait allusion, de meubles qui se déplacent, de fenêtres et portes qui claquent, de vaisselle qui se brise, il s'agit très souvent de sonnettes qui ne cessent de s'agiter bruyamment sans cause apparente, même après qu'elles ont été isolées par la suppression des cordons et des fils. Tout aussi fréquents sont les cas de « pluies de pierres », présentant des traits caractéristiques fort remarquables, comme lorsque les pierres parcourent des trajectoires contraires aux lois physiques, ou s'arrêtent en l'air, ou tombent lentement, ou frappent avec une dextérité non commune un but déterminé, ou heurtent sans faire de mal, ou bien sans rebondir ensuite, comme si elles étaient empoignées par une main invisible ; ou comme lorsque ces pierres se trouvent être chaudes, voire même brûlantes. En d'autres circonstances les draps sont violemment arrachés des lits de personnes couchées, ces dernières étant soulevées et déposées doucement sur le sol, si toutefois les lits eux-mêmes ne sont pas renversés. Plus rarement on a des chutes abondantes d'eau, de boue, de cendre, des disparitions soudaines d'objets, qui sont restitués plus tard d'une façon tout aussi mystérieuse ; moins fréquemment encore se produisent des phénomènes persécuteurs, au cours desquels les vêtements s'allument sur la victime désignée ; le feu prend même quelquefois au lit sur lequel elle est couchée, à la maison qu'elle habite – en ces cas il arrive d'assister au dégagement par en bas d'étincelles bleuâtres pétillantes, qui foncent sur la victime, sur le lit, sur la maison.

Telles sont les principales formes des phénomènes de hantise, d'où il ressort qu'ils comprennent deux catégories radicalement différentes de manifestations : d'un côté celles *subjectives ou hallucinatoires,* de l'autre celles *objectives* ou *physiques.* Et si l'on analyse les traits caractéristiques de chacune de ces deux catégories, on remarque entre elles d'autres différences importantes, consistant en ceci, que les phénomènes de hantise de forme *subjective* persistent longuement, coïncident d'habitude avec quelque événement de mort qui s'est produit dans les lieux hantés, et sont marqués par des apparitions de fantômes ; tandis que les phénomènes de forme *objective* sont de très courte durée, ne coïncident que rarement avec des cas de mort et ne sont presque jamais accompagnés d'apparitions de fantômes. En outre, ils offrent ce caractère distinctif d'être en rapport direct avec la présence d'un « sensitif ». En d'autres termes : les premiers semblent des phénomènes de nature plutôt *télépathique ;* les seconds, de nature plutôt *médiumnique.*

Ces différences radicales dans la forme des phénomènes en question sont, depuis longtemps, bien connues des personnes s'occupant de recherches métapsychiques, qui les partagent en deux catégories différentes, et désignent les uns sous le terme de « phénomènes de hantise proprement dite », les autres sous celui de « phénomènes de poltergeist » (mot allemand composé, qui signifie littéralement : « esprits tapageurs »). Au cours de cet ouvrage, je me conformerai donc aussi à ces subdivisions et à ces termes consacrés par l'usage, bien que les phénomènes de la deuxième catégorie puissent être plus justement appelés « phénomènes de hantise médiumnique ».

Maintenant, je m'empresse de formuler une restriction relative à cette subdivision des phénomènes de hantise en catégories, subdivision qui, bien que légitime et opportune au point de vue de la clarté, doit être, toutefois, considérée comme provisoire et conventionnelle. En effet, si, au lieu d'envisager les phénomènes tels qu'ils apparaissent aux limites extrêmes d'une classification de cas, on se prenait à analyser séparément tous les cas, on constaterait que, pour la plupart, ils contiennent des phénomènes subjectifs et objectifs entremêlés les uns aux autres de telle façon qu'on ne tarderait pas à reconnaître que la seule différence entre les deux catégories consiste en ceci : que dans l'une on trouve réunies les manifestations *en majorité subjectives,* dans l'autre celles *en majorité objectives.* Quant à l'existence de cas extrêmes exclusivement subjectifs ou objectifs, elle ne serait guère de nature à modifier ces conclusions, comme l'existence d'exceptions ne suffit pas à détruire une règle. Il est donc légitime de présumer que la phénoménologie des hantises tout entière n'offre en réalité qu'un caractère unique ; en ce cas, même au point de vue théorique, on devrait dégager en elle un élément de causalité unique, pouvant consister dans la genèse transcendantale de la grande majorité des phénomènes, avec cette différence que, d'un côté, ils se réaliseraient par suite d'une action *plus particulièrement télépathique ;* de l'autre côté, par une action *plus particulièrement médiumnique.*

Quoi qu'il en soit, il n'est pas moins vrai que leur subdivision en catégories ne correspond pas aux modes de production des phénomènes, et qu'elle doit par suite être considérée comme étant purement conventionnelle ; ce qui n'empêche d'ailleurs pas qu'elle peut être jugée utile pour faciliter la discussion.

Néanmoins, il faut reconnaître que cette promiscuité dans la forme des manifestations est de nature à créer un embarras sérieux à ceux qui se proposent de classer les faits ; à telles enseignes que, dans cet ouvrage, j'ai du me résoudre à enregistrer les cas *plus généralement auditifs* (par suite, surtout subjectifs) dans la catégorie des phénomènes de « hantise proprement dite », en réservant pour la catégorie des phénomènes de « poltergeist » les cas extrêmes de manifestations positivement *objectives.* J'observerai à ce sujet que, quand même on adopterait une subdivision différente, en enregistrant parmi les phénomènes de « poltergeist » les manifestations plus spécialement *auditives,* en plus des *objectives* (télékinésiques), en gardant pour l'autre catégorie les manifestations en majorité visuelles avec apparitions de fantômes, en ce cas également, on se trouverait en face des mêmes difficultés, parce qu'il existe très peu de cas d'apparition de fantômes non accompagnés de manifestations auditives.

*
* *

Je vais à présent exposer quelques données statistiques laborieusement réunies, et qui contribueront plus tard à dégager les traits caractéristiques généraux des phénomènes de hantise.

Je dirai d'abord que les cas de hantise que j'ai jugés suffisamment documentés pour pouvoir être utilisés comme éléments statistiques, sont au nombre de 532 ; parmi eux, il y en a 491 concernant des *locaux* hantés, et 41 concernant des *localités* hantées ; ces derniers se trouvent donc dans la proportion de 13 pour 100 par rapport aux premiers.

J'observerai donc que sur les 532 cas en question, il y en a 374 appartenant à la catégorie des « phénomènes de hantise proprement dite », et 158 qui concernent les phénomènes de « poltergeist » ; ces derniers sont ainsi dans la proportion de 28 pour 100 par rapport aux premiers.

Si l'on examine séparément les catégories, on constate que dans celle des phénomènes de « poltergeist » on ne rencontre que bien peu de données statistiques intéressantes. Je signalerai 46 cas de « pluie de pierres », 39 cas de sonnettes se faisant entendre spontanément, 7 cas de phénomènes incendiaires, et 7 autres cas auditifs dans lesquels des voix humaines réelles appelaient les personnes de la maison, ou répondaient à leurs appels, ou parlaient longuement et souvent, en donnant des conseils et des ordres.

Par contre, les données statistiques importantes abondent dans l'autre catégorie des « phénomènes de hantise proprement dite », qui est de beaucoup la plus importante.

On a pu voir que les cas en question figurent dans ma classification au nombre de 374 sur un total de 532, c'est-à-dire dans la proportion de 72 pour 100. On a vu en outre qu'une de leurs principales caractéristiques consiste à se trouver généralement en rapport avec quelque événement de mort – la plupart du temps tragique – s'étant produit dans les locaux ou les localités hantés, alors que les précédents de ce genre ne se rencontrent que rarement dans les phénomènes de « poltergeist ».

La portée théorique de cette singularité me semble tellement importante que je crois utile d'exposer en entier les calculs statistiques qui la confirment, nous montrant que les 374 cas en question peuvent être divisés en plusieurs groupes très distincts et fort suggestifs. Ainsi, par exemple, dans un premier groupe de 180 cas – et sur la base de renseignements presque toujours sûrs et seulement en quelques cas de nature purement traditionnelle – l'origine de la hantise coïnciderait avec un événement tragique s'étant produit dans cet endroit. Dans un autre groupe de 27 cas, l'absence de documentation serait remplacée par la découverte de restes humains enterrés ou murés dans ces lieux : indice manifeste de drames de sang ignorés. Dans un troisième groupe de 11 cas, le précédent se bornerait au fait qu'un cas de décès quelconque s'était produit dans le local ; et dans un quatrième groupe de 26 cas, la personne décédée qui se manifeste ne serait pas morte dans les locaux hantés, mais elle y aurait vécu longtemps.

Dans 304 cas sur un total de 374, existerait ainsi le précédent d'un cas de mort, coïncidant avec la hantise. Resteraient 70 cas dans lesquels aucun précédent de mort n'existerait, ou pour être plus exact, dans lesquels on n'en aurait pas connaissance. De toute façon, cette majorité énorme de cas avec précédence de mort sur les autres, semble déjà suffisante pour légitimer l'hypothèse d'existence d'un lien plus que probable entre les causes des deux ordres de faits : d'autant plus que, comme il a été dit, les cas négatifs ne sont pas tels, le plus souvent, par suite de circonstances bien établies, mais uniquement par manque de documentation. Ainsi, par exemple, les précédents de mort manquent dans plusieurs cas d'habitations très anciennes et depuis longtemps considérées comme hantées, pour lesquels il est permis de supposer que les origines de la hantise sont tombées dans l'oubli par suite de l'ancienneté et de l'intermittence des manifestations. En d'autres cas, ce sont les rapporteurs qui négligent d'en parler, ou qui n'ont pas eu le temps d'accomplir des investigations plus complètes ; en d'autres circonstances encore, les cas négatifs peuvent trouver une explication facile dans les réticences intéressées des propriétaires des locaux hantés. Il y a en outre des cas où la hantise s'est déroulée dans un cimetière ; on pourrait raisonnablement les enregistrer parmi les cas avec précédence de mort. Dans un cas, le fantôme apparaît avec la gorge coupée – symbole évident de suicide ou de crime. Quelques épisodes, enfin, sont de nature prémonitoire, ce qui devrait les faire exclure du groupe statistique des « phénomènes de hantise proprement dite ». Dans les 12 cas qui restent, la hantise se manifeste en des circonstances de lieu et de temps permettant d'affirmer avec, certitude qu'aucun événement de mort n'est en rapport avec les locaux hantés. Cette circonstance n'enlève rien à l'importance de la règle énoncée, celle-ci, de même que les autres règles, est sujette à quelques exceptions, qui la confirment indirectement. D'ailleurs, ces exceptions peuvent s'expliquer de différentes manières : en premier lieu, parce que l'existence d'un monde spirituel une fois admise, il n'y aurait aucune raison de ne pas admettre qu'une entité spirituelle puisse se manifester ailleurs que dans les endroits où elle a vécu ; cela ne devrait toutefois se produire qu'exceptionnellement, puisqu'il est tout naturel de penser que les visites des trépassés et les manifestations de hantise soient déterminées par des liens affectifs ou des causes passionnelles, généralement en rapport avec la localité où vécut le défunt qui se manifeste. En deuxième lieu, parce qu'on a enregistré des cas très rares, mais bien constatés, de *hantises de vivants ;* enfin, parce qu'il y aurait des cas susceptibles d'être expliqués par une hypothèse proche de celle « psychométrique », et dont nous parlerons plus loin.

Tels sont les premiers résultats qui semblent ressortir des données statistiques en question ; elles modifient quelque peu les conclusions auxquelles sont parvenus mes éminents prédécesseurs: Mrs. Sidgwick, N. Frank Podmore le Dr Maxwell, etc., relativement au mal fondé de la croyance populaire selon laquelle les hantises sont en rapport avec des événements tragiques arrivés dans le lieu hanté, croyance qui serait démentie par l'enquête sur les faits. Or la statistique prouve bien que l'enquête sur les faits ne confirme pas *entièrement* cette croyance, mais elle la justifie *dans* la plupart des cas, étant donné que sur 374 cas, il y en aurait 207 coïncidant avec des événements tragiques. Si mes prédécesseurs parvinrent à des conclusions différentes, c'est probablement qu'ils n'ont pas exclu des calculs statistiques les cas de « poltergeist », ressortissant du *médiumnisme,* cas que l'on ne doit pas enregistrer parmi ceux de « hantise proprement dite ». Enfin la statistique nous montre bien que, si la croyance populaire ne s'applique pas à un plus grand nombre de cas de hantise, c'est qu'elle ne concerne que les « événements tragiques » ; il n'en serait pas de même si l'on y ajoutait les événements de mort quelconque. Or j'insiste pour dire qu'il est scientifiquement légitime de les y ajouter, cette généralisation étant fondée sur des calculs statistiques recueillis en nombre suffisant ; nous croyons même pouvoir affirmer que tous ceux qui, après nous, entreprendront le même travail, parviendront nécessairement aux mêmes conclusions.

Il est à noter que cette généralisation a été entrevue par quelques-uns de mes prédécesseurs, tels que Dale Owen, Aksakoff, d'Assier et Mrs. Sidgwick. Parmi eux, M. d'Assier est le plus explicite, puisqu'il affirme que :

> Dans beaucoup de cas, les manifestations d'outre-tombe n'offrent rien de particulier qui indique d'une manière précise leur auteur. Cependant, on ne peut se tromper dans cette recherche, car ces événe-

ments sont toujours précédés de la mort d'une des personnes de la maison. – D'Assier, *L'Humanité Posthume,* page 35.

Et M. Dale Owen :

La leçon que nous devons retirer c'est que les crimes ne sont pas toujours nécessaires pour attirer les « esprits de trépassés » à leur demeure terrestre ; il suffit d'une mentalité exclusivement mondaine du défunt, une de ces mentalités qui n'ont jamais consacré une pensée à quelque chose de plus élevé que les préoccupations terrestres, ne se souciant que de l'idée de la propriété, de l'avidité du gain... – Dale Owen, *Footfalls on the Boundary of Another World,* page 313.

Et Mrs. Sidgwick :

S'il est vrai que les phénomènes de hantise sont en quelque sorte dus à l'action des trépassés, qui tâcheraient de se faire reconnaître au moyen de la projection d'un fantôme leur ressemblant, il nous faut persister avec constance dans nos recherches, et nous pouvons nous attendre à obtenir tôt ou tard une quantité de preuves de nature à relier d'une façon certaine l'origine de toute hantise avec la mort d'une personne donnée, et établir nettement l'identification du fantôme avec la personne décédée. – *Proceedings of the S. P. R.*, vol. III, page 147.

Conformément aux données recueillies, les cas auxquels fait allusion Mrs. Sidgwick et dans lesquels il s'agit d'une ressemblance ou identification entre le fantôme apparu et une personne décédée, seraient assez fréquents ; en effet sur 311 fantômes, il y en aurait 76 de reconnus ; il y a mieux : dans 41 cas, les fantômes, qui n'étaient pas connus, de leur vivant, par les percipients, ont été ensuite identifiés par des portraits, des descriptions, ou par le costume dans lequel ils apparurent.

En examinant ultérieurement les données recueillies, je trouve que parmi les 311 cas de fantômes en question, il y en a 114 qui parurent discerner les personnes présentes – circonstance remarquable, car généralement les fantômes déambulent, gesticulent, s'assoient, travaillent sans montrer apercevoir les vivants.

Cependant, si le fait d'apercevoir les assistants montre déjà dans le fantôme un état apparent de connaissance du milieu dans lequel il se trouve, il ne suffit pas encore à prouver une intention quelconque. Mais il y a des cas dans lesquels l'intention est évidente, bien qu'elle n'ait souvent qu'un caractère étrangement insignifiant ; on serait donc porté à supposer qu'il n'y a au fond de cette intention qu'une forme de « monoïdéisme post-mortem », absolument analogue aux « monoïdéismes somnambuliques ». Les cas dont il s'agit sont, dans notre statistique, au nombre de 91, parmi lesquels se trouvent quelques épisodes où l'intention ressort bien des manifestations physiques, c'est-à-dire, en l'absence de tout fantôme. Je note 11 cas dans lesquels l'intention a été exprimée par des coups frappés en succession alphabétique ; 21 cas dans lesquels elle s'est manifestée par la parole ; 12 cas dans lesquels elle fut exprimée au moyen de gestes de mimique significative ; 8 cas où elle est ressortie du fait que les fantômes aperçus furent prémonitoires de mort ; pour les autres, on peut la déduire de l'attitude plus ou moins symbolique prise, en des circonstances spéciales, par les fantômes.

J'observe encore que les fantômes s'étant exprimés en paroles (perçues *subjectivement,* par aveu des percipients eux-mêmes), furent en tout 41 (sans compter les 7 cas de voix *objectives* enregistrés parmi les phénomènes de « poltergeist ») ; ce qui ne prouve pas que par le fait de parler, ils aient tous donné preuve d'une réelle intention, puisqu'il s'agit assez souvent de phrases peu concluantes, qu'on peut surtout considérer comme des automatismes verbaux.

Poursuivant l'examen des données, je trouve 39 cas dans lesquels des petits enfants perçurent les fantômes ou notèrent les bruits et les autres manifestations de hantise, parfois en même temps que les adultes, d'autres fois indépendamment.

Je note en outre 59 cas dans lesquels, des animaux (chiens, chats, chevaux, oiseaux) perçurent en même temps que l'homme les manifestations fantomatiques, en donnant les signes évidents d'une grande terreur ; par contre, dans trois cas les animaux ne parurent ni entendre ni voir. Il y a enfin 9 cas d'apparitions d'animaux (chiens, chats, chevaux, porcs, bœufs).

Dans 11 cas, les manifestations fantomatiques prennent la forme de spectacle cinématographique d'événements passés (une route, vide de tout être vivant, mais peuplée de passants-fantômes en costumes anciens ; localité vue telle qu'elle était à un certain moment historique ; duels, disputes) ; et 3 autres cas du même genre sont purement auditifs (écho bruyant d'un banquet ; escalade d'un château, etc.).

Un petit groupe théoriquement intéressant, constitué de 9 cas, est celui dans lequel les fantômes furent vus réfléchis par une glace ; en deux cas, le fantôme fut aperçu, d'abord réfléchi dans le miroir, ensuite perçu directement. Par contre, il y a un cas où le fantôme s'arrête devant un miroir sans y projeter aucune image. Dans un autre cas le fantôme, au contraire, projette son ombre sur la paroi.

Un autre petit groupe également intéressant est celui dans lequel les manifestations empruntent une forme périodique, c'est-à-dire qu'elles se produisent à une heure ou à une date fixe. J'en ai recueilli en tout 7 cas ; parmi ceux-ci, il y en a 5 où ce sont les manifestations elles-mêmes ou quelques-unes d'entre elles, qui se produisent toujours à la même heure ; dans les deux autres cas, la périodicité des manifestations est limitée à chaque date anniversaire de la mort de la personne qui avait habité les lieux hantés.

Je note enfin 6 cas de hantise ayant vraisemblablement pour cause un vivant.

*
* *

J'ai ainsi terminé l'exposé des données recueillies, que j'emploierai à la recherche des causes.

Restent à énumérer les différentes hypothèses proposées pour expliquer les phénomènes de hantise ; je le ferai de façon que quelques commentaires suffisent ensuite à dégager l'idée directive que je suivrai dans cet ouvrage.

Je toucherai d'abord à une idée insoutenable, et malgré cela digne d'être rappelée : c'est l'hypothèse de M. Adolphe d'Assier, qui, en partant de sa conception positiviste de l'Univers – conception l'empêchant d'admettre l'existence d'une âme survivant à la mort du corps – et par contre, ayant eu des preuves incontestables de la réalité des phénomènes de hantise et du lien originaire qui les relie au décès de personnes habitant dans le lieu hanté, imagina une théorie capable de tourner le prétendu obstacle positiviste, en s'efforçant de prouver que les phénomènes de hantise, bien que dus à l'action d'un fantôme posthume sentant et conscient, n'impliquaient pas la survivance de l'âme, puisque tout concourait à démontrer la nature éphémère du fantôme, destiné à se désagréger rapidement sous l'action des forces physiques, chimiques, atmosphériques qui l'assaillaient sans relâche, en l'obligeant à s'évanouir, molécule par molécule, dans le milieu planétaire.

Toute opinion doit être accueillie avec déférence, et plus encore lorsqu'elle est exposée par un homme de talent tel que M. d'Assier ; malgré cela, l'opinion dont il s'agit est vraiment trop invraisemblable ; en effet, comment expliquer qu'un fantôme sentant et conscient survive à la mort uniquement pour faire une fin si malheureuse ? Au point de vue scientifique, le grand problème à résoudre est justement celui de l'existence de fantômes posthumes sentants et conscients ; si on parvenait à le résoudre dans le sens affirmatif, l'existence et la survivance de l'âme, dans la pleine signification du mot, seraient ainsi prouvées ; il est en effet inconcevable – je le répète – que l'âme survive seulement pour mourir de nouveau. On peut ajouter qu'on connaît des cas de fantômes hanteurs qui persistent à se manifester depuis des siècles – ce qui suffirait à, infirmer complètement l'hypothèse de M. d'Assier.

Restent trois autres hypothèses, dignes toutes les trois d'être sérieusement envisagées.

La première identifie en fait les phénomènes de hantise avec ceux de la « télépathie entre vivants » ; c'est l'hypothèse proposée par M. Podmore, qui, partant de cette théorie que les phénomènes en question doivent être considérés en bloc comme d'origine subjective et hallucinatoire, s'efforça de prouver qu'ils étaient le résultat de l'action télépathique, ou de personnes habitant la maison hantée, ou de personnes lointaines y ayant vécu dans le passé, ou tout simplement au courant des faits, qui, songeant aux événements tragiques arrivés dans ces lieux, ou à l'épouvante éprouvée quand elles y vivaient, étaient la cause inconsciente de ce que leur pensée se transmettait télépathiquement aux personnes qui se trouvaient dans les lieux en question ; ainsi seraient engendrés les phénomènes de hantise, et l'on contribuerait à leur perpétuation. Cette hypothèse, tout en était-il insoutenable dans l'extension exagérée que lui donna M. Podmore, ne doit cependant pas être complètement repoussée, puisqu'il y a des cas et des incidents qui semblent l'étayer.

Conformément à la deuxième hypothèse, les phénomènes de hantise s'expliqueraient par une loi de physique transcendantale connue sous le nom de « persistance des images » (« clichés astraux » des occultistes, « empreintes dans l'*akasha* » des théosophes, « télesthésie rétrocognitive » de Myers). Selon cette hypothèse, les fantômes vus résulteraient d'une sorte d'émanation subtile des organismes vivants, se perpétuant dans un « milieu » habituellement inaccessible à nos sens ; la même chose se produirait pour les phénomènes auditifs, puisque, dans le milieu « météthérique » (pour employer le terme créé par Myers) se conserveraient de même les empreintes des sons comme celles des formes ; les uns et les autres, en certaines circonstances, seraient susceptibles de se dégager de l'état latent dans lequel ils se trouvent, pour produire chez les vivants des phénomènes de perception subjective des événements qui les produisirent. Cette hypothèse, en apparence hardie au delà des bornes du vraisemblable, semble au contraire avoir des bases solides dans les faits observés ; elle aurait seulement besoin d'être partiellement corrigée, de façon à la rapprocher, et peut-être l'identifier, avec l'hypothèse « psychométrique ». Néanmoins, elle aussi est bien loin d'être applicable à la meilleure partie des phénomènes de hantise.

La troisième hypothèse est la spirite, de beaucoup la plus importante, la seule capable d'expliquer tous les cas dont les autres hypothèses ne suffisent pas à rendre compte ; elle est de nature à surmonter toute difficulté, à condition toutefois de renoncer à la version populaire de l'hypothèse en question, selon laquelle dans les cas de hantise il s'agirait toujours de l'intervention directe et de la présence réelle des « esprits hanteurs » ; alors que tout tend à faire supposer que, dans la grande majorité des cas, l'intervention des « esprits hanteurs » prend la forme de transmission télépathique – consciente ou inconsciente – de leur pensée, intensément tournée, à ce moment, vers les lieux où ils vécurent et les événements tragiques qui s'y déroulèrent. Il s'en suivrait que les fantômes vus dans les maisons hantées seraient de la même nature que ceux télépathiques, et à leur tour représenteraient l'agent spiritique auquel ils se rapportent, mais sous forme d'hallucination véridique projetée à distance par sa pensée. Cette interprétation, complétée par les considérations du Dr Du Préel sur les « monoïdéismes post-mortem » (qui seraient la cause principale des phénomènes de hantise) serait de nature à expliquer suffisamment les automatismes si fréquents chez les fantômes hanteurs, et théoriquement si embarrassants.

Telles sont les hypothèses qui ont été proposées jusqu'ici pour expliquer les phénomènes de hantise. Les quelques commentaires dont je les ai accompagnées suffisent à montrer le concept éclectique auquel je me rapporterai au cours de la recherche des causes. La nécessité de s'en tenir à ce système se dégage nettement et inévitablement de l'investigation comparée des faits ne se prêtant pas à rentrer dans le cadre d'une hypothèse unique. A mon avis, l'erreur de bien des chercheurs dans le domaine métapsychique consiste justement à vouloir tout enfermer dans une formule unique ; erreur commune aussi bien aux partisans de l'hypothèse spirite qu'aux défenseurs de l'hypothèse télépathique, subconsciente et médiumnique.

On pourrait m'objecter qu'au point de vue de l'abstraction scientifique et philosophique, le fait de résoudre les difficultés en appliquant plusieurs hypothèses à la même classe de phénomènes, n'est pas conforme aux postulats de la science et heurte les tendances innées de la mentalité humaine, qui par suite d'une loi psychique inéluctable n'est pas satisfaite tant qu'elle n'entrevoit pas l'unité dans la diversité ; tendance qui a en elle quelque chose d'intuitif et qui, partant, ne pourrait être que l'exposant d'une haute vérité cosmique, à laquelle nous devons nous tenir si nous voulons agir conformément à la raison. A quoi je répondrai que je suis pleinement de cet avis ; mon intention n'a pas été de condamner le principe des généralisations unitaires, mais seulement de mettre en garde contre les généralisations trop hâtives, grâce auxquelles ce qui est hétérogène est trop souvent confondu avec ce qui est homogène et, par conséquent, expliqué par une hypothèse unique ne représentant en réalité *qu'une face* du prisme-vérité ; ce qui empêche de reconnaître que la synthèse unificatrice du prisme se trouve bien plus au fond, et qu'on ne peut l'atteindre qu'en tenant compte de l'ensemble de ses faces.

Or la synthèse unificatrice des phénomènes de hantise doit être, à son tour, recherchée dans quelque chose de plus profond que ne l'est le simple fait de les expliquer par une hypothèse unique ; on y parviendra en trouvant *l'élément commun à tous les phénomènes ;* cet élément doit être de nature à coordonner entre elles les différentes hypothèses qui les expliquent, sans quoi l'exactitude des hypothèses en question ne pourrait pas être considérée comme démontrée. Dans notre cas, l'élément commun à tous les phénomènes est facile à reconnaître ; c'est *l'esprit humain dans son double état, incarné et désincarné* – élément qui, pouvant admirablement servir à coordonner entre elles les trois hypothèses que nous avons exposées, sert aussi à les confirmer.

*
* *

Je termine par quelques mots destinés à expliquer les règles que j'ai suivies dans cet ouvrage, qui ne sera pas un ouvrage de classification comme ceux qui l'ont précédé, à cause de l'énorme quantité de matériaux recueillis et de la longueur excessive de plusieurs parmi les principaux récits ; un millier de pages n'y suffiraient point. J'ai donc été amené à changer de système ; j'ai consacré deux chapitres à l'exposé d'exemples typiques de « hantise proprement dite », les faisant suivre d'autres chapitres dans lesquels seront discutées les trois hypothèses énoncées relativement aux phénomènes en question ; la validité en sera démontrée en même temps par la citation d'exemples spéciaux destinés à les confirmer. Je passerai ensuite à l'exposé analytique des phénomènes de « poltergeist », que je ferai suivre de la synthèse concluante.

CHAPITRE 2

CAS DE HANTISE PROPREMENT DITE
Section auditive

Je rapporterai dans ce chapitre quelques cas de « hantise proprement dite » d'ordre « auditif », ou dont les épisodes sont en majorité de cette nature, en réservant pour un autre chapitre les cas qui sont surtout d'ordre visuel-fantomatique. Seulement, en raison de la longueur excessive des récits, je me verrai dans la nécessité de me borner à quelques exemples des deux groupes ; parfois, même, je ne pourrai faire autrement que de les résumer en partie, ou bien d'en citer uniquement les passages principaux, tout en me réglant de façon à reproduire toujours intégralement l'ensemble des manifestations, et à ne rien enlever à leur efficacité.

CAS I. – Je le tire du deuxième rapport présenté à la *Society for Psychical Research* de Londres, par le Comité que cette Société avait nommé pour l'étude des phénomènes de hantise, et dont faisaient partie M. Frank Podmore, le Pr F. S. Hugues, le révérend W. D. Bushell, le juge Hensleigh Wedgewood, M. A. P. Perceval Keep, et le secrétaire de la société, M. Edward R. Pease.

Je reproduirai presque intégralement ce premier cas, qui n'est pas excessivement long. Les rapporteurs font précéder leur récit des éclaircissements suivants :

Le récit qui va suivre constitue un exemple clair et remarquable d'une maison où l'on percevait des bruits de toutes sortes, sans qu'on y vit rien. Il a été rédigé par un dignitaire très connu de l'Eglise Anglicane et a été envoyé à notre comité par sa veuve, qui fut témoin des faits relatés et garantit l'exactitude de la narration dans ses moindres détails. Le cas est aussi remarquable par la périodicité des bruits, circonstance assez rare dans les phénomènes de hantise.

Voici le récit :

Il y a 18 ans environ, ayant terminé mes deux années de stage après mon ordination au diaconat, j'étais dans l'attente d'un vicariat ; celui qui me fut offert était très étendu, bien qu'il se trouvât dans un lieu écarté, dans le comté de S. ; il était administré par un vicaire sans coadjuteur. J'acceptai l'offre et j'allai avec ma femme en prendre possession. Le vicariat était un bâtiment assez vaste, éloigné du village et entouré de trois côtés d'un pré avec haie, jardin et potager ; de l'autre côté, il donnait sur une route qui le séparait de deux ou trois pauvres maisonnettes, les seules qu'il y eût dans le voisinage. Les chambres étaient grandes, tout semblait parfaitement en ordre ; nous fûmes donc ravis de posséder une habitation aussi belle et confortable.

Nous étions arrivés au vicariat dans l'après-midi d'un sombre vendredi de février ; en travaillant très dur, on était parvenu à rendre habitables deux ou trois pièces pour le samedi soir. La nuit étant tombée, nous fermâmes les volets, mîmes le verrou à la porte et allâmes nous coucher, fatigués de deux jours de travaux manuels. N'ayant pas de domestiques, nous avions eu recours aux services d'une bonne femme du voisinage ; elle était la seule personne qui dormit avec nous dans le vicariat.

Nous étions plongés dans un sommeil profond, lorsqu'un bruit épouvantable vint nous réveiller en sursaut. Je sautai de lit, en dressant l'oreille avec anxiété, pendant que ce vacarme formidable semblait s'éloigner et s'éteindre dans le silence de la nuit. Ma femme s'était réveillée non moins brusquement, et tous les deux nous veillâmes dans l'attente que la mystérieuse perturbation se renouvelât mais notre attente fut vaine. Je pensai, naturellement, qu'il y avait probablement des intrus chez nous et, m'étant habillé sommairement, je me mis en devoir de commencer quelques recherches ; mais je regardai d'abord l'heure : il était 2 h. 5 du matin – circonstance sur laquelle j'attire tout spécialement l'attention.

Après avoir inutilement examiné tous les coins de la maison, ainsi que les portes et les fenêtres, je revins me coucher, en m'efforçant de ne plus songer à ce qui s'était produit, quoique la chose ne fût pas facile, puisque ni ma femme ni moi ne pouvions admettre nous être trompés : ce vacarme infernal avait interrompu brusquement notre sommeil et avait frappé nos sens par une telle suite d'éclats, qu'il nous était impossible de douter de sa réalité, et encore moins parvenions-nous à effacer l'impression qu'il nous avait produite. On eût dit le bruit qu'auraient donné des barres de fer précipitées d'en haut sur le parquet ; c'était bien un dur son métallique qui dominait ce tapage. En outre, celui-ci s'était prolongé ; au lieu d'arriver à nous d'un point donné, il avait parcouru la maison avec une succession d'éclats terribles, qui paraissaient s'entremêler les uns aux autres. Et je n'en parle pas uniquement par suite de mes impressions de cette nuit, mais en me rapportant à ses caractères constants, car ma connaissance de ce mystérieux tonnerre ne se borna pas à l'expérience de ce dimanche.

Naturellement, quand je rentrai dans ma chambre, ma femme et moi songeâmes à nous assurer si la bonne femme qui se trouvait chez nous avait aussi été réveillée par le bruit ; mais comme elle ne semblait pas avoir donné signe d'alarme, nous ajournâmes au lendemain le soin de la questionner. Le restant de la nuit fut calme ; quand le matin arriva, nous constatâmes que le troisième membre de la communauté avait partagé avec nous l'alarme nocturne ; elle aussi, la bonne femme, avait été réveillée brusquement et avait veillé longtemps, en proie à l'épouvante. Seulement, ce qui s'était produit ne lui paraissait pas aussi étrange qu'à nous ; elle déclara mystérieusement : « Je savais tout ; mais je n'avais pas encore *entendu,* et je désire ne jamais plus entendre ». Il paraît que certains bruits couraient à ce sujet dans le pays ; mais il ne nous fut pas possible d'obtenir des éclaircissements par notre bonne, qui évitait absolument d'y faire allusion ; quand on lui adressait des questions elle se tirait d'affaire en disant : « Ce sont des superstitions ». Elle ne se montra bien franche et résolue que sur un seul point : c'est sur la nécessité soudaine qu'elle avait éprouvée de rentrer chez elle tous les soirs pour garder les enfants : elle pouvait nous consacrer toute la journée, mais la nuit elle devait la consacrer à sa famille. Il fallut en prendre son parti et rester seuls, la nuit, à garder le vicariat contre les attaques possibles des forces tangibles et des bruits impalpables.

Je consacrai le dimanche à mes devoirs religieux, me rencontrant, pour la première fois, à l'église, avec mes paroissiens qui étaient accourus en foule ; je les jugeai une congrégation très attentive et sérieuse, bien qu'ils ne brillassent pas au point de vue de l'intelligence ; je ne pouvais donc m'empêcher de songer à l'invraisemblance qu'il y avait qu'un de ces frustres paysans, aux visages étonnés, tournés vers la chaire, se fût rendu coupable envers moi d'une facétie de mauvais genre.

Quand le soir arriva, ma femme et moi nous nous trouvâmes seuls au vicariat, assis dans le petit salon, près du feu. Vers 8 heures, nous décidâmes de faire un dernier tour dans la maison, bien que nous eussions pris déjà toutes les précautions possibles. Arrivés dans l'entrée, nous nous arrêtâmes un peu surpris ; tous les deux nous avions entendu un bruit non équivoque : c'était l'écho d'un pas mesuré qui allait et venait lentement, mais fermement dans le couloir de l'étage au-dessus, sur lequel donnaient toutes les chambres. Il n'y avait pas d'erreur possible, tellement les pas étaient nets et sonores. Je montai l'escalier en courant, un bougeoir à la main ; mais quand j'arrivai dans le couloir, je ne vis rien, tout était terminé. Aidé de ma femme, je cherchai minutieusement partout, et toujours inutilement. Si un vivant s'était trouvé dans le couloir, il n'aurait pas pu disparaître d'une façon aussi énigmatique.

Nous recommençâmes à visiter tous les coins de la maison ; nous dûmes enfin nous convaincre que, quelle que fût la cause des pas entendus, une chose était certaine : que nous ne logions pas dans le vicariat des hôtes en chair et os. Je voulus visiter aussi les alentours et, enlevant le verrou, j'arrivai au jardin ; mais aussitôt je fus rappelé par ma femme, qui avait entendu de nouveau les pas mystérieux dans le corridor ; à mon retour, ils avaient déjà cessé, mais ils recommencèrent une fois encore quelques minutes avant d'aller nous coucher.

Maintenant, il me faut sincèrement avouer que, quand nous rentrâmes dans le salon, ma femme et moi fîmes vaguement allusion à la possibilité d'être tombés dans une « maison hantée ». Je dois même ajouter que nous ne nous sentions pas assez obstinément incrédules au sujet du surnaturel pour repousser cette possibilité comme étant absurde, sans examiner le cas plus à fond. Nous ne parvînmes cependant pas tout d'un coup à cette conclusion ; pour le moment, nous nous bornâmes à reconnaître que les manifestations semblaient assez mystérieuses et pas du tout désirables.

Le restant de la deuxième nuit se passa sans incident ; durant deux semaines environ, nous ne remarquâmes rien de singulier. En attendant, nous avions mis en ordre la maison et avions pris à notre service une robuste paysanne et un garçon de 44 ans. Ce dernier était chargé de surveiller un couple de chevaux et de s'occuper de quelques travaux manuels ; mais il ne couchait pas dans le vicariat. Nous continuâmes donc à être trois, sauf dans les cas assez rares où nous arrivaient des hôtes. J'ajouterai que la domestique venait d'un village assez lointain ; il ne nous semblait pas qu'elle eût des connaissances dans le pays.

Nous continuâmes durant quelque temps encore sans être excessivement troublés ; l'écho des pas inexplicables se faisait bien entendre de temps à autre, mais sans nous inquiéter ; nous avions fini par conclure que quelle qu'en fût la cause, ils semblaient inoffensifs et ne compromettaient pas notre tranquillité. Mais nous ne tardâmes pas à être gratifiés de nouveaux phénomènes assez troublants, dont l'intensité allait en progressant. Le vicariat était pourvu de vastes mansardes, que nous trouvâmes vides et en excellent état ; nous les avions donc utilisées en y plaçant malles, caisses, valises. On y montait par un petit escalier spécial, dont on avait fermé à clef la porte aussitôt qu'on y eut placé les malles.

Or il arriva qu'une nuit, alors que nous étions couchés depuis peu et ne nous étions pas encore bien endormis, on commença à entendre un tapage formidable venant des mansardes ; le sommeil disparut aussitôt de nos yeux. Et ce tapage avait des causes assez vulgaires : c'étaient les malles, les caisses, les valises qui semblaient s'agiter toutes en même temps, en montant les unes sur les autres, retombant sur le plancher, soulevant un brouhaha assourdissant qui ne paraissait pas vouloir finir de sitôt. Une enquête immédiate s'imposait, nous courûmes tous les deux aux mansardes, mais inutilement, notre présence y avait ramené le calme ; les malles semblaient en ordre parfait, chacune à la place où elle avait été placée. Nous demeurâmes plus embarrassés et humiliés que jamais, devant l'impossibilité de résoudre le mystère.

A titre de divertissement complémentaire, nous étions aussi favorisés d'une série de coups très forts, paraissant saluer notre apparition. Ils variaient de mode et de tonalité ; parfois ils étaient rapides, véhéments, impatients ; d'autres fois, ils étaient lents et hésitants ; de toute façon, qu'ils appartinssent au premier ou au deuxième type, nous en étions régalés en moyenne quatre nuits par semaine ; c'était le phénomène le plus fréquent, à tel point qu'on était rarement déçu en l'attendant. Toutefois, comme ils n'étaient point inquiétants, on ne tarda guère à se familiariser avec eux. A ce sujet, il vaut la peine d'enregistrer une circonstance intéressante. De temps à autre, alors que, dans mon lit, j'écoutais les coups frappés, je me sentais poussé à les apostropher sarcastiquement. Par exemple, je m'adressais à l'agent hypothétique en lui disant : « Tais-toi donc, ne dérange pas les honnêtes gens quand ils dorment ». Ou bien je le défiais en lui criant que, s'il avait quelque chose à communiquer ou quelque plainte à formuler, « il le fit d'une manière ouverte et franche ». Assez souvent ces remontrances étaient mal accueillies ; alors les coups résonnaient plus fort et se succédaient avec une rapidité vertigineuse, on eût pu les appeler des « coups passionnés ». Mes lecteurs souriront peut-être en me voyant faire allusion à un rapport possible entre mes remontrances et l'intensité croissante des coups ; je ne puis d'ailleurs pas affirmer nettement qu'il en fût bien ainsi, je veux seulement constater un fait : celui d'une coïncidence incontestable entre l'intensité des coups et mes phrases de défi. Je m'abstiens de faire des théories, en me bornant à exposer des faits rigoureusement contrôlés et honnêtement rapportés. Peut-être s'agissait-il d'une pure coïncidence et pas d'autre chose.

Maintenant, on pourrait me demander si les voisins étaient informés de ce qui se produisait entre nos murailles domestiques. Nous n'avons rien laissé entrevoir pendant longtemps, et ceci pour différentes raisons. D'abord, parce que, en parlant dans le pays d'événements aussi mystérieux, on aurait soulevé des alarmes dont le résultat aurait été l'impossibilité pour nous de trouver et de garder une domestique ; ensuite parce que, ne connaissant presque pas le caractère de nos paroissiens, nous avions pensé que, si la hantise était l'œuvre d'un mauvais plaisant, on aurait plus aisément découvert les coupables en gardant le silence ; et surtout, ils se seraient plus tôt fatigués par suite de notre apparente indifférence. Par conséquent, chaque fois que la domestique, jeune fille énergique et vigoureuse se permettait de faire timidement allusion à certaines alarmes nocturnes dont elle avait eu à souffrir, nous ne manquions jamais d'éluder la question, de façon à ne pas l'encourager à nous confier ses inquiétudes.

Jusqu'ici je me suis strictement limité à rapporter ce que j'ai personnellement entendu et constaté. Ma femme et moi-même n'avons connu que les coups frappés, les bruits dans les mansardes, les pas mesurés dans le corridor et l'épouvantable vacarme satanique. Ces phénomènes s'étaient tous fait entendre dans les premiers temps de notre arrivée, continuèrent durant tout notre séjour à C. et, à ce qu'il nous est revenu, nous les avons laissés en héritage à nos successeurs. Le grand bruit satanique qui avait salué notre arrivée était le plus terrifiant de ces phénomènes, mais aussi le plus rare. On ne l'entendait souvent pas durant plusieurs semaines consécutives ; mais chaque fois qu'il éclatait en nous éveillant en sursaut, et que nous consultions la pendule, nous constations infailliblement qu'il se réalisait *à 2 heures, un matin de dimanche.*

Plus tard, nous pûmes noter d'une façon certaine que le vacarme pouvait se manifester aux hôtes de notre maison, *sans se faire entendre à nous ; sachant* fort bien par expérience combien il était formidable quand c'était à nous qu'il se faisait entendre, je considère cette circonstance comme la plus étonnante entre toutes. Voici un exemple de ce que j'avance :

Au printemps commencèrent les visites des parents et des amis ; parmi les premiers arrivés se trouvait une jeune dame, proche parente de ma femme. Nous nous gardâmes bien de lui faire part de nos observations ; d'abord pour ne pas la troubler d'avance, ensuite parce que nous désirions obtenir un témoignage indépendant et non préconçu sur ces faits ; témoignage qui ne tarda guère à se produire. Après quelques jours, elle commença à nous questionner sur les motifs, qui nous déterminaient à exécuter des travaux bruyants aux heures où les autres dormaient ; nos réponses devaient lui paraître bien vagues et insuffisantes. Une ou deux fois elle demanda si on préparait quelque enterrement, ayant entendu, durant la nuit la bêche du fossoyeur creuser la terre, juste au-dessous de sa fenêtre ; elle se montrait surprise que le fossoyeur choisît des heures aussi extraordinaires pour exécuter sa macabre besogne. Nous lui assurâmes que personne n'était décédé et qu'on n'avait pas à préparer des enterrements ; nous ajoutâmes qu'en tous cas, le bruit qu'elle avait perçu ne pouvait pas se rapporter à une bêche creusant une fosse, puisque le cimetière se trouvait de l'autre côté de la maison. Malgré cela, elle continuait à affirmer que le bruit qu'elle avait entendu était bien celui d'une bêche creusant la terre. Je ne doute aucunement de la réalité de ses perceptions, bien que je n'aie jamais entendu moi-même le bruit en question.

Une autre fois elle raconta que, durant la nuit, elle avait entendu quelqu'un se promener dans le corridor, s'arrêtant, ensuite pour frapper à sa porte. Elle avait alors demandé qui c'était et ce qu'on voulait, sans obtenir de réponse et sans que personne entrât.

Enfin le matin du premier dimanche qu'elle passa dans le vicariat, aussitôt qu'elle nous vit elle s'écria : « – Mais qu'avez vous donc fait cette nuit ? Quel tapage assourdissant ! Vous m'avez réveillée en sursaut et je serais courue voir ce qu'il y avait si je n'avais pas eu peur de vos chiens. J'en fus si troublée que l'envie de dormir disparut aussitôt, et je me mis à la fenêtre pour respirer librement ; 2 *heures sonnaient à l'horloge de l'église* ». – *A* ces mots, ma femme et moi nous échangeâmes un regard significatif ; notre parente avait donc entendu « le satanique vacarme du dimanche », *qui ne s'était pas fait entendre à nous !* Nous mîmes alors notre hôtesse au courant de ce que nous avions entendu nous-mêmes, et nous constatâmes que ses impressions correspondaient parfaitement aux nôtres.

Encore un épisode qui se rapporte à des faits constatés par d'autres observateurs. Je n'en citerai pas d'autres, parce que je pense que la valeur et l'intérêt de mon récit ne peuvent dériver que de nos observations *personnelles.*

Au commencement de l'automne, nous nous absentâmes durant une quinzaine de jours ; à notre retour, la domestique raconta ce qui suit : Un soir elle s'était rendue au village, laissant le garçon pour garder la maison. Il était assis à la cuisine près du fourneau, lorsqu'il perçut nettement le pas mesuré qui allait et venait dans le corridor au-dessus. Il monta pour voir qui était l'intrus et ce qu'il désirait, mais il ne trouva personne. Rentré à la cuisine, il ne tarda pas à entendre de nouveau le même pas lourd et sonore ; alors il remonta en tremblant l'escalier et regarda encore dans le couloir, mais toujours sans rien voir. Redescendu à la cuisine, il s'assit près du feu ; mais quand pour la troisième fois, il entendit l'écho des pas mystérieux, il se sentit son sang se glacer de peur et il s'enfuit en courant jusqu'à la maisonnette assez lointaine de ses parents, qui écoutèrent avec étonnement l'étrange histoire. Ils ne savaient rien des manifestations qui se produisaient chez nous.

Plus tard, je me décidai à en parler à une vieille et pieuse dame, depuis longtemps malade, dont la maison s'élevait en face du vicariat, de telle façon qu'elle pouvait fort bien le voir de la chambre où elle se tenait couchée. Je la mis au courant des choses mystérieuses qui se passaient chez nous, lui demandant si elle n'avait jamais entendu parler de rien. Elle me répondit qu'elle avait entendu parler souvent de perturbations analogues qui s'étaient produites au vicariat et qui avaient fortement éprouvé quelques-uns de mes prédécesseurs. Elle ajouta que, de son côté, elle apercevait souvent à travers les lucarnes des luminosités oscillantes et intermittentes qui se déplaçaient à l'intérieur des mansardes : cette observation n'est pas dépourvue d'intérêt, si l'on songe que les locaux supérieurs de la maison n'étaient pas habités, que personne n'y montait (sauf cette nuit où l'on entendit le premier vacarme), et qu'il n'y avait qu'un seul petit escalier pour y accéder ; la porte en était fermée à clef.

La dame en question raconta aussi certains événements qui eurent pour théâtre le vicariat, au siècle dernier, et dont elle avait entendu parler par ses parents ; événements qui, s'ils étaient vrais, et si on parvenait à les rattacher – comme cause et effet – aux manifestations qui se produisaient, aideraient certainement à indiquer la source réelle de ces perturbations.

Mais mon intention n'est guère de bâtir des théories ; je m'en tiens aux faits, en les laissant juger à leur juste valeur...

A présent, voici une dernière circonstance qui mérite d'être examinée par ceux qui se proposent de rechercher les causes des phénomènes. Je possédais deux chiens terriers de race pure, très bons pour la garde de la maison. Une fois, pendant notre séjour à C., on eut à déplorer dans le pays quelques vols et cambriolages nocturnes ; une tentative fut faite aussi contre le vicariat. Mais les chiens veillaient et ne tardèrent pas à donner l'alarme en aboyant furieusement ; je pus ainsi prendre mes dispositions pour dépister les cambrioleurs qui prirent la fuite. J'ai touché à cet épisode afin de noter le contraste dans la conduite des chiens dans cette circonstance, et leur conduite à l'occasion des mystérieux bruits hanteurs.

On dira que probablement ils ne les entendaient point, mais il y a des circonstances qui prouvent le contraire ; celle-ci entre autres : chaque fois que, par suite des perturbations, je me décidais à entreprendre les recherches habituelles, je trouvais les chiens blottis dans un coin, en des conditions pitoyables de terreur ; je puis affirmer avec certitude qu'ils étaient les individus de la maison qui s'en effrayaient le plus. Quand ils n'étaient pas en laisse, ils couraient à la porte de notre chambre et y restaient blottis en gémissant tant qu'on ne les en chassait pas.

Nos observations s'étendirent sur une période de douze mois, après lesquels je fus nommé bénéficiaire dans un autre pays d'Angleterre et je dus renoncer au vicariat ; nous le quittâmes sans trop de regret, espérant pouvoir désormais dormir sans trouble ; nous aurions seulement voulu avoir découvert les causes des manifestations, *(Proceedings of the S. P. R. ;* vol. II, p. 144).

Bien que le cas ci-dessus puisse être considéré comme l'un des plus simples du genre, on trouve déjà en lui les principaux traits caractéristiques des phénomènes de « hantise proprement dite » ; tels que les circonstances de l'audition souvent « élective » des bruits (par conséquent, de leur nature subjective ou hallucinatoire) ; de l'intelligence se manifestant dans les coups frappés plus ou moins vivement ou rapidement ; du fait que les phénomènes se montraient indépendants des personnes habitant la localité hantée (puisque la hantise était antérieure à l'arrivée du vicaire et avait persisté après lui) ; de l'existence d'événements dramatiques, ou d'événements de morts, ou de traditions en ce sens, coïncidant avec l'origine de la hantise et en rapport avec les manifestations ; enfin, de la participation des animaux à la perception des phénomènes.

On y rencontre en outre une singularité assez rare dans les phénomènes en question : à savoir, la périodicité de quelques-uns d'entre eux ; dans notre cas, il s'agissait du « vacarme satanique », se réalisant toujours à une heure et à une date fixes, et plus exactement, à *2 heures du matin le dimanche.* Cette périodicité montre de manière irréfutable l'existence d'une intention quelconque dans l'agent hanteur ; ce qui sert à éliminer plusieurs hypothèses proposées pour expliquer les manifestations ; par conséquent, si l'on parvenait à recueillir un nombre suffisant d'incidents semblables, ils revêtiraient une très grande valeur théorique, favorisant l'hypothèse spirite. Mais pour le moment ces faits sont rares, à telle enseigne que, dans l'Introduction de cet ouvrage, j'ai fait noter comment, sur un total de 374 cas recueillis, on rencontrait à peine 7 incidents analogues. De toutes façons, bien que n'étant pas nombreux, ils ne peuvent qu'avoir leur poids dans la balance des probabilités théoriques, pourvu qu'ils soient bien constatés ; il ne semble pas qu'on puisse douter de celui que nous venons d'exposer.

CAS II. – Il a été publié en deux fois par les *Annales des Sciences psychiques* dans les années 1892-1893 ; c'est un cas fort intéressant, dont la narration présente l'avantage de consister en un journal rédigé aussitôt, au moment où se produisaient les phénomènes, ce qui élimine toute probabilité d'erreurs mnémoniques.

La publication du journal, avec l'abondante documentation qui l'accompagne, remplit 40 pages des *Annales ;* je devrai donc me limiter à reproduire ses principaux épisodes et les passages essentiels des documents à l'appui, qui contiennent des incidents et des observations importantes.

La publication du cas est due à M. G. Morice, docteur en droit, qui, pour complaire au Pr Richet et rendre service aux buts scientifiques que ce dernier se proposait par la revue fondée par lui, voulut bien lui communiquer une copie du journal en question, avec l'autorisation de son auteur, M. F. de X… Il se rendit en outre chez ce dernier pour obtenir des renseignements supplémentaires et les adresses des principaux témoins, afin de les questionner et réunir toutes les preuves possibles ; il put remplir très heureusement sa tâche, comme le montrent les nombreuses pièces publiées.

Il sera utile de faire précéder le récit par la lettre suivante que le propriétaire du château hanté et rédacteur du journal adressait à M. Morice :

Monsieur,

… En principe, mon plus grand désir eût été que personne ne s'occupât de moi ni de ce qui a pu se passer chez moi à l'époque où j'habitais le T... Ayant été témoin de tous ces phénomènes, je n'ai pu en conserver qu'un souvenir peu agréable, vous en conviendrez, et, étant donné les opinions, souvent bien légèrement formulées, du monde à ce sujet, je n'en parle qu'à ceux qui ne me paraissent envisager les choses qu'au point de vue le plus sérieux, comme du reste vous le faites, Monsieur.

Puisqu'un travail d'un caractère scientifique vous est demandé sur ce sujet, je viens à mon tour m'adresser à votre délicatesse pour vous prier de me montrer votre travail avant sa publication, et surtout, de taire absolument mon nom ; je vous demande aussi de remplacer par X tous ceux que vous y rencontrerez. Beaucoup de ceux qui furent les témoins de ces phénomènes sont encore en vie, et il serait possible que, par suite d'un sentiment que nous devons respecter en eux, ils ne se soucient nullement de voir leur nom figurer dans ce récit imprimé. Il n'en n'est pas de même des notes que j'avais prises à cette époque ; j'avais l'autorisation de mes témoins, et ces notes elles-mêmes étaient, dans mon esprit, destinées à rester dans l'intimité de la famille... (Signé : F de X... – le 3 août 1891).

Exposé des phénomènes étranges du château de T...

M. Morice publie d'abord les éclaircissements suivants :

Vers 1835, existait dans cette commune (Calvados), un ancien château appartenant à la famille de B. Cette habitation se trouvait dans un tel état de vétusté que la restauration en fut jugée inutile. Elle fut remplacée par une autre élevée à environ 450 mètres au nord de l'ancienne. M. de X... en hérita en 1867 et en fit sa résidence.

Au mois d'octobre de cette même année, il y eut une série de faits extraordinaires, bruits nocturnes, coups, etc., qui, après avoir cessé pendant quelques années, nous dit M. de X... dans son journal de 1875, se produisent de nouveau présentement.

De tout temps le château de T... avait passé pour avoir été le théâtre de phénomènes extraordinaires, pour être hanté par des fantômes plus ou moins malfaisants. La famille de X... ignorait tous ces bruits lorsqu'elle en prit possession.

Après quelques mois de séjour, certains faits se manifestèrent mais seulement d'une façon intermittente ; ce n'est qu'après qu'ils eurent quitté leur château pour se rendre chez des parents que les faits se produisirent avec le caractère d'intensité et de continuité que nous retrouvons en 1875. Les domestiques mouraient de frayeur et sur leur demande M. et Mme de X... rentrèrent après une absence d'un mois.

Les mêmes faits se renouvelèrent après leur retour ; M. de X... fit pendant plusieurs nuits de minutieuses perquisitions, mais ne découvrit rien.

Tout rentra à peu près dans le calme au commencement de l'année 1868 ; les bruits extraordinaires ne se firent plus entendre que de loin en loin et furent moins violents. A partir de 1870, ils cessèrent complètement.

Après cette sorte d'introduction, M. Morice cède la parole au rapporteur, M. F. de X..., qui continue en disant :

Depuis cinq ans nous avions repris notre calme et notre sécurité et nous ne parlions plus de tout cela que lorsque nos parents ou nos amis nous interrogeaient à ce sujet. Aussi notre déception est-elle grande en voyant que de nouveaux bruits, semblables à ceux de 1867, viennent nous troubler et nous font craindre que le château où nous sommes ne soit destiné à être l'objet d'une série de phénomènes qui en rendraient le séjour impossible.

Nous sommes en octobre 1875. Je me propose de noter ici et de consigner chaque jour ce qui se sera passé dans la nuit précédente. Je dois faire remarquer que lorsque les bruits se produisaient pendant que la terre était couverte de neige, il n'y avait aucune trace de pas autour du château. J'ai tendu secrètement des fils à toutes les ouvertures : ils n'ont jamais été brisés.

En ce moment, octobre 1875, notre maison est ainsi composée : M. et Mme de X..., et leur fils ; M. l'abbé D..., précepteur ; Emile, cocher ; Auguste, jardinier ; Amélina, femme de chambre ; Célina, cuisinière. Tous les domestiques couchent dans la maison ; ils méritent notre plus entière confiance.

Mercredi 13 octobre 1875. – M. l'abbé D... nous ayant dit qu'il est certain que son fauteuil change de place, nous l'accompagnons, ma femme et moi, dans sa chambre, et nous constatons minutieusement la place occupée par chaque objet. Nous attachons du papier gommé qui fixe au parquet le pied du fauteuil. Nous quittons M. l'abbé ; je lui recommande de m'appeler s'il arrive quelque chose d'extraordinaire. A 10 heures moins un quart M. l'abbé entend sur le mur de la chambre une série de petits coups, assez forts cependant pour qu'ils soient entendus également par Amélina, qui couche dans la chambre en face. Il entend ensuite dans un angle de sa chambre le bruit de l'encliquetage de la roue d'une grosse horloge qu'on remonte, puis un flambeau de métal qui change de place sur sa cheminée, en grinçant ; enfin il entend et il croit voir son fauteuil se promener ; il n'ose se lever, et sonne ; j'y vais. Dès que j'entre, je constate que le fauteuil a changé de place d'au moins un mètre : il est tourné devant la cheminée ; une bobèche placée an pied du flambeau s'est replacée sur le flambeau ; l'autre flambeau a été déplacé et posé de manière à ce qu'il dépasse de plusieurs centimètres le bord de la cheminée. Une petite statue placée contre la glace a été avancée de 20 centimètres. Je me retire au bout de 20 minutes. Nous entendons deux violents coups chez M. l'abbé, qui sonne et qui m'assure que ces coups ont été frappés sur la porte de son cabinet, au pied de son lit.

Vendredi 15 octobre. – ... A 11 heures un quart, tout le monde est réveillé par une série de très forts coups dans la chambre verte. Auguste et moi faisons une ronde partout et, pendant que nous sommes dans le salon, nous entendons des coups près de la lingerie. Nous y allons : rien. Nous redescendons. Madame et Amélina entendent traîner un meuble à l'étage au-dessus, où il n'y avait personne. Le meuble semble tomber lourdement.

Lundi 18 octobre. – ... Tout le monde est éveillé par le bruit d'une grosse boule pesante, qui descend l'escalier du second au premier en sautant de marche en marche. Après une demi minute, un coup isolé très violent, puis neuf ou dix gros coups sourds.

Dimanche 31 octobre. – Nuit très agitée. Il semble que quelqu'un monte, plus rapidement qu'un homme puisse le faire, l'escalier du rez-de-chaussée, en affectant de frapper des pieds. Arrivé sur le palier, cinq grands coups tellement forts que les objets suspendus aux murs se mettent à battre sur leur place. On dirait qu'une lourde enclume ou une grosse poutre a été projetée sur un point des murs, de manière à ébranler la maison ; personne ne peut préciser le point d'où ces coups partent. Tout le monde se lève et se réunit dans le corridor du premier étage. Nous faisons une visite minutieuse, mais nous ne trouvons rien. Nous nous recouchons, mais de nouveaux bruits nous obligent à nous relever. Nous ne pouvons reposer que vers 3 heures.

Mercredi 3 novembre. – Dès 10 h 20, tout le monde est réveillé par des pas bruyants qui montent rapidement l'escalier. Une série de coups fait trembler les murs. Nous nous levons immédiatement. Peu de temps après nous entendons le bruit d'un corps pesant et élastique qui aurait descendu l'escalier du second au premier, en sautant vivement de marche en marche. Arrivé au bas, il continue sa course en glissant dans le corridor et s'arrête au palier. Aussitôt partent deux coups très éclatants, puis un coup formidable, comme d'un maillet de charpentier lancé à tour de bras sur la porte de la chambre verte. Plusieurs séries de coups sautillants et répétés imitant des pas d'animaux.

Samedi 5 novembre. – A 2 heures, un être quelconque s'élance à toute vitesse dans l'escalier, du vestibule au premier, traverse le corridor, et s'engage rapidement dans l'escalier du second avec un fort bruit de pas qui n'ont rien du pas humain. Tout le monde a entendu : on eût dit deux jambes privées de leurs pieds et marchant sur deux moignons. On entend ensuite de nombreux et forts coups dans l'escalier et dans la porte de la chambre verte.

Mercredi 10 novembre. – A 1 heure, une galopade précipitée dans le vestibule et l'escalier. Un fort coup sur le palier se fait entendre, suivi d'un autre très violent sur la porte de la chambre verte ; durée 20 minutes. Une tempête avec vent, tonnerre, éclairs, vient encore rendre la nuit plus affreuse. A 1 h 20, on clanche la porte de la chambre verte. Aussitôt partent deux forts coups sur la porte, trois dans l'intérieur de la chambre, trois autres sur la porte, et enfin de longs tapotements au second étage, quarante au moins ; durée 10 minutes et demie. A ce moment, tout le monde entend comme nous un cri, comme un long son de corne d'appel qui domine la tempête ; il me semble venir du dehors. Peu après tout le monde entend trois cris aigus ; ils viennent du dehors mais se rapprochent très sensiblement de la maison. A 1 h 30, un coup sourd au deuxième étage ; encore un très long cri, puis un second, comme une femme qui appelle au dehors. A 1 h 15, subitement nous entendons trois ou quatre grands cris dans le vestibule, puis dans l'escalier. Nous nous levons tous et faisons comme toujours une minutieuse perquisition. On se recouche. A 3 h. 20, une galopade se fait entendre dans le corridor. Nous entendons deux cris plus faibles, mais bien dans la maison.

Vendredi 12 novembre. – ...A minuit, tout le monde se lève : on entend des cris dans la cave, puis dans l'intérieur de la chambre verte, enfin les sanglots et les cris d'une femme qui souffre horriblement.

Samedi 13 novembre. – Non seulement, nous sommes tracassés la nuit, mais voici que nous le sommes le jour. 3 heures, coups dans l'office de la salle à manger ; perquisition inutile ; 3 h 15, bruits dans la chambre verte : nous y allons, un fauteuil était déplacé et posé contre la porte, de manière à l'empêcher d'ouvrir : nous le replaçons. 3 h 10, piétinements dans la chambre de Mme de X... ; un fauteuil s'y est promené. Deuxième visite dans la chambre verte : le fauteuil est de nouveau placé de façon à empêcher la porte de s'ouvrir...

Samedi 13 novembre (la nuit). – Minuit 15 minutes, deux cris très forts au palier ; ce n'est plus le cri d'une femme qui pleure, mais des cris aigus, furieux, maudits, désespérés, des cris de damnés ou de démons. Pendant plus d'une heure encore des coups violents se font entendre.

Mardi, 21 décembre. – Le soir, nous entendons des coups dans la chambre de Mme de X..., et une chute de plusieurs objets qui s'écroulent ; perquisition inutile, rien de dérangé.

Lundi, 27 décembre. – 6 h 30 : Célina, qui descend, est suivie par des coups qui la poursuivent, de notre chambre nous avons très bien entendu. Elle n'a rien vu.

Mercredi, 29 décembre. – ... Mme de X..., entendant du bruit dans la chambre de M. l'abbé, y monte, suivie de ce dernier. Elle entend remuer dans la chambre, elle avance la main droite pour prendre la clanche de la porte et ouvrir : avant qu'elle ne la touche elle voit la clef qui se détache, en tournant rapidement dans la serrure, et vient la frapper à la main gauche. M. l'abbé a été témoin. Le coup était assez fort pour que deux jours après la place fût encore sensible et visible...

Dimanche, 2 janvier 1876. – 6 h. 30 minutes : il est à noter que, depuis trois matins, ceux qui descendent de leur chambre sont suivis jusqu'au rez-de-chaussée, pas à pas et de marche en marche, par des coups s'arrêtant et repartant avec eux. M. le vicaire de la paroisse de T... a été suivi de cette manière et n'a rien vu.

Lundi, 3 janvier. – Le soir, j'étais seul dans le salon, vers 5 heures un quart ; j'avais de la lumière, j'entends six coups bien accentués, frappés sur le guéridon qui se trouvait, à ce moment, à 10 mètres de moi. Je me retourne et ne vois rien.

Mercredi, 5 janvier. – Le Révérend Père H. L., religieux prémontré, est envoyé ici par Monseigneur pour juger les faits et nous venir en aide... *(Séjour du Révérend Père H. L.). – A* partir du moment où le Révérend Père H. L. est ici, le calme se fait subitement et d'une manière absolue. Rien, ni le jour ni la nuit. Le 15 janvier il fait une cérémonie religieuse. A partir de ce jour, nous entendons quelques bruits, isolés et extraordinaires, la nuit, et toujours dans des endroits trop éloignés du Père H. pour qu'il puisse les entendre. Le Révérend Père nous quitte le lundi 17, et son départ est suivi aussitôt d'une nouvelle série de faits aussi intenses et aussi graves que ceux qui ont précédé son arrivée.

Nuit du 17 au 18 janvier. – A 11 heures, un coup comme un corps qui tombe dans le corridor du premier étage, suivi comme d'une boule qui roule et va frapper un coup violent dans la porte de la chambre verte. Interminable galopade au second, suivie de vingt coups sourds au même endroit, dix-huit dans l'intérieur de la chambre verte. Il est 11 h. 35 minutes ; cinq grands coups sur la porte de la chambre verte, quinze coups sourds dans l'escalier du second étage. Deux coups de semelle au palier, dix coups sourds dans l'escalier du second, tout en tremble autour de nous.

Nuit du 20 au 21 janvier. – ... 1 h 25 minutes. Tout le monde entend quatre grands cris, comme des beuglements venant du dehors, mais à la hauteur de la fenêtre, puis aussitôt comme deux coups de baguette dans l'escalier. Peu après, dix coups plus forts, puis un tambourinage au second... 5 h 15 minutes. Cette même nuit, Mme de X..., qui avait de la lumière, entend un corps assez volumineux qui tombe lourdement de sa table à terre, elle regarde et ne découvre rien.

Journée dit 25 janvier. – ... 5 h 10 minutes. M. l'abbé lisait son bréviaire ; quoiqu'il fît depuis trois jours un temps superbe, une masse d'eau tombe, par la cheminée, sur le feu qu'elle éteint, et fait voler la cendre : M. l'abbé est aveuglé, il en a la figure couverte.

Nuit du 25 au 26 janvier. – 1 h 30 minutes. La maison est secouée vingt fois, sept coups sur la porte de la chambre verte, suivis de coups si rapides qu'on ne peut les compter ; deux sur la porte de la chambre verte, douze auprès de la chambre de Maurice, treize qui font tout trembler, puis cinq, puis dix, puis dix-huit, faisant trembler murs et meubles ; à peine a-t-on le temps d'écrire. Neuf coups effroyables sur la porte de la chambre verte, un tambourinage accompagné de gros coups sept qui font tout trembler, un très sonore, puis une série de dix coups frappés deux à deux. A ce moment on entend comme des cris de taureau, puis d'autres, inhumains, enragés, dans le corridor, près de la porte de Mme de X... qui alors se lève et sonne pour faire lever tous les domestiques. Pendant que tout le monde était levé et réuni dans la chambre de M. l'abbé, on a entendu encore deux beuglements et un cri.

A 4 h 20 minutes seulement on se recouche ; Mme de X... entend un coup assez fort frappé sur l'orgue placé dans sa chambre à deux mètres de son lit ; il est suivi de trois autres coups dont elle ne peut saisir la direction. *Les bruits ont été très bien entendus de la ferme.*

28 janvier. – Nous avons fait dire une neuvaine de messes à Lourdes ; le Révérend Père a fait les exorcismes et tout a cessé ...

Je termine ici les citations du journal de M. F. de X..., et je rapporte les principaux passages des nombreuses confirmations des témoins.

Voici d'abord une lettre de M. l'abbé D..., précepteur du fils de M. et Mme de X... Elle est adressée à M. Moricc cn date du 12 janvier 1893.

Monsieur,

J'ai l'honneur de répondre à votre lettre en date du 9 du présent. Je vous dirai d'abord que je possède également une copie du manuscrit de M. de X... ; je peux vous attester que j'ai été témoin de tous les faits qui se sont passés au château du T..., depuis le 12 octobre 1875 au 30 janvier 1876. Je peux vous attester que les faits relatés dans le manuscrit ne peuvent être l'œuvre d'un homme : tous ces bruits ont été entendus non par une personne, mais par un grand nombre de témoins, et les coups étaient tellement forts *qu'on pouvait les entendre à une distance de 500 mètres.* Je ne vous ferai pas un nouveau récit des faits, puisque vous les connaissez. Des faits de ce genre se passaient également dans l'ancien château, d'anciens serviteurs m'ont déclaré avoir eux aussi entendu des bruits.

Pendant toutes ces tracasseries, M. de X... a pris toutes les précautions imaginables. Comment un homme aurait-il pu s'introduire dans ma chambre, changer les objets de place sans que je le voie ? Pourquoi laisser trois volumes d'Ecriture Sainte à leur place, tandis que tous les autres volumes étaient jetés sur le plancher ? Comment monter sur le haut de la cheminée, répandre de l'eau sur mon feu de manière à me couvrir de cendre ? et cela se produisait pendant, le jour, en temps de sécheresse. Mon élève fut témoin du fait, et je crois encore le voir courir. Comment se fait-il qu'au milieu des plus grands bruits la chienne de M. de X..., qui était cependant bien dressée, ne manifestait aucun étonnement ? Comment expliquer qu'une fenêtre bien fermée s'ouvre d'elle-même, en présence de M. de X... et de moi ? Les cris que nous avons entendus n'étaient pas des cris humains ; souvent les murs du château étaient tellement ébranlés que je craignais de voir le plafond tomber sur ma tête. Où trouver un homme qui puisse faire tout cela ? Pour moi je ne connais que le diable.

Relativement à la prétendue efficacité des exorcismes, voici une rectification de M. Morice, adressée au Dr Dariex, directeur des *Annales* :

Mon cher Docteur,

M. de X..., comme nous l'avons vu par la dernière phrase de son manuscrit, attribuait à la cérémonie de l'exorcisme et aux prières qui avaient été dites à la suite de la cérémoniale, la cessation des phénomènes. M. de X... était certainement de bonne foi ; les événements ne devaient pas tarder à le détromper.

Par elle-même, la cérémonie de l'exorcisme ne donna aucun résultat : elle fut pratiquée en effet le 14 ou le 15 janvier, et nous connaissons par le récit même de M. de X... ce qui s'est passé depuis cette date jusqu'au 29 janvier. On doit toutefois reconnaître qu'à la suite des prières ordonnées par le prêtre exorciste le calme sembla renaître à la fin de janvier.

Cette période de tranquillité se prolongea pendant quelques mois, mais à la fin d'août et surtout en septembre, le château de T... redevint le théâtre de faits aussi étranges que ceux que nous connaissons déjà. Il est regrettable que M. de X... n'ait pas pris le soin, comme pour les autres, de les enregistrer et de les analyser au fur et à mesure qu'ils se produisaient... *(Signé :* M. G. Morice, en date du 12 janvier 1893.)

Pour obtenir des renseignements au sujet de la deuxième série de phénomènes, M. Morice s'adressa à M. l'abbé M... qui, en février 1876, avait remplacé l'abbé D..., en qualité de précepteur du fils de M. et Mme de X...

Dans une lettre datée du 20 janvier 1893, l'abbé M... répond comme il suit à M. Morice :

Monsieur,

J'ai mis du retard à répondre et à vous remercier du numéro de la Revue que vous m'avez adressé, mais les circonstances m'excusent.

Pourquoi M. de X... termine-t-il si brusquement son journal ? Après les exorcismes une grande accalmie se produisit. Un fait même, presque incroyable, eut lieu, qui donna beaucoup d'espoir pour l'avenir.

Voici ce fait : Vous avez vu dans le journal que des médailles de saint Benoît, des croix indulgenciées, des médailles de Lourdes avaient été placées à toutes les portes. Toutes ces médailles et croix formaient un paquet volumineux. Vous avez vu aussi que, dans la nuit qui suivit, un vacarme effrayant s'était produit, et que le lendemain, médailles et croix avaient disparu sans qu'il ait été possible de rien retrouver, et cependant elles étaient nombreuses et les portes étaient nombreuses aussi. Or, les exorcismes étaient terminés et furent suivis de quelques jours de calme. Vous devez bien penser si ce temps parut agréable ; mais voilà que deux ou trois jours après, Madame écrivait quelques lignes à genoux auprès d'un petit bureau, lorsque tout à coup, un immense paquet de médailles et de croix tomba devant elle, sur le petit bureau. Il pouvait être environ dix heures et demie du matin. D'où tombaient ces médailles ? C'étaient bien toutes les médailles placées aux portes, à l'exception des médailles de Lourdes...

Un autre jour, M. de X... ouvre son harmonium et joue pendant très longtemps. Comme il fermait l'instrument, une partie des airs qu'il venait, de jouer se répète dans le coin opposé du salon, et cela pendant un temps assez notable...

Une autre fois, dans ma chambre, une commode lourdement chargée de livres et remplie de linge se soulève à cinquante centimètres du parquet, et reste quelque temps dans cet état. Mon jeune élève me le fait remarquer. Je m'appuie sur la commode, elle ne cède pas, puis elle se remet d'elle-même en place. Il pouvait être trois heures de l'après-midi...

La lettre suivante, qu'une autre dame, témoin des faits, adressait au Dr Dariex en date du 14 septembre 1892, fournit des renseignements sur les phénomènes qui se produisaient dans l'ancien château, démoli depuis. Mme Le N. des V... raconte ce qui suit :

Le château est venu par voie d'héritage, je crois, à M. de X... L'ancienne propriétaire, Mlle de Z..., serait morte dans l'impénitence finale, et il va de soi qu'elle passait pour revenir dans le château. Je ne sais pas quel temps s'est écoulé entre sa mort et l'installation de ses héritiers.

Quand les premiers bruits se produisirent, M. de X... pensa avoir affaire à des vivants désireux de l'effrayer assez pour lui faire abandonner le château, qui eût, dans ces circonstances, été vendu à vil prix, ainsi que les terres en dépendant. Il fit donc faire d'exactes recherches, sonder les murs, les caves, pour tâcher de découvrir les passages oubliés par lesquels on pouvait y pénétrer. Malgré la plus exacte vigilance, on ne put rien découvrir de plausible sur l'origine de ces bruits qui allaient en augmentant, en dépit des précautions.

Il acheta deux redoutables chiens de garde qu'on lâchait toutes les nuits ; rien n'y fit.

Un jour, les animaux se mirent à hurler, dans la direction d'un des massifs du jardin, avec une telle persistance, que M. de X... crut que des malfaiteurs s'y étaient cachés. Il s'arma, fit armer ses domestiques, on cerna le massif et on y lâcha les chiens. Ils s'y précipitèrent avec fureur, mais à peine y eurent-ils pénétré, que leurs hurlements se changèrent en aboiements plaintifs, comme ceux des chiens recevant une correction ; ils s'enfuirent la queue basse, et on ne put les y faire rentrer. Les hommes entrèrent alors dans le massif, le fouillèrent dans tous les sens et n'y trouvèrent absolument rien... C'était avant la démolition du vieux château.

Je ne me rappelle plus dans lequel des deux se sont passés les faits que je vais vous raconter. Un ami ou cousin, officier, voulut coucher une nuit dans la chambre particulièrement hantée et où ne couchait habituellement personne. Il avait son revolver, se promettant bien de tirer sur quiconque viendrait troubler son sommeil. Il avait gardé de la lumière. Il fut réveillé par le froufrou d'une robe de soie, et sentit qu'on lui tirait son couvre-pieds ; il interpella le visiteur nocturne sans obtenir de réponse et alluma sa bougie qui s'éteignit aussitôt ; trois fois il la ralluma, trois fois elle fut éteinte, et toujours le froufrou de la soie et le manège du couvre-pieds continuaient ; il se décida à tirer au jugé, le glissement des couvertures sur son corps lui indiquant la position occupée par l'être qui le tirait et qu'il devait atteindre presque à bout portant. Il fit feu sans aucun résultat ; pourtant les balles n'avaient pas été enlevées des cartouches, puisqu'on les retrouva le matin dans la muraille...

A propos de l'impression que les phénomènes produisent sur les animaux, j'enregistrerai encore ce passage concernant l'attitude des chevaux – passage sans doute insuffisant au point de vue probant, parce qu'il est fondé sur de simples souvenirs, mais qui acquiert une certaine valeur par la circonstance qu'il a été fourni indépendamment par deux témoins. M. l'abbé D... écrit au Dr Dariex en date du 21 février 1893 :

Je pourrais vous citer un autre fait : je crois que les chevaux étaient aussi tourmentés ; le matin on a dû les trouver en sueur et la paille renvoyée derrière eux...

Avant lui, M. Morice, dans une lettre au même Dr Dariex, en date du 23 septembre 1891, en avait parlé ainsi :

Ce que je sais c'est que parfois, dans les écuries du château, les chevaux semblaient avoir peur et que le matin on les trouvait quelquefois couverts de sueur, comme s'ils avaient fait une longue course.

Comme on le voit, les souvenirs des deux témoins concordent parfaitement, et confèrent au fait une importance non négligeable.

Je termine ici les citations. Outre les témoignages que nous avons reproduits, les *Annales* présentent ceux de trois prêtres : le curé M. J..., M. l'abbé M.... et le Révérend Père H. L..., qui avait pratiqué la cérémonie de l'exorcisme. Je ne les reproduis pas, parce qu'ils m'apportent rien de nouveau à la recherche des causes ; ils n'ont de valeur que pour étayer mieux encore l'authenticité des faits.

Ce que j'ai exposé suffit à montrer l'importance du cas, l'un des plus complexes et des mieux documentés que l'on connaisse dans le groupe envisagé ici. Je note que, bien qu'il soit surtout d'ordre auditif, il est néanmoins entremêlé de phénomènes physiques assez variés et importants ; on aurait donc pu le faire également rentrer dans le groupe des phénomènes de « poltergeist » ; de telles incertitudes de classification sont fréquentes dans la casuistique dont nous nous occupons. Ainsi que je l'ai fait remarquer déjà, ces formes d'envahissement réciproque entre deux ordres bien distincts de manifestations s'expliqueraient en supposant que les phénomènes de *hantise proprement dite* (essentiellement subjectifs et télépathiques), se combinent parfois à des racines *médiumniques* (essentiellement objectives et animiques), et vice versa ; ainsi, dans notre cas l'agent hanteur se serait trouvé à même d'exercer objectivement son pouvoir sur la matière, et en outre de l'exercer subjectivement sur le sensoriel des assistants.

En tous cas, j'ai classé ce cas dans la présente catégorie parce qu'il est de nature surtout auditive, et parce qu'il manque des traits caractéristiques essentiels aux phénomènes de « poltergeist », c'est-à-dire : la courte durée, le fait de se dérouler autour d'une personne donnée ; alors que les traits caractéristiques des phénomènes de « hantise proprement dite » consistent dans la longue durée, dans l'apparente indépendance des phénomènes de toute personne présente – indépendance symptomatique, laissant supposer qu'en ces contingences l'énergie médiumnique dont se sert l'agent hanteur provient « d'influences locales », plutôt que d'organismes humains.

Pour contribuer à éclaircir le cas en question, il importe aussi de noter que dans les calculs statistiques que nous avons donnés, il figure dans le groupe des 70 cas formant exception à la règle selon laquelle les phénomènes de hantise seraient presque toujours en rapport direct avec des événements de morts, généralement tragiques ; si je me suis décidé à le classer parmi les cas négatifs, c'est que le renseignement fourni par Mme Le N. de X..., selon lequel le fantôme de l'ancienne propriétaire apparaissait souvent dans le château, montrerait bien l'existence d'un précédent de mort en relation avec la hantise ; mais malheureusement il est trop vague pour pouvoir être retenu. Il n'en est pas moins vrai que le château était hanté depuis un temps non précisé ; on pourrait donc appliquer à ce cas les considérations contenues dans l'Introduction, à savoir que, en de pareilles circonstances, « il est loisible de présumer que les origines de la hantise peuvent être tombées dans l'oubli par suite de l'ancienneté et de l'intermittence de la hantise en question ». Par conséquent, ce cas ne serait point précisément négatif relativement à la règle indiquée, mais seulement incertain.

Pour ce qui a trait au caractère principal des manifestations, on peut dire qu'elles n'offrent rien de nouveau dans leur forme, mais qu'elles se font remarquer par l'extraordinaire intensité des coups, des vacarmes et des cris. On apprend, en effet, par le journal de M. de X.... que la violence des coups était telle qu'elle ébranlait l'édifice dans ses fondements et faisait rebondir les objets pendus aux parois, et que les coups et les cris étaient entendus par les habitants de la ferme, à une distance de 500 mètres. Si on envisage tout cela en même temps que la circonstance que les manifestations auditives étaient toujours perçues collectivement, nous serions portés à croire que les phénomènes auditifs étaient en grande partie de nature objective ; ce qui serait rendu plus probable encore par cette autre circonstance, que souvent le bruit de déplacements ou de chutes de meubles correspondait bien à ce qui arrivait aux meubles en question. En somme, étant donnée l'existence de manifestations objectives, il est vraisemblable que les grands bruits et hurlements devaient aussi contenir quelque chose d'objectif.

La seule circonstance ne paraissant pas se concilier avec cette déduction serait celle rapportée par l'abbé D..., selon laquelle une chienne de M. de X... ne paraissait aucunement s'apercevoir des bruits. Seulement, cette affirmation n'est qu'un vague souvenir énoncé dix-huit ans après, alors que le journal de M. de X... n'en dit rien. On peut donc craindre qu'il s'agisse d'une erreur mnémonique, d'autant plus que dans une lettre au Dr Dariex, ce même abbé s'exprime à ce sujet dans ces termes dubitatifs :

> Au sujet des chiens, je vous dirai que je crois qu'il y en avait deux ; parmi eux se trouvait une chienne parfaitement dressée, qui ne manifestait aucun étonnement en entendant les bruits ; je ne crois pas me tromper ; il me semble que plusieurs fois cette remarque a été faite...

Un peu plus loin, à propos d'un autre incident, il continue ainsi :

> Cependant je ne peux l'affirmer, vu que j'ai lu un certain nombre de livres qui traitaient de ces matières. Comme il y a déjà plusieurs années que ces faits se sont passés, je ne voudrais pas prendre sur moi un détail qui ne se trouve pas écrit.

Cette honnête restriction amène à croire que l'abbé D... a pu confondre quelques réminiscences de lectures faites avec les événements auxquels il a assisté ; et ceci d'autant plus que, conformément à d'autres témoignages, les chiens et les chevaux du château se seraient, au contraire, montrés fort sensibles aux manifestations.

Je signale en dernier lieu un détail curieux : c'est qu'avec la démolition de l'ancien château, la hantise passa au nouveau, édifié à 150 mètres du premier. Nous verrons plus loin que cela peut se rattacher au problème des « influences locales » sur les phénomènes de hantise, influences venant du fait que les émanations vitales, ou irradiations fluidiques des personnes avant vécu longtemps dans un endroit, et surtout les fluides irradiés intensément aux heures passionnelles et dramatiques, seraient réceptés et gardés dans la masse moléculaire des meubles et des murailles, et constitueraient un coefficient indispensable pour les manifestations de hantise. On devrait donc supposer que la circonstance de la transmission de la hantise de l'ancien au nouveau château se rattache au fait des meubles transférés de l'un à l'autre de ces édifices, et des matériaux de démolition employés pour la nouvelle construction.

CAS III. – Avant de passer aux cas de hantise à prédominance fantomatique, je rapporte encore un exemple curieux de hantise auditive en rapport apparent avec un squelette humain appartenant à un docteur en médecine. Le cas est plutôt ancien, mais il est appuyé par les témoignages indépendants de cinq membres de la famille du docteur, dont quatre furent à leur tour docteurs en médecine ; les témoignages concordent dans tous les détails essentiels, ce qui augmente la valeur probante de ce cas, qui a été examiné par le professeur James H. Hyslop, et publié par lui dans le *Journal of the American Society for* Psy*chical Research* (années 1910, p. 665, et 1911, p. 484).

Je me borne à rapporter un seul récit du fait, en le complétant par quelques passages des autres récits.

Le Dr H. A. Kinnaman écrit ce qui Suit au Pr. Huslop, en date du 4 avril 1910 :

L'incident du squelette – ou d'une partie du squelette – qui vous a été rapporté par le Dr Carter, tel qu'il lui fut raconté par sa mère, qui est sa sœur, peut être résumé ainsi :

Mon oncle John W. Kinnaman, mon père Jacob W. Kinnaman et un jeune homme appelé Adams – je ne me souviens pas de son prénom – étaient étudiants de médecine et amis intimes. Un jour ils firent le pacte suivant : que si l'un d'eux mourait en jeune âge, les autres auraient le droit de se saisir de son squelette dans un but d'étude, avec cette condition, que le squelette devrait toujours rester à la garde d'amis ; si, un jour, cette condition ne pouvait plus être observée, on devait replacer le squelette dans le tombeau. Adams avait déclaré que, de son côté, il exigeait l'observation scrupuleuse du pacte ; sans cela, il aurait protesté en faisant du bruit et en agitant désagréablement ses ossements.

Quelque temps après M. Adams mourut ; mon oncle John, en sa qualité de frère aîné, prit possession du squelette et le garda chez lui jusqu'à sa mort ; après lui, il fut gardé par mon père, le Dr Jacob ; ensuite par son frère, Dr Lawrence ; ensuite par le Dr Jackson ; puis par mon frère Robert et enfin par mon autre frère Chas. Durant ce long laps de temps, on constata que, si les conditions fixées par le pacte étaient observées, les ossements d'Adams restaient tranquilles ; mais si on les négligeait, des tracasseries se produisaient. Je me souviens qu'en 1849, quand j'étais enfant, mon père dut se rendre pendant quelque temps en Californie, et les ossements furent relégués dans une mansarde. Adams ne parut pas satisfait de cette mesure, la nuit même on constata des pas pesants et bruyants qui montaient et descendaient par l'escalier de la mansarde, ou qui allaient et venaient à l'intérieur de cette pièce. Ces manifestations troublèrent sérieusement ma mère, parce qu'elles empêchaient sa famille de dormir ; elle s'adressa à mon oncle, le Dr J. P. Q..., en le suppliant de nous délivrer des ossements d'Adams. Il y consentit, et aussitôt qu'il les prit sous sa garde, la tranquillité revint dans la famille.

Mon oncle les garda longtemps dans son bureau ; mais un jour il imagina de les déposer dans un coin écarté de la maison. Deux familles qui habitaient en cet endroit durent bientôt déménager par suite des bruits inexplicables qu'on entendait la nuit ; après elles, aucune famille ne put demeurer dans la maison hantée. Lorsque mon père rentra de Californie ; il reprit le squelette d'Adams et le plaça de nouveau dans son bureau, et les pièces hantées rentrèrent dans le calme.

Mon père mourut en 1874, et les ossements passèrent à mon frère Robert, qui les gardait sous le lit d'une chambre contiguë à son bureau. Mais une fois il eut l'idée de les déposer dans les caves d'un bâtiment voisin, servant de magasin pour les matériaux de construction. On les y plaça à l'insu des ouvriers attachés au magasin ; mais quelque temps après, les ouvriers se refusèrent à aller le soir dans les caves à cause des bruits mystérieux qu'on y entendait. Mon frère se décida à reprendre les ossements, et aussitôt la tranquillité revint dans ces locaux.

Les restes d'Adams sont toujours en possession de ma famille... et quand on ne les néglige pas, aucune perturbation n'est perçue à la maison. Je sus par mon père qu'il aurait voulu les replacer dans le tombeau, mais qu'il ne l'avait pas osé par crainte de mécontenter les parents d'Adams, qui ignoraient l'existence du pacte... (Signé : Docteur H. A. Kinhaman.)

Un autre témoin, le Dr C. L. Kinnaman, décrit avec une plus grande abondance de détails les bruits qui se produisirent dans la mansarde quand on y relégua les restes d'Adams. Il écrit :

... La mansarde contenait des centaines de bouteilles, restes d'un fonds de pharmacie. Or il arriva qu'une nuit, aussitôt qu'on fut couché, on perçut des bruits extraordinaires venant des combles. On eût dit que les bouteilles s'entrechoquaient violemment, se brisant et tombant au sol. Après cela, commença un autre ordre de bruits : on eût dit un gros boulet de canon qui, roulant par les escaliers jusqu'à la salle à manger, allait buter contre la porte et remontait ensuite l'escalier en sautant vivement d'une marche à l'autre. Quelqu'un de la famille parvint à vaincre sa frayeur et à aller dans la mansarde, un bougeoir à la main, mais les bruits cessèrent aussitôt ; tout fut trouvé en place. Quand on se recoucha et qu'on eut éteint la lumière, les manifestations recommencèrent. Quelqu'un observa que le corps qui roulait par l'escalier devait être bien lourd, a en juger par le bruit qu'il produisait ; aussitôt le tapage se réduisit à l'écho d'une touche très légère, qui montait et descendait d'une marche à l'autre. Le programme changeait de nature selon nos observations ; les perturbations continuèrent jusqu'à ce que nous nous recouchâmes vaincus par la lassitude et le sommeil. Le jour où on emporta les ossements des mansardes, tout rentra dans le calme à la maison...

Le Dr R. C. Kinnaman écrit à son tour :

> J'ai été le premier à me réveiller ou à être réveillé, entendant aussitôt le bruit sourd d'une chute, comme si quelqu'un avait sauté du lit les pieds nus ; puis un froufrou de vêtements, un bruit un peu plus fort et finalement celui d'un corps lourd roulant sur le parquet, descendant l'escalier en sautant d'une marche à l'autre, le remontant ensuite, avec des variations fréquentes de force et de tonalité. Ma mère entra fortuitement dans la chambre avec Olivier ; bien qu'elle fût une femme énergique, elle paraissait terriblement impressionnée... Tous les deux, portant une bougie allumée, s'aventurèrent dans la mansarde ; leur présence fit aussitôt cesser les bruits. Après l'avoir inutilement examinée et y être restés quelque temps, ils se retirèrent en fermant la porte : aussitôt les bruits recommencèrent. Ils y rentrèrent, et les bruits cessèrent ; ils se retirèrent, et les bruits reprirent de plus belle au moment même où on fermait la porte. Alors ma mère essaya de placer dans la mansarde la bougie allumée, mais celle-ci n'eut aucune influence sur le bruit. Elle essaya d'en placer plusieurs, mais toujours avec un résultat négatif. Alors elle alluma une lampe à camphre qui émettait une lumière intense ; ce fut en vain. On aurait dit que les bouteilles se choquaient violemment les unes contre les autres, tombant brisées sur le plancher ; en réalité, rien de semblable ne se produisait. En dernier lieu, les bruits quittèrent la mansarde, descendirent l'escalier et se concentrèrent dans la cave ; alors ils ne me dérangeaient plus, et je parvins à me rendormir...

Tel est, en abrégé, le cas examiné par le Pr. James. Hyslop. Le rapport entre la hantise et un « précédent de mort » en ressort avec une telle évidence qu'on ne peut pas en douter ; on ne peut donc pas trouver une hypothèse mieux indiquée que celle spirite pour l'expliquer. On y trouve une corrélation parfaite entre les déclarations faites de son vivant par Adams et le fait spécial qui détermine la hantise – corrélation qui est confirmée par la contre-épreuve de la cessation immédiate des manifestations aussitôt qu'on en élimine la cause, et de la reprise des phénomènes chaque fois que la cause réapparaît, consistant dans l'inobservance d'un pacte. Ces reprises équivalent à autant de preuves d'identification personnelle, et impliquent la possibilité pour les décédés de se tenir en rapport constant avec le milieu terrestre dans lequel ils ont vécu. Il faut aussi remarquer la circonstance que le ton et l'intensité des bruits variaient conformément aux observations des percipients – ce qui montrerait chez l'agent hanteur l'intention de prouver de quelque manière sa présence spirituelle consciente et sentante ; on peut même supposer que toute la série des manifestations n'avait, au fond, aucun autre but.

Pour ce qui se rapporte à la circonstance, curieuse et fréquente, que les bruits cessaient en présence des personnes, pour recommencer dès que celles-ci s'en allaient, on ne peut s'empêcher de se demander : Peut-on considérer comme purement subjectifs, ou télépathico-hallucinatoires, les bruits qui cessent en présence des personnes et recommencent quand celles-ci s'en vont ? Si l'on admet qu'ils soient subjectifs, ou télépathico-hallucinatoires, on ne saurait pas expliquer comment la présence du percipient dans un endroit donné ait pour effet de neutraliser la transmission de la pensée de l'agent (circonstance qui n'aurait pas d'exemple dans la télépathie entre les vivants) ; tandis qu'en acceptant l'hypothèse que ces bruits contiennent quelque chose d'objectif, la chose serait plus compréhensible, puisqu'on pourrait rapprocher cette circonstance de la manière dont se produisent certains phénomènes physiques du médiumnisme, où la présence de telles ou telles personnes, la concentration de la volonté, ou l'influence des regards tournés avec insistance au centre de manifestation phénoménique, ont pour effet d'empêcher, de neutraliser les courants d'énergie médiumnique.

Ces doutes, concernant la subjectivité ou l'objectivité d'un grand nombre de manifestations auditives, rendent plus compliqué le problème à résoudre ; en tout cas, on ne peut pas négliger le fait que, s'il y a des bruits « électifs », jugés formidables par ceux qui les perçoivent et pourtant non perçus par quelqu'une des personnes présentes (ce qui démontre leur nature subjective, on télépathico-hallucinatoire), il y en a d'autres, au contraire, qu'on perçoit collectivement, qu'entendent même des personnes se trouvant à une grande distance du lieu hanté, et qui peuvent être neutralisés par l'arrivée de quelqu'un sur place (circonstances qui tendent à démontrer leur nature objective). On est donc en face de résultats contradictoires, qu'on ne saurait concilier autrement qu'en attribuant à l'agent hanteur la faculté, de produire les deux formes de bruit, conformément aux moyens, tantôt télépathiques, tantôt médiumniques, qu'il peut avoir à sa disposition.

CHAPITRE 3

CAS DE HANTISE PROPREMENT DITE Section visuelle fantomatique

Étant donnée la nécessité absolue de limiter mon exposé à un petit nombre de cas, je me propose de rapporter dans ce chapitre quelques exemples choisis, contenant les principales formes épisodiques propres aux manifestations dont il s'agit. Je citerai donc des exemples de fantômes vus en forme collective, successive et élective ; de fantômes inconnus aux percipients et identifiés au moyen de portraits ou autrement ; de fantômes vus, réfléchis on non réfléchis dans une glace ; de fantômes qui se manifestent à une heure ou une date fixées ; qui se montrent en des endroits où ils n'ont pas vécu ; qui sont perçus par des enfants ; qui se comportent intelligemment, ou bien automatiquement ; qui déterminent des hallucinations tactiles ou olfactives. Je rapporterai en outre des exemples de visions lumineuses, et d'apparitions d'animaux.

Dans cet exposé, il ne me sera guère possible d'observer une graduation ordonnée, puisque les épisodes se trouvent souvent groupés en bon nombre dans le même cas, ou combinés de quelque autre façon.

Outre les formes indiquées, il y en a d'autres non moins importantes, mais qui, par les nécessités de notre exposé, trouveront place dans les chapitres où nous discuterons les théories ; ils concernent des faits de hantise des vivants ; d'autres qui se déroulent, pour ainsi dire, cinématographiquement ; d'autres, enfin, qui suggèrent les hypothèses de « monoïdéisme *post-mortem* » et de « persistance des images ».

Cela dit, je passe à l'exposé des cas.

CAS IV. – Je le trouve dans le volume VIII des *Proceedings of the S. P. R.* (p. 311) ; c'est un cas rigoureusement examiné par F. W. Myers, qui put en suivre les phases et aider de ses conseils les percipients, dont sept lui ont remis un rapport écrit des manifestations qui s'étaient produites.

Le principal percipient est Miss R. C. Morton, femme ayant des connaissances scientifiques étendues ; elle était alors étudiante en médecine. L'ensemble des témoignages occupe 19 pages des *Proceedings* ; il ne m'est donc possible de rapporter que les passages essentiels de la relation de Miss Morton, qui écrit à la date du 1er avril 1892 et commence par la description de la maison hantée ; elle continue ensuite en disant :

La maison fut construite en 1860 ; le premier à l'occuper fut un M. S..., qui y vécut seize ans. Durant cette période, dans le courant du mois d'août (l'année n'a pas été précisée), sa femme, qu'il aimait tendrement, mourut. Pour étouffer sa douleur, il s'adonna aux liqueurs, ne tardant pas à devenir alcoolique. Deux ans après, il épousa une certaine Miss J. H..., qui s'était proposée de guérir son mari du vice qu'il avait contracté ; mais malheureusement elle finit par devenir alcoolique à son tour. Il s'en suivit que leur vie conjugale fut bouleversée par des disputes continuelles, dégénérant parfois en des scènes violentes... Un beau jour la femme se sépara de son mari, allant vivre à Clifton. Cela eut lieu le 14 juillet 1816 ; quelques mois après, M. S... mourait. Sa femme le suivit dans le tombeau le 23 septembre 1878.

Après la mort de M. S..., la maison devint la propriété d'un certain M. L..., homme assez âgé, qui y mourut soudain six mois après. La maison demeura alors vide durant quatre ans environ ; on n'a pas de renseignements précis sur des manifestations supranormales qui s'y seraient produites en ce laps de temps ; mais quand on se livra à des enquêtes, on recueillit aussitôt de nombreuses rumeurs à ce sujet. En avril 1882 la maison fut louée par mon père le capitaine Morton ; c'est durant notre bail, actuellement non expiré, que se produisirent les phénomènes dont il s'agit.

Lorsque dans les derniers jours d'avril 1882 nous nous installâmes dans la nouvelle habitation, aucun de nous ne savait que des bruits couraient à propos de l'immeuble ; ce n'est qu'au mois de juillet suivant que je vis pour la première fois l'apparition. Je venais de me retirer dans ma chambre, mais je n'étais pas encore couchée, lorsque j'entendis que quelqu'un s'approchait de la porte ; croyant que c'était ma mère, j'allai ouvrir. Je ne vis personne, mais en m'avançant dans le couloir, j'aperçus une dame de haute taille, habillée de noir, arrêtée sur le palier. Quand j'arrivai, elle commença à descendre et je la suivis, curieuse de savoir qui elle était. Malheureusement, je m'éclairais avec une bougie qui s'éteignit tout à coup, m'obligeant à revenir en arrière. J'avais vu toutefois une forme de femme de taille élevée, habillée d'une robe en laine noire qui ne produisait presque pas de bruit dans la marche ; son visage était caché par un mouchoir tenu dans la main droite. La main gauche était en partie cachée dans la large manche, sur laquelle on voyait le brassard noir, distinctif de son deuil de veuve. Elle n'avait pas de chapeau, mais on voyait sur sa tête quelque chose de noir qui semblait un bonnet entouré d'un voile. Je n'avais pas pu observer autre chose ; mais en plusieurs occasions, je parvins à discerner une partie de son front et de ses cheveux.

Dans les deux années suivantes – entre 1882 et 1881– je vis la forme cinq à six fois... D'autres personnes de la maison la virent trois fois... Ma sœur K... en premier lieu, ensuite la domestique, enfin mon frère avec un autre enfant...

Il m'arriva à plusieurs reprises de la suivre ; généralement, elle descendait l'escalier et entrait dans le petit salon, restant debout dans l'angle droit de la véranda, où elle demeurait plus ou moins longtemps. Elle revenait ensuite sur ses pas et poursuivait le long du couloir jusqu'à la porte du jardin, où elle disparaissait tout à coup.

La première fois que je lui adressai la parole ce fut le 29 janvier 1884 ; comme j'en ai parlé, deux jours après, dans une lettre à une amie, je cite ce passage de ma lettre :

« J'ouvris doucement la porte du petit salon et je m'y introduisis en même temps que la forme ; celle-ci pourtant me devança en se rendant près du sofa, où elle resta immobile. J'avançai aussitôt en lui demandant en quoi je pourrais lui être utile. A ces mots elle tressaillit légèrement et parut se disposer à parler ; mais elle ne fit entendre qu'un léger soupir. Elle se dirigea ensuite vers la porte ; quand elle fut arrivée au seuil, je renouvelai ma demande ; mais on eût dit qu'elle n'était pas à même de parler. Elle alla dans le salon et poursuivit jusqu'à la porte du jardin, où elle disparut, comme d'habitude... »

En d'autres occasions, j'ai même cherché à la toucher, mais toujours en vain, car elle m'évitait d'une manière curieuse ; non qu'elle fût impalpable, mais elle semblait être toujours *hors de ma portée ;* si je la suivais dans un coin, alors elle disparaissait tout à coup.

Durant ces deux années, les seuls bruits que j'entendis consistaient en un heurt léger à la porte de ma chambre, accompagné du son de pas ; si je regardais alors à la porte, invariablement je voyais la forme...

Les apparitions atteignirent la période de la plus grande fréquence durant les mois de juillet et août 1884, après quoi elles commencèrent à décroître ; elles paraissent avoir actuellement cessé. Je garde un souvenir de ces deux mois dans un recueil de lettres-journal que j'adressai à une amie ; j'en tire ce passage, portant la date du 21 juillet :

« Il était 9 heures du soir, et j'étais assise avec mon père et mes sœurs dans le petit salon, près de la véranda. Pendant que je lisais, je vis la forme entrer par la porte ouverte, traverser la chambre et venir se placer derrière ma chaise. Je n'étonnais qu'aucun des assistants ne l'aperçut, alors que je la voyais si nettement. Mon frère, qui l'avait déjà vue, n'était pas dans la chambre. La forme resta derrière ma chaise durant une demi-heure environ, se dirigeant ensuite vers la porte. Je la suivis, sous le prétexte d'aller chercher un livre et je la vis traverser la salle, se diriger vers la porte du jardin, et disparaître au moment d'y parvenir. Au moment où elle passait au pied de l'escalier, je lui adressai la parole sans obtenir de réponse, bien que, comme la première fois, elle parût tressaillir et vouloir parler... »

Dans la nuit du 2 août, le bruit des pas fut entendu par mes trois sœurs et la cuisinière, qui dormaient à l'étage supérieur, et par une sœur mariée, Mme K..., qui couchait au rez-de-chaussée. Le matin venu, toutes racontent avoir entendu les pas de quelqu'un qui allait et venait devant leurs portes... C'étaient des pas caractéristiques, tout à fait différents de ceux de l'un ou de l'autre membre de la famille ; ils résonnaient lentement, délicatement, mais d'une manière ferme. Mes sœurs et les domestiques n'osaient pas sortir quand ils les entendaient, mais si j'ouvrais la porte, j'apercevais alors invariablement la forme...

Le 12 août, vers 8 heures du soir (donc encore en lumière du jour), ma sœur E... était en train d'étudier son chant, quand elle s'interrompit brusquement et elle courut dans le salon pour m'appeler. Elle dit que, pendant qu'elle était au piano, elle avait aperçu soudain la forme à côté d'elle. Nous allâmes dans le petit salon et la trouvâmes encore immobile et droite dans l'angle habituel de la véranda. Je lui adressai pour la troisième fois la parole, mais toujours inutilement. Elle resta sur place dix minutes environ, après quoi elle traversa la pièce, passa dans le corridor, poursuivit jusqu'à la porte du jardin et disparut. Un instant après, voilà arrivée du jardin ma sœur M... criant qu'elle avait vu la forme monter l'escalier extérieur de la cuisine. Nous sortîmes toutes dans le jardin, et ma sœur K..., qui était à la fenêtre, cria qu'elle avait vu la forme traverser la pelouse et se diriger vers le potager. Ce soir-là, nous fûmes donc quatre à la voir...

Je noterai que, si l'on prenait des dispositions pour en surveiller l'apparition aux moments où l'on pensait qu'elle dût se manifester, notre attente restait invariablement déçus...

Durant le restant de l'année 1884 et de celle qui suivit, l'apparition continua à se faire voir souvent, surtout aux mois de juillet, août et septembre, dans lesquels se trouvaient les trois dates de mort : celle de M. S... (14 juillet), celle de sa première femme (août), et celle de la deuxième (23 septembre). Les apparitions continuèrent à être du même type pour tout le monde ; on les vit déambuler dans les mêmes endroits à plusieurs reprises.

Le bruit des pas continua à se faire entendre ; avec, nous les entendirent de nombreux amis et les nouveaux domestiques ; en tout une vingtaine de témoins, dont plusieurs ignoraient les faits. On entendait parfois d'autres bruits, paraissant augmenter progressivement d'intensité ; ils consistaient en une impression de pas au deuxième étage, en des coups sourds contre les portes des chambres, en des tours exécutés aux boutons des portes...

De 1887 à 1889, on ne vit que rarement la forme ; le bruit des pas continua, mais les autres bruits cessèrent peu à peu. De 1889 à 1892, la forme ne se laissa plus apercevoir ; les pas continuèrent quelque temps encore, ensuite ils cessèrent définitivement.

Dans ses dernières apparitions, la forme était devenue beaucoup moins substantielle. Jusqu'en 1886 elle apparut si solide et réelle qu'elle pouvait être prise pour une vivante, mais elle commença ensuite à devenir de moins en moins distincte, bien que, jusqu'à la fin, elle interceptât la lumière. On n'eut pas l'occasion de constater si elle projetait son ombre...

Plusieurs fois, avant de me coucher, et alors que les autres membres de la famille s'étaient déjà retirés pour la nuit, j'essayai de fixer des fils très fins à travers l'escalier, en les plaçant à des hauteurs diverses. Je les attachais des deux côtés avec de petites boules de colle, de telle façon qu'un heurt très léger suffisait à les faire tomber sans que le passant s'en doutât et sans qu'il pût les apercevoir à la lumière d'une bougie. Deux fois je vis la forme passer à travers les fils, qui demeurèrent intacts.

Pour ce qui se rapporte aux sensations éprouvées en présence de la forme, il n'est pas facile de les exprimer. Les premières fois, peut-être, j'éprouvais surtout un certain sentiment de peur de l'inconnu, mêlé à un vif désir de pénétrer le mystère. Après quelque temps, quand les apparitions ne constituaient plus pour moi une nouveauté, et que je me trouvais en état d'analyser avec calme mes impressions, j'éprouvai certainement la sensation de *perdre* quelque chose, comme si la forme m'avait retiré de la force. Les autres percipients parlent, au contraire, de l'impression d'un souffle froid ; quant à moi, je ne l'ai pas constaté.

Nous parvînmes à la conclusion que l'apparition était en rapport avec la deuxième femme de M. S..., et voici pourquoi :

1° L'historique de la maison était entièrement connu ; en voulant rattacher la force mystérieuse à l'un ou l'autre de ses anciens habitants, Mme S... était la seule personne qui ressemblât au fantôme.

2° La forme apparaissait habillée en deuil, ce qui ne pouvait pas se rapporter à la première femme de M. S ...

3° Plusieurs personnes qui connurent la seconde femme de M. S... l'identifièrent aussitôt avec la forme décrite par nous. On me présenta aussi un album de photographies, parmi lesquelles j'en choisis une comme étant celle qui ressemblait le plus à la forme que j'avais vue ; c'était la photographie de sa sœur, qui lui ressemblait beaucoup, au dire de tous ceux qui les connurent toutes les deux.

4° Sa belle-fille, ainsi que d'autres personnes qui l'ont connue, racontèrent qu'elle passait ses journées dans le petit salon où elle apparaissait sans cesse, et que la place où elle se tenait était justement l'angle de la véranda où la forme s'arrêtait.

5° La forme est sans doute rattachée à la maison, puisqu'elle n'a été vue nulle part ailleurs, et qu'aucun de nous ne vit jamais en d'autres lieux des apparitions hallucinatoires.

Je termine ici les citations, remarquant que les récits des autres témoins concordent tous avec ceux de Miss Morton, et qu'il en résulte que la forme apparaissait constamment dans une attitude de femme vaincue par la douleur et en proie à une crise de larmes, le visage en partie caché dans un mouchoir qu'elle tenait dans sa main droite.

Bien que ce cas ne contienne rien de sensationnel, il est néanmoins très remarquable à cause de son authenticité incontestable et des apparitions très nombreuses de la même forme fantomatique durant la période assez longue de sept ans. Au point de vue des percipients, les apparitions paraissent être tout à la fois collectives et électives, alors que les bruits hanteurs semblent avoir été toujours collectifs.

Les modalités sous lesquelles la forme se manifestait peuvent se prêter à des interprétations contradictoires, chose qui ne doit pas nous étonner et qui prouve uniquement notre ignorance à ce sujet. Ainsi, par exemple, le fait que la forme ne se laissait jamais approcher ni toucher, et qu'elle semblait tressaillir quand on lui adressait la parole, laisserait supposer qu'elle savait dans quel milieu elle se trouvait ; en ce cas, on pourrait penser qu'elle personnifiait une entité spirituelle en quelque sorte objective ; induction renforcée par la déclaration de Miss Morton que « en présence de la forme, elle se sentait *perdre* quelque chose, comme si la forme lui avait retiré de la force » ; cette sensation impliquerait l'existence de facultés médiumniques chez la percipiente, grâce auxquelles l'entité en question serait parvenue à se rendre visible, bien que non encore tangible.

Cependant on remarque d'autres circonstances dans lesquelles l'automatisme incontestable du fantôme contraste avec les conditions conscientes dont nous venons de parler. Telles sont les circonstances de sa démarche sans but, son attitude toujours identique. Pourtant, si l'on admettait les conditions d'automatisme inconscient du fantôme, il devrait être considéré comme la projection télépathico-hallucinatoire d'une pensée obsessionnelle ayant pour siège une mentalité souvent orientée vers le lieu hanté ; ce qui ferait songer à la feue Madame S... plus encore si on considère les inductions rationnelles et probantes exposées à cet égard par Miss Morton.

Il y aurait toutefois une autre version plausible des faits, grâce à laquelle on pourrait concilier les circonstances contradictoires en question ; elle consisterait à admettre l'objectivité du fantôme, en supposant que son attitude toujours identique fût intentionnelle et eût pour but de se faire reconnaître. Cette version présenterait une certaine vraisemblance dans le cas dont nous nous occupons, mais ne s'adapterait pas à la plupart des épisodes d'automatisme fantomatique, où l'état de vraie inconscience se montre indubitable, de telle façon qu'on doit les considérer seulement comme des simulacres télépathico-hallucinatoires.

CAS V. – Je l'emprunte au *Journal of the S. P. R.* (vol. VI, p. 46 et vol. IX, p. 298) ; il constitue un exemple frappant de « localité » hantée, où un spectre apparut plusieurs fois à différentes personnes, durant une période de neuf ans. Le cas parvint à la connaissance de Myers un an après la première apparition ; cet éminent psychiste fut donc à même de suivre le développement des faits. La principale percipiente est Miss M. Scott qui, à la date du 20 février 1893, décrit ainsi sa première expérience :

L'incident que je me dispose à raconter se produisit le 7 mai 1892, entre 5 et 6 heures du soir. J'étais sortie pour me promener et je rentrais par une route proche de St. Boswells, toute en plaine, sauf à un endroit assez court où elle descend un peu, pour tourner ensuite brusquement dans une autre direction ; ce passage est bordé de haies et de prés. En arrivant à cet endroit, je regardai l'heure ; et me trouvant en retard, je hâtai le pas. Mais je dus m'arrêter aussitôt, ayant aperçu devant moi un monsieur d'une taille élevée, vêtu de noir, qui parcourait le même chemin d'un pas modéré. Je m'arrêtai pour lui laisser tourner l'angle qui se trouvait à quelques pas de là et éviter ainsi de me faire voir courant de la sorte. Je le vis en effet tourner et poursuivre sa marche mais, tandis que je le suivais du regard au-dessus de la haie, il disparut devant moi d'une façon inexplicable. Très surprise, je parvins à l'angle où je l'avais vu tourner et ensuite au point où je l'avais vu disparaître ; à peu de distance sur le chemin je vis ma sœur qui regardait autour d'elle toute ébahie. Je lui criai : « Mais où donc s'est fourré ce monsieur ? » En comparant nos impressions respectives, il en résulta que nous avions bien vu le même individu, avec cette seule différence que je l'avais vu suivre le même chemin que moi, alors que ma sœur, qui pourtant suivait la route dans le même sens que moi, l'avait vu marcher vers elle. De toutes façons, elle aussi avait assisté à sa disparition subite. Pour comble de surprise, nous constatâmes que, quand le spectre était devenu invisible pour elle, il m'était apparu dans le court espace de chemin qui nous séparait. Je dois ajouter qu'au moment où nous vîmes le fantôme, nous ignorions nous trouver l'une près de l'autre.

Notre aventure, tout étrange et inexplicable qu'elle était, ne nous avait aucunement impressionnées, et n'aurait pas eu de suite si elle ne s'était pas répétée quelques semaines plus tard. On était à la fin de juillet et je me trouvais avec une autre de mes sœurs au même point de chemin, à la même heure, quand à peu de distance se présenta devant moi la figure d'un homme vêtu de noir, qui venait vers nous. En l'apercevant, je m'écriai : « Voici notre homme ! Cette fois je ne le perdrai pas de vue ! » Ma sœur et moi nous le suivîmes du regard jusqu'au moment où nous le vîmes s'évanouir dans la direction d'un pré, à notre droite. Sans perdre un instant, nous courûmes à cette place, mais il ne nous fut pas possible de découvrir quoi que ce fût. Nous questionnâmes quelques enfants qui regardaient du haut d'un char chargé de foin, mais ils nous déclarèrent n'avoir vu personne. Cette fois encore, la figure entière du spectre m'était apparue, alors que ma sœur n'en avait aperçu que la tête et les épaules. Le fantôme apparaissait en costume complètement noir, consistant en une longue capote avec un pantalon court et des guêtres. Les jambes étaient très minces ; il portait au cou une large cravate blanche, comme on n'en voit que dans les vieux tableaux ; il était coiffé d'un chapeau à larges bords, dont je ne saurais pas décrire la forme. Du visage je n'aperçus que le profil ; il était très maigre et mortellement pâle.

Huit mois se sont passés depuis ce jour, et le fantôme ne s'est plus fait voir, quoique nous parcourions souvent ce chemin, aussi bien le soir que le matin.

A titre complémentaire, j'exposerai deux incidents analogues arrivés à d'autres personnes dans la même période de temps. Deux fillettes du village, attirées par les mûres sauvages qui poussent dans les haies de la localité hantée, s'attardèrent à en cueillir ; aussitôt elles perçurent un coup sourd frappé sur le terrain à côté d'elles, mais ne voyant personne, elles continuèrent à cueillir des mûres. Peu après, un autre coup semblable se fit entendre ; se retournant alors elles virent un homme de haute taille qui les regardait fixement. L'expression spectrale de ce visage les glaça d'épouvante ; aussi, se serrant convulsivement l'une contre l'autre, elles s'enfuirent à toutes jambes. Un instant après, elles se tournèrent pour regarder derrière elles en tremblant et aperçurent l'individu immobile sur place ; seulement, pendant qu'elles regardaient, elles le virent s'évanouir peu à peu. Ces fillettes me dirent que l'individu était habillé exactement comme je l'ai décrit, que son visage était extrêmement pâle et que sa personne paraissait entourée d'une légère couche de vapeur.

J'ai appris en outre qu'il y a deux ans environ, le même fantôme apparut à quelques enfants qui, à leur tour, le virent disparaître tout à coup. On m'assura aussi que dans le lieu hanté on observa, durant une quinzaine de soirs consécutifs, des lumières bleuâtres errant dans toutes directions ; que plusieurs personnes essayèrent de les suivre, sans parvenir à en pénétrer le mystère. Il paraît enfin que le fantôme s'est manifesté déjà à plusieurs personnes, à tel point que la plupart des gens n'osent pas s'aventurer le soir dans la localité hantée. Aucune explication plausible du phénomène ; on ne peut signaler qu'une légende selon laquelle un petit enfant aurait été assassiné à cet endroit ; mais les vieillards du village n'en gardent aucun souvenir.

Tel est le premier rapport de Miss M. Scott. Suivent les témoignages de ses deux sœurs qui virent le spectre en même temps qu'elle ; bien que ces témoignages ne manquent pas d'intérêt, je m'abstiens de les relater afin de pouvoir rapporter d'autres manifestations du même fantôme.

A la date du 14 juin 1893, la même Miss M. Scott écrit à M. Myers :

Le spectre m'est de nouveau apparu, et voici en quelles circonstances. Samedi dernier, 12 juin, vers dix heures du matin, je parcourais la même route, lorsque je vis au loin une personne habillée de noir ; à cause de la distance il n'était pas possible de distinguer si c'était un homme ou une femme ; mais m'imaginant que c'était une dame de ma connaissance que je rencontrais souvent à cette heure-là, je pressai le pas pour la rejoindre. Quand je fus plus près, je m'aperçus qu'il s'agissait du spectre que nous n'avions plus rencontré depuis plusieurs mois, malgré nos recherches. Je n'étais aucunement effrayée, et désirant l'observer de près, je continuai à marcher rapidement ; mais ici m'arriva un fait étrange : c'est que, quoiqu'il cheminât à un pas modéré, Je ne parvenais jamais à m'approcher de lui à moins de quelques mètres, parce que je le voyais s'éloigner en frôlant le sol. Mais enfin il s'arrêta d'un coup, et alors je fus saisie d'une frayeur soudaine et je m'arrêtai à mon tour. Et me voilà en présence du spectre ! Il s'était arrêté et me regardait avec une expression absente : je puis affirmer qu'il n'y a pas une personne vivante dont le visage puisse se comparer à ce visage si émacié et livide. Il continua à me considérer avec insistance pendant quelque temps ; ensuite il se retourna, fit quelques pas en avant, pour s'arrêter enfin de nouveau, me regarder et s'évanouir devant moi près de la haie habituelle, à la droite du chemin... Cette fois, j'ai eu le loisir de l'observer d'une façon splendide. Il portait de longs bas de soie noire, des souliers avec des boucles, une culotte qui lui arrivait aux genoux, et une longue cape. Il paraissait donc habillé à la manière des ecclésiastiques du siècle dernier ; nous avons chez nous un portrait ancien pour lequel il aurait pu servir de modèle...

Dans la lettre suivante, adressée par Miss Louise Scott (sœur de la percipiente principale) à Miss Guthrie (celle qui renseigna M. Myers), on trouve la description d'une autre apparition du spectre.

St. Boswell's, 14 août 1894

Chère Miss Guthrie,

Sachant que vous vous intéressez aux déambulations de notre spectre, je m'empresse de vous renseigner sur sa dernière apparition. Une jeune institutrice, nommée Miss Irvine, me fit part ce soir de sa rencontre avec le spectre durant le printemps écoulé. Il était 4 heures de l'après-midi, et elle rentrait chez elle en passant par l'endroit hanté, lorsqu'elle aperçut devant elle un homme qui attira son attention. Il était de haute taille et plutôt âgé, avec un long paletot noir à grand col, et un chapeau à larges toises rabattu sur ses yeux. La jeune institutrice fut prise d'un singulier intérêt pour cet individu à l'aspect étrange, et l'observa attentivement pendant qu'il arpentait, en avant et en arrière, le court espace interposé entre le tournant de la route et un tas de pierres, à une distance d'elle d'environ soixante mètres. Cinq ou six fois l'homme parcourut cet espace, puis il s'arrêta sur le bord de la route, comme s'il avait eu l'intention de parler à un paysan, qui était là occupé à émonder un buisson ; et Miss Irvine fut très étonnée de voir le paysan continuer son travail, sans même lever les yeux, comme ignorant sa présence. Lorsqu'enfin Miss Irvine se remit en chemin, passant à deux mètres environ de l'étrange individu, elle le vit disparaître subitement, éprouvant une profonde impression…

Il faut observer que, bien que le spectre fréquente toujours le même point de la route, il ne disparaît pas deux fois de suite au même point. Lorsqu'il nous apparut, à ma sœur et à moi, il disparut sur le côté gauche de la route, et avec Miss Irvine il disparut sur le côté droit… Une autre circonstance curieuse consiste dans la variété de garde-robe dont il semble fourni, garde-robe qui est, d'ailleurs, de coupe très ancienne. Il possède le long paletot noir à grand col, avec lequel il se présenta à Miss Irvine, et le long manteau à l'ecclésiastique, aux grandes poches, dans lequel il nous apparut ; sans compter que lorsqu'il se montra aux deux jeunes filles du village, il apparut enveloppé d'une légère couche de vapeur. Ma sœur a écrit à Sir George Douglas en le priant de lui indiquer le point précis où sur ce point de la route un vieux monsieur fut assassiné, voici bien des années, par une tribu de bohémiens qui revenaient de la foire de Saint-Boswell's. Sir George Douglas a raconté l'épisode dans son recueil d'anciens faits du pays, que vous avez certainement lu...

A la requête de la *Society for Psychical Research*, Miss Irvine, elle aussi, rédigea et envoya une relation de sa propre expérience. Je n'en rapporterai pas le contenu, parce qu'il ne nous apprendrait rien de nouveau.

Dans une autre lettre datée du mois d'août 1898, Miss M. Scott décrit une nouvelle rencontre avec le spectre, où l'on ne trouve aucun détail digne de remarque. Je rapporterai cependant ce paragraphe : « Le spectre n'apparaît que lorsque nos pensées sont dirigées vers autre chose ; si c'est au contraire à lui peut-être que l'on pense, alors on peut être sûr de ne pas le voir ; voilà pourquoi beaucoup de personnes venues se promener pour le voir sur la route hantée, ne le virent jamais. »

Enfin, Miss M. Scott écrit encore une fois à la date du 17 août 1900, en décrivant deux autres apparitions du spectre, advenues dans les journées des 21 juillet et 16 août. La première d'entre elles ne diffère pas des autres ; la seconde contient ce passage intéressant : « L'apparition d'hier soir, 16 août, m'a permis de formuler un jugement précis à ce propos, parce que je suis maintenant certaine que notre homme est un ecclésiastique de l'ancienne confession ; mais pour quelles raisons un « Père de L'Eglise » fréquente-t-il cette route, voilà qui demeure un mystère... Sur le bord de la route, à quelques pas du point où apparut le spectre, il y avait un paysan qui fauchait l'herbe, et auquel le spectre tournait le dos. Tout près de là se trouvait son cheval attelé à une charrette... Ce fut peut-être une coïncidence, mais le cheval fit un violent sursaut au moment précis où le spectre apparut... Ce qu'il y a de plus étrange, c'est que lorsque je demandai au paysan s'il n'avait rien vu, il me répondit négativement. J'ajoutai : « Mais ce monsieur était ici, près de vous. » Et il continua à répéter : « Je n'ai vu personne » ; mais on comprenait qu'il connaissait bien la réputation de la route, parce qu'il se montrait nerveux, et finit par me dire que : ce n'était pas un endroit à venir se promener « seule ».

Et voilà la dernière apparition dont l'écho soit parvenu à la *Society for Psychical R.esearch.* Il résulte donc que le spectre a continué à se montrer pendant neuf ans, durant lesquels il est apparu neuf fois à une dizaine de personnes, sans compter les autres apparitions auxquelles on fait des allusions génériques dans les relations que nous avons rapportées.

C'est un cas typique des nombreuses manifestations qui se réalisent en plein air, parmi les champs, les routes, les forêts. Elles correspondent généralement à de tragiques aventures survenues dans le voisinage de la localité hantée, et si parfois la certitude historique de l'événement fait défaut, les légendes ne manquent presque jamais. Il en est ainsi dans le cas en question, où se retrouvent la légende de l'assassinat d'un enfant et l'épisode historique de l'assassinat d'un vieux monsieur, en ce point de la route. L'un et l'autre semblent bien vagues au point de vue des preuves, et le dernier seul parait concorder en partie avec le signalement du spectre hanteur. Evidemment, ces lacunes ne doivent pas étonner, car elles sont inévitables chaque fois qu'il s'agit d'événements très lointains conservés traditionnellement ; d'autant plus que les très longs intervalles de temps auxquels sont soumis les phénomènes de hantise favorisent l'affaiblissement et l'altération des traditions. Il ne faut d'ailleurs pas oublier qu'aux cas imparfaitement concordants, comme celui que nous venons de voir, s'opposent ceux où le fait tragique et les généralités du fantôme concordent au contraire admirablement ; et les seconds confèrent de la valeur aux premiers.

Au reste, on trouve même dans ce dernier cas un détail concordant : celui du spectre qui apparaît en un costume à la vieille mode correspondant à l'époque où l'événement dramatique s'est produit à l'endroit hanté ; et comme, dans les cas où l'on a pu identifier les fantômes, il est toujours advenu que les costumes dans lesquels ils apparurent correspondaient aux temps où ils avaient vécu, ce détail assume une valeur non négligeable. En même temps, cet incident élimine l'hypothèse hallucinatoire entendue dans le sens pathologique, étant donné qu'en ce cas les projections hallucinatoires auraient dû revêtir un costume familier aux percipients, et non un costume archaïque inconnu à certains d'entre eux. Ajoutons à cela que l'hypothèse hallucinatoire serait impuissante à expliquer comment des personnes non au courant de la hantise, aperçoivent en des temps différents, au même endroit, le même fantôme, habillé du même costume.

Il faut noter aussi dans le cas exposé, la concordance d'une observation de Miss Scott avec une autre citée dans le cas précédent, où la relatrice, Miss Morton, déclare n'être jamais arrivée à approcher, et moins encore à toucher le fantôme hanteur, observant à ce sujet : « Il m'évitait d'une façon curieuse, non pas par ce fait qu'il était impalpable, mais parce qu'il semblait toujours *hors de ma portée* » ; et Miss Scott observe à son tour : « Bien qu'il marchât d'un pas modéré, je ne parvenais jamais à l'approcher à moins de quelques mètres, *car je le voyais fuir en effleurant le sol* ». Cette concordance d'observations est intéressante, et provoque la demande qui suit : « Une forme télépathico-hallucinatoire pourrait-elle se comporter de cette manière ? » Oui, peut-être, à condition de supposer que l'agent dont la pensée fait naître à distance l'hallucination télépathique soit doué de clairvoyance, de façon à apercevoir le milieu où se manifeste son propre simulacre, et à en diriger la conduite selon les circonstances.

Si l'on acceptait cette hypothèse, on pourrait expliquer par elle l'autre épisode où le spectre attira l'attention sur lui en frappant des coups sur le sol ; épisode qui, en dehors de cette explication, forcerait à concéder au spectre une certaine objectivité.

Je remarque enfin une autre concordance entre les observations de Miss Scott et celles de Miss Morton, qui assurent toutes deux que le fantôme leur apparaissait lorsqu'elles n'y songeaient pas, et que lorsqu'elles le désiraient, elles ne le voyaient pas. Ces observations reconfirment une particularité bien connue des manifestations supranormales en général, qui est l'action perturbatrice, souvent neutralisante, de la pensée sur la production des phénomènes. En même temps, elles contredisent la fameuse hypothèse, dont on a tant abusé, de l'hallucination entendue dans le sens pathologique, car on sait que les hallucinations morbides sont au contraire extrêmement favorisées par *l'attention d'attente.*

CAS VI. – C'est un épisode à caractères très différents des précédents, et qui se prête à des considérations instructives. Il est extrait du livre de Robert Dale Owen, *The Debatable Land* (p. 319) et fut personnellement étudié par l'auteur, qui écrit :

Vers deux heures de l'après-midi, un jour de mars 1846, trois dames étaient assises dans une salle à manger de la rue C. à Philadelphie. La maison était composée de deux appartements réunis par une antichambre centrale, à la gauche de laquelle se trouvait le salon, à droite la salle à manger. Les fenêtres des deux chambres donnaient sur la rue.

C'était une mère avec ses deux filles. Mme R..., femme du Dr R..., était assise près de la fenêtre et avait à son côté sa fille aînée, alors jeune fille de dix-neuf ans, aujourd'hui femme du rév. Y..., ministre épiscopal. Toutes deux étaient assises le dos tourné à la fenêtre, et avaient par conséquent la porte en face d'elles, dominant ainsi du regard la salle tout entière. L'autre fille A..., âgée de dix-sept ans, était assise en face de sa mère, et toutes travaillaient à l'aiguille, en causant tranquillement de lieux communs.

La porte de la salle se trouvait à quatre mètres environ du point où elles étaient assises ; en ce moment elle était entrouverte légèrement, de façon que l'espace interposé ne dépassait pas dix centimètres. Tout à coup la mère et la fille aînée virent simultanément entrer une dame habillée de noir, avec un grand fichu blanc croisé et épinglé sur la poitrine, et un bonnet blanc sur la tête. Elle serrait dans sa main une petite bourse de soie blanche, dont les cordons s'enroulaient autour du poignet ; et c'était une bourse de celles que portaient les femmes affiliées à la secte des Quakers. La sœur cadette, voyant sa mère et sa sœur aînée regarder stupéfaites dans la direction de la porte, se tourna de ce côté, et vit la même personne, mais pas aussi distinctement que les autres.

S'avançant lentement dans la chambre, l'intruse arriva à un mètre environ de la paroi de face, et là s'arrêta devant le portrait du Dr R..., accroché entre les deux fenêtres, s'attardant au moins une demi-minute à le contempler, puis elle revint sur ses pas vers la porte ; mais avant de l'avoir rejointe, elle disparut subitement sous les regards stupéfaits des percipientes, la porte étant demeurée entrebâillée

En entrant et en sortant, elle était passée si près de la fille aînée, qu'elle la frôlait presque ; malgré cela, personne n'avait entendu le moindre bruit de pas, le moindre froissement de la robe, aucun autre bruit quelconque. Cette circonstance, jointe à l'observation que la vieille dame avait disparu subitement avant d'arriver à la porte, et que la porte était restée entrebâillée lorsqu'elle était entrée, persuada les trois femmes qu'il ne pouvait s'agir d'une personne réelle. Hormis cela, elle leur était apparue absolument distincte, palpable, matérielle comme une personne vivante quelconque ; et ce n'est qu'en repensant au fait, qu'elles se rappelèrent qu'au lieu de faire des pas, elle paraissait glisser sur le parquet.

Pendant la scène décrite, aucune des percipientes n'avait parlé ; mais dès que la forme eut disparu, Mme R... s'adressa à sa fille aînée s'écriant : « As-tu vu qui c'était ? » – Et la fille : « C'était grand'mère ! »

La mère se leva et, sans prononcer une syllabe elle quitta. la salle. Immédiatement on commença des recherches dans toute la maison, depuis la cave jusqu'au grenier, mais inutilement... En confrontant leurs impressions, les trois femmes conclurent qu'elles avaient bien vu la même forme fantomatique.

J'ai obtenu le récit du fait dans tous ses détails, d'abord par la fille aînée, Mme Y..., ensuite par la mère, qui me les reconfirma point par point. La forme avait semblé à toutes deux une personne réelle... Ajoutons que l'on n'avait absolument pas parlé de la vieille dame défunte dont la forme était apparue d'une manière si inattendue, et pas même pensé à elle.

Mme R... et sa fille aînée avaient sans hésitation reconnu dans le fantôme, l'une sa belle-mère, l'autre sa grand'mère, morte dix ans auparavant. Non seulement le visage et les formes, mais les plus petits détails du costume étaient la reproduction exacte de la défunte vieille dame en toilette de promenade. Elle avait appartenu à une famille de Quakers et en avait conservé en partie les usages et les particularités d'habillement.

Le soir même, les trois dames avaient rapporté le fait au rév. Y... qui fut le premier à m'en informer ; et la description qu'il m'en fit, rapportant ce qu'il avait entendu quelques heures à peine après l'événement, coïncidait exactement avec ce que les percipientes elles-mêmes me racontèrent par la suite.

Il me reste à exposer plusieurs particularités qui augmentent grandement la signification du fait. Quelques jours avant de mourir, la mère du Dr R... avait conseillé à son fils avec insistance de s'acheter une maison dans le voisinage du lieu où il habitait alors. En outre, vers la même époque, en causant avec Mme C... de son fils unique, elle dit que si ce dernier continuait à se bien conduire, et si Dieu le lui aurait permis, elle reviendrait de *l'Au-delà* pour le revoir, et être témoin encore une fois de sa prospérité. Mme C... avait rapporté ces paroles au Rév. Y..., de qui je les tiens.

Or, il arriva qu'à l'heure et au jour où la femme et les filles du Dr R... virent le fantôme de sa mère, celui-ci apposait sa signature au contrat d'achat de la maison où elle était apparue. Le docteur avait parlé à sa famille de son intention de l'acheter, mais la femme et les filles étaient loin de supposer qu'il passat le contrat ce jour-même ; et lorsqu'il rentra avec l'acte d'achat, ce fut pour elles une surprise...

Quelques lecteurs s'étonneront que l'esprit de la mère ne soit pas apparu au fils, mais à la belle-fille et aux petites filles ; mais il n'est pas dit que la chose fût possible. En règle générale, il semble que les apparitions, comme n'importe quel autre phénomène supranormal, ne parviennent à se manifester qu'à certaines conditions, qui se rattachent souvent à des attributs personnels, ou à des particularités organiques inhérentes aux spectateurs ou à quelqu'un d'entre eux.

Tel est l'intéressant épisode narré par Dale Owen. Bien qu'il appartienne aux phénomènes de hantise, il se classe spécialement comme un phénomène de visitation de défunt avec identification personnelle. Si l'on voulait, par hypothèse, supprimer le fait de l'identification, en supposant que le fantôme n'ait pas été reconnu, on se trouverait devant un épisode des plus instructifs ; ceci doit se produire quelquefois en pratique, et causer ainsi l'origine de certains cas supposés de hantise où n'existent pas de *précédents de mort*.

En effet, si l'on considère que la défunte était apparue dans une maison où elle n'avait pas vécu et où elle n'était pas morte, ils s'ensuit que s'il n'y avait pas eu d'identification du fantôme, et si la maison avait été neuve, ou son histoire parfaitement connue, il aurait été rationnel de conclure que ce fantôme d'une vieille dame inconnue prouvait que l'existence supposée d'un rapport causal entre les phénomènes de hantise et un précédent de mort n'avait pas de fondement en pratique ; et ce faisant, l'on aurait eu tort.

Dans l'introduction de ce livre, faisant allusion à des possibilités de cette nature, je m'exprimai dans les termes suivants : « Et ces exceptions s'expliqueraient de différentes manières : en premier lieu, parce qu'une fois admise l'existence d'un monde spirituel, il n'y a pas de motifs pour ne pas admettre qu'une entité spirituelle puisse se manifester en un lieu où elle n'a pas vécu ; ce qui devrait néanmoins se produire exceptionnellement, si l'on tient compte que les visites de défunts et les manifestations de hantise sembleraient déterminées par des liens d'affection ou des causes passionnelles, qui généralement sont en relation avec la localité où vécut le défunt qui se manifeste... »

Et l'exemple que j'ai rapporté semblerait une de ces exceptions à la règle, où le précédent de mort existe bien, mais transformé par le fait que la défunte était étrangère au milieu où elle apparut, et que le milieu n'était pas pour elle en relation directe avec les sentiments affectifs qui l'entraînèrent à se manifester. Rappelons-nous donc cet enseignement.

CAS VII. – Je l'extrais du *Journal of the S. P. R.* (vol. VIII, p. 326) ; c'est un exemple de hantise avec identification personnelle, réalisé dans un endroit où plusieurs semaines auparavant avait eu lieu un suicide. La percipiente, Mrs O'Donnell, écrit à la date du 5 septembre 1898, exposant en ces termes son intéressante expérience :

Le 22 du mois de mars dernier, 1898, j'arrivais à Brighton avec ma fille, et je louais plusieurs chambres meublées dans une rue d'un faubourg de Hove. C'étaient des chambres grandes et confortables ; le service aussi promettait bien, de sorte que ma fille et moi fûmes bien aises de pouvoir passer un peu de temps à Brighton. Cependant, à mesure que le soir tombait, il me semblait que l'endroit devenait triste et glacé, au point que je fus bientôt envahie par un sentiment d'inexprimable angoisse. Je fis faire du feu dans ma chambre, et je me retirai de bonne heure, déclarant que je me sentais enrhumée. Je ne doutais pas qu'une bonne nuit de sommeil réparateur aurait dissipé toute impression défavorable. J'étais au lit depuis une heure environ, quand je fus réveillée par un fort bruit de pas à l'étage supérieur, qui devinrent bientôt si distincts qu'ils semblaient résonner dans ma chambre même ; et, en vérité, j'éprouvais l'impression que ma chambre était pleine de monde. Ces pas ennuyeux persistèrent toute la nuit et ne cessèrent qu'à la lumière du jour. Lorsque vers 8 heures du matin la femme de chambre se présenta, je lui dis : « Vos hôtes de l'étage supérieur n'ont d'égards pour personne. » Elle me regarda étonnée et dit : « Mais il n'y a pas d'hôtes à l'étage supérieur. » J'en reparlai plus tard avec la maîtresse de pension, et j'obtins la même réponse. Et pourtant j'avais entendu des gens se promener bruyamment toute la nuit sur ma tête ! Durant la journée entière je continuai à me sentir moralement déprimée d'une manière inexplicable ; et malgré que je n'eusse jamais prêté foi à qui me parlait de cas de hantise, j'avais l'impression de me trouver dans une maison hantée.

La nuit suivante, les mêmes pas se firent entendre, et plus bruyants que jamais, de sorte qu'il me fut impossible de dormir, et le lendemain matin je me sentais si épuisée que je dus rester au lit.

A l'approche de la troisième nuit, je fis en sorte qu'un bon feu flambât dans la cheminée, et je me fis porter une veilleuse pour me tenir compagnie. Ma fille s'entretint avec moi jusqu'à 11 heures, et, en prenant congé, me souhaita une nuit meilleure que les précédentes. Mais bientôt après les pas recommencèrent à l'étage supérieur et un frisson de terreur me secoua. Je demeurai plus d'une heure le visage tourné vers le feu ; puis je sentis le besoin de me tourner de l'autre côté, et alors, avec une épouvante inexprimable, j'aperçus à mon côté un spectre horrible qui d'une main montrait la chambre contiguë, et de l'autre m'indiquait, me touchant presque. Terrifiée, haletante, je cachai ma tête sous les draps ; puis, réfléchissant que ce que j'avais vu devait être le résultat de mon imagination, je pris courage et dégageai mon visage, mais le spectre était toujours à mon côté ! Désespérée, tremblante, je m'écriai : « Mon Dieu, qu'est-ce que cela peut-être ? » Et j'allongeai la main pour sentir si, à ce point-là, je me serais heurtée à quelque chose de substantiel. Qu'on juge de mon horreur lorsque je me sentis saisir par une main glacée de mort ! A partir de ce moment je ne me souviens plus de rien.

Lorsque le matin de bonne heure ma fille entra dans ma chambre, j'avais perdu la parole, et quelque temps se passa avant que je pusse la recouvrer. Quand je fus en état de raconter ce qui m'était arrivé, ma fille en fut sérieusement préoccupée, et me conseilla de changer de chambre avec elle. La figure que j'avais vue était celle d'un jeune homme plutôt petit de taille, au teint brun, aux mains fines ; il était habillé d'un costume noir tout déchiré et sali, de façon qu'il semblait plutôt un épouvantail qu'un être humain.

La nuit suivante, je dormais dans la chambre de ma fille, ou plutôt je l'occupais, car je ne pouvais songer à dormir. A minuit, je vis ouvrir la porte que j'avais fermée à clef, et entrer un jeune homme de petite taille, au teint brun, aux manières distinguées, qui, s'avançant dans la chambre, s'adressa à moi en disant : « Vous occupez donc maintenant la chambre de l'écossais ? » – Ceci dit, il sourit aimablement, retourna sur ses pas, et sortit de la chambre comme il était entré.

Tout ce qui m'arrivait dans cette maison tenait de l'étrange et du terrible. Le lendemain je m'en ouvris à plusieurs de mes amies, qui furent très étonnées ; et l'une d'entre elles observa : « Est-ce que ce serait la maison où un jeune homme s'est suicidé il y a quelques semaines ? » Je fis tout de suite appeler l'hôtesse, laquelle nia promptement, assurant que le drame s'était produit dans la maison voisine. Cependant j'étais résolue à connaître la vérité, et je me mis à interroger les marchands et les boutiquiers du voisinage, parvenant à établir de façon non douteuse que la maison du suicide était justement celle que j'habitais. Devant les résultats de l'enquête, l'hôtesse finit aussi par confesser toute la vérité, et je sus que le pauvre jeune homme avait dormi dans ma chambre, qu'il s'était servi de l'autre chambre (indiquée de la main par le spectre) comme salon, et que de cette fenêtre il s'était précipité tête première en mourant sur le coup.

En comparant les renseignements fournis par l'hôtesse et par son fils, je constatai que le portrait du pauvre garçon correspondait très exactement au spectre. Il avait vingt-quatre ans, était plutôt petit de taille, et très brun de teint. Il était affecté de bronchite chronique, et moralement très déprimé. Le matin de sa mort, il s'était levé de très bonne heure, disant qu'il se sentait mieux, et dès que les personnes de la maison l'avaient laissé seul, il avait ouvert la fenêtre et accompli son acte désespéré. Il tomba dans la cour, où il fut recueilli expirant et avec les vêtements déchirés et boueux. Quant à l'observation du spectre à propos de la « chambre de l'écossais », il résulta qu'un jeune écossais, grand ami du malheureux suicidé, occupait alors le salon et la chambre où je me trouvais cette nuit-là.

Je dois noter que l'hôtesse confessa à la fin qu'elle n'osait plus monter seule à l'étage que nous occupions ; indice évident qu'elle n'ignorait pas la hantise des lieux.

Tout ce que j'ai exposé est non seulement l'expression scrupuleuse de la vérité, mais est aussi facilement contrôlable. (Signé : Mary O'Donnel.)

L'enquête conduite par la *Society for Psychical Research* établit que la fille de Mrs O'Donnel n'a rien entendu ni rien vu, aussi bien lorsqu'elle dormait dans la « chambre de l'écossais », que lorsqu'elle était passée dans celle de sa mère.

On rechercha les journaux de l'époque, et l'on retrouva un récit étendu du suicide dans le périodique local *The Sussex Daily News,* d'où il résulte que le malheureux jeune homme s'appelait Walter Overton Luckman, et que l'habitation où se produisirent le suicide et la hantise était située à York-Road Ove, 58.

Dans le cas exposé, le rapport causal entre le « précédent de mort » et la hantise apparaît clair et indéniable ; l'intervalle de temps, très court.

La principale caractéristique de l'épisode est la condition nettement « élective » de la hantise, qui est aussi, d'ailleurs, insolitement complexe ; à tel point que la mère est soumise à des impressions morales, visuelles, auditives et tactiles, alors que la fille demeure parfaitement négative : ce qui démontre la nature subjective des manifestations. Il est donc permis de croire que le seul phénomène physique accusé, celui de la porte ouverte par le spectre, se réduit à une visualisation subjective. De plus, pour le considérer comme objectif, il faudrait que la percipiente eût retrouvé la porte ouverte ; or, elle oublie de nous renseigner à ce propos. Par contre, il suffit de consulter les nombreuses relations citant des épisodes semblables, pour apprendre que généralement les percipients s'étonnent de retrouver fermées les portes qu'ils avaient vu ouvrir par les spectres. Il s'ensuit que le fait de voir ouvrir une porte sous conditions semblables, n'implique pas nécessairement le phénomène physique correspondant ; sauf de rares exceptions où les portes demeurent effectivement ouvertes, auquel cas on se trouve en face de manifestations d'ordre mixte, où l'agent hanteur se servirait de la présence de personnes douées de facultés médiumniques.

D'après ces considérations, l'épisode que nous étudions devrait être tenu comme d'ordre télépathico-spiritique ; en ce cas le fait du fantôme qui se montre conscient de l'endroit où il se trouve devrait s'expliquer en supposant chez l'agent un état de clairvoyance télépathique qui l'aurait mis en degré de régler à distance les actes de son propre simulacre. Ce qui ne devrait pas excessivement surprendre, car on rencontre des situations analogues dans les cas de « télépathie entre vivants », et même dans certains incidents de télesthésie expérimentale durant les états profonds somnambulico-hypnotiques.

Je note que Myers nie à son tour l'objectivité de la grande majorité des fantômes, tout en admettant qu'il doit effectivement se produire dans un nombre restreint de cas une « modification quelconque de l'espace » au point où est localisé le fantôme entendant par là faire allusion à quelque chose d'objectif en lui ; et ce point de vue, limité à un très petit nombre de cas, pourrait être soutenu par de multiples arguments. Il écrit : « Mon hypothèse est qu'il doit exister à ce point quelque chose d'analogue à une présence réelle, ou à une modification d'espace exécutée dans le monde "métaéthérique", et non pas dans le monde de la matière. Je soutiens que lorsque le fantôme est perçu par plus d'une personne à la fois (et en certaines autres circonstances), il apporte réellement une modification dans cette portion d'espace où il est localisé, bien que ceci n'arrive pas, comme règle, sur la matière qui occupe cet espace. Il ne s'agirait donc pas de perceptions optiques ou acoustiques, et par conséquent il n'y aurait ni rayons lumineux réfléchis, ni vibrations aériennes, mais on verrait entrer en action une forme nouvelle de perception supranormale, qui n'agirait pas nécessairement par l'intermédiaire des organes de sens périphériques » (Myers, *Human Personality*, vol. II, p. 75).

Nous commenterons en son temps cette hypothèse. Pour le moment, il nous suffira d'observer en sa faveur plusieurs circonstances qui sont échappées à Myers. Celle-ci d'abord : qu'en un bon nombre d'épisodes, la perception du fantôme est précédée d'une impulsion plus ou moins irrésistible à se retourner et à regarder dans la direction où il se trouve ; or, ceci ne devrait pas arriver dans le cas de fantômes télépathico-subjectifs, qui devraient se manifester au percipient en n'importe quel point de l'espace où il tournerait ses regards, et non pas seulement dans une direction déterminée, *comme il arrive justement pour les perceptions objectives.* Ajoutons à cela que le fait de l'impulsion subite et non motivée à se retourner dénoterait une action en ce sens de la part de l'agent, qui n'aurait pas raison d'être s'il n'existait à ce point une « modification de l'espace » entendue dans le sens de quelque chose de réel qui y est localisé, *le non perceptible indifféremment en quelque lieu que ce soit.*

Une autre observation à faire est la suivante : les défenseurs de la thèse subjective soutiennent que si les déambulations d'un fantôme, lorsqu'il est perçu collectivement, semblent identiques pour tous les assistants, c'est que l'agent transmet aux percipients les mêmes impressions mentales ; en ce cas la même chose devrait arriver pour l'ubiquation du fantôme. De sorte que si la pensée de l'agent est orientée de façon à projeter une image de lui-même vue de face, chacun devrait l'apercevoir dans cet angle visuel, quelle que soit la position où l'on se trouve relativement au point où on l'aperçoit. Au contraire, on constate souvent que chacun des percipients aperçoit le fantôme en pleine correspondance avec les lois de la perspective, c'est-à-dire de face, de profil ou de dos selon la position qu'il occupe relativement au fantôme, *exactement comme cela se produit pour les perceptions objectives.*

Encore une observation qui appuie les précédentes : il y a des cas où le fantôme s'annonce par un bruit de pas qui parcourent un couloir d'un bout à l'autre, et cela de manière à éveiller l'attention des habitants de la maison, qui, accourant sur les lieux, aperçoivent ledit fantôme. Or, ce procédé suggère inévitablement l'existence de *quelque chose de substantiel non perceptible ailleurs* que dans ce couloir ; car s'il n'en était pas ainsi, il n'y aurait pas besoin du préavis des pas, une projection télépathico-hallucinatoire devant agir sur le percipient où qu'il se trouve.

On pourrait m'objecter ici que des modalités d'extrinsécation identiques se vérifient assez souvent aussi dans les cas de « télépathie entre vivants » ; par conséquent, s'il fallait les considérer comme des preuves en faveur de l'objectivité des fantômes, il faudrait accorder aussi l'objectivité à une bonne partie des fantômes de vivants. L'objection en effet rend perplexe ; cependant les raisonnements en question sont assez rationnels et légitimes pour en déduire que ce ne serait pas une prétention invraisemblable que d'accorder l'objectivité à un nombre restreint de fantômes de vivants, si l'on tient compte de l'existence indéniable des phénomènes de « dédoublement fluidique » (bilocation) d'après lesquels on pourrait affirmer que dans les cas télépathiques où se vérifient des modes d'extrinsécation analogues aux précédentes, l'on se trouve devant des fantômes objectifs déterminés par une combinaison de phénomènes télépathiques et de phénomènes de bilocation.

Et maintenant, convenons-en : ce que nous avons dit sert à démontrer uniquement que le problème de l'objectivité ou non-objectivité des fantômes est encore loin d'être résolu ; car d'une part, nous voyons se réaliser des incidents apparemment résolutifs, au sens négatif ; et de l'autre les épisodes tout aussi résolutifs, ne font pas défaut au sens affirmatif. On ne voit donc pas d'autre moyen de surmonter la difficulté, que de s'en tenir au parti d'admettre avec Myers l'existence des deux catégories de fantômes. En ce cas, cependant, les fantômes subjectifs représenteraient la majorité absolue ; et c'est ce qu'on peut affirmer avec une certitude relative.

CAS VIII. – Comme le précédent, il se rapporte à un suicide, avec cette différence que l'apparition eut lieu dans une localité et non pas dans une maison, et que l'intervalle de temps intervenu entre le suicide et la hantise, au lieu d'être très bref, se trouve d'une quarantaine d'années. Je l'extrais du *Journal of the S. P. R.* (vol. XII, p. 118).

Miss Bedford raconte ce qui suit :

Le 18 novembre 1904, je rentrais à bicyclette d'un village situé à deux milles environ de chez moi, et je parcourais une route qui longe une rivière. Un rebord escarpé, avec quelques arbres disséminés, sépare la route de l'eau, et par intervalles, dans les passages privés de buissons, se dressent des balustrades peintes en blanc. On était en plein jour, avec un très léger brouillard ; il pouvait être trois heures et demie de l'après-midi. Lorsque j'arrivai à un tournant je vis à une très petite distance, devant moi, un homme assis sur la balustrade, qui semblait se trouver dans un profond abattement. Il était sans chapeau, et regardait sinistrement les eaux de la rivière. Ma vue n'est pas très bonne, et je n'étais pas assez près de lui pour en distinguer clairement les traits. Je pensai qu'il s'agissait d'un vagabond exténué par la faim, d'autant plus que personne ne se serait attardé à s'asseoir sur la balustrade, pour passer le temps, par le froid. intense qu'il faisait. De sorte que craignant une mauvaise rencontre, je me retournai pour constater si des terrassiers occupés à réparer la route étaient encore en vue ; mais on ne les voyait plus, et lorsque je regardai de nouveau vers la balustrade, l'homme mystérieux avait disparu. En ce moment, j'atteignais le point où je l'avais vu assis, et comme les buissons n'avaient pas de feuilles, je pouvais apercevoir toute chose jusqu'au niveau de l'eau ; mais il n'était visible d'aucun côté. S'il avait poursuivi sur la route, je l'aurais rejoint ; s'il l'avait traversée pour monter sur le pré dominant, je l'aurais vu, puisque le rebord était haut, et il n'aurait pu le dépasser dans la seconde où je m'étais retournée.

Alors me revint à la mémoire la légende d'un fantôme apparaissant sur une autre route, qui suivait le cours du même fleuve, à un demi-mille de distance ; et je me dis : « Si ce n'était que l'endroit est différent, je dirais que j'ai vu le fantôme dont m'a parlé Miss Locke. » Je ne me sentais nullement impressionnée ; cependant, plusieurs jours auparavant, comme il m'était arrivé de traverser à la tombée de la nuit l'autre point de la route où l'on disait qu'apparaissait le fantôme, j'avais été saisie de peur, et j'avais prié pour la Rédemption de l'esprit hanteur, implorant qu'il n'apparût point. Quant à son histoire, je savais seulement que voilà une quarantaine d'années, un jeune homme s'était suicidé en se noyant dans la rivière. A peu de distance du point où j'avais vu l'apparition, s'élève une petite ferme, avec un pré devant, qui descend à la rivière par une petite pente.

Environ dix jours après, je prenais le thé chez Miss Locke, et je saisis l'occasion pour lui dire : « Je crois avoir vu le fantôme dont vous m'avez parlé, avec cette différence que je l'ai vu sur la route de I..., au lieu de celle de W... » – Elle s'écria : « Où l'avez-vous vu ? Dites-moi le point précis. » – J'ajoutai : « Il était assis sur la balustrade blanche située au tournant de la route. » – « Mon Dieu ! » répondit-elle, « c'est justement le point d'où il se jeta dans la rivière ! » – « Mais, » fis-je, « vous m'avez parlé de la route de W... » – « Oui, parce que c'est dans ce lieu qu'il est apparu jusqu'ici. Le pauvre jeune homme était amoureux d'une de nos femmes de chambre, qui le trompait ; et il avait l'habitude de l'attendre en ce point de la route, et de faire les cent pas avec elle. Peu de temps après sa mort, son fantôme apparut à ma mère en cet endroit ; cela n'empêche pas qu'il habitait la petite ferme sur la route de I..., et qu'il s'est jeté dans la rivière assez près de la maison, au point où il vous est apparu. » – Il est facile de comprendre l'impression que j'éprouvai au récit de ces explications.

Dans les premiers jours de janvier, j'allai trouver un couple de vieillards, de chez lesquels je revenais lorsque je rencontrai le fantôme, et il arriva qu'ils me dirent habiter à la maison où ils se trouvaient depuis plus de cinquante ans. Alors j'observai qu'ils devaient se souvenir d'un jeune homme de la ferme voisine qui s'était suicidé en se noyant dans la rivière, il y avait environ quarante ans. « Oh ! oui, répondirent-ils, il s'appelait Sammy D... ; il se jeta dans la rivière près de la maison, au point où les bêtes descendent pour boire. ». – Puis la vieille femme continua : « Pauvre Sammy, il avait été trahi en amour. Il faisait la cour à une femme de chambre de la ferme de S... (l'ancienne demeure de Miss Locke) mais elle ne voulut absolument pas l'épouser. C'est ainsi qu'un jour il rentra chez lui désespéré, jeta son chapeau sur la table et courut se jeter dans la rivière. » Or il faut observer que le seul détail que j'avais clairement observé, est justement que le jeune homme était sans chapeau.

Je racontai alors aux bons vieux mon aventure, mais ils ne savaient rien au sujet de la hantise ; et je ne vis plus le fantôme, bien qu'il m'arrive souvent de passer sur cette route. (Signé : Jessie Bedford.)

[Miss Locke, l'amie de la relatrice, écrit en confirmant ce qui précède, ajoutant que sa mère vit plusieurs fois le fantôme du suicidé sur la route de W..., au point où le pauvre jeune homme avait essuyé le dernier refus.]

Ce cas, plus encore que le précédent, suggère l'hypothèse télépathico-spirite, bien que les quarante ans écoulés depuis le suicide suscitent à ce propos d'assez grandes perplexités ; car si l'on peut supposer que les sentiments affectifs et passionnels peuvent être maîtres de la pensée du défunt pour quelque temps encore après sa mort, formant ainsi l'origine des projections d'images télépathico-hallucinatoires perceptibles dans le milieu où il vécut, la chose semble moins vraisemblable lorsqu'un grand nombre d'années s'est écoulé depuis la mort. Et pourtant la caractéristique des phénomènes de « hantise » proprement dite est justement leur persistance dans le temps, qui parfois brave les siècles ; et en même temps, tout concourt à faire présumer que ces formes obsédantes de la pensée doivent réellement être vérifiables en certaines circonstances. Mais ce n'est pas l'heure d'entrer dans cette discussion, et je me réserve d'aborder l'argument dans le chapitre qui traitera des

« monoïdéismes post-mortem en rapport avec les phénomènes de hantise ».

Si pourtant nous ne voulions pas accorder à l'hypothèse télépathico-spirite cette extension dans le temps, il ne nous resterait qu'à revenir à l'hypothèse de la « persistance des images » (appelées par Guyers « images consécutives véridiques ») ; c'est-à-dire que certaines visions fantomatiques suggéreraient la survivance de pures images d'événements passionnels advenus ; véritables empreintes locales, qui se perpétueraient dans un « milieu » d'ordinaire inaccessible à nos sens, mais qui en certaines circonstances pourraient être perçues par des personnes douées de sensibilité spéciale. Cette hypothèse ne serait qu'une variante de celle « psychométrique » et, en dernière analyse, ne paraîtrait pas aussi invraisemblable qu'on le dirait de prime abord, à condition, cependant, de la maintenir en de justes limites. Nous en reparlerons dans un chapitre spécial.

CAS IX. – Dans cet épisode, le point à remarquer est le fait d'un groupe d'enfants, ignorants de toute chose, qui voient collectivement à maintes reprises le fantôme d'une vieille femme. La date des événements est plutôt ancienne, puisqu'elle remonte à l'année 1851, tandis que la relation fut écrite en octobre 1884 par l'une des percipientes ; mais, par bonheur, on n'a pas uniquement à se fier à la mémoire de la relatrice, car il existe un « journal » contemporain des événements, tenu quotidiennement par sa mère, où non seulement sont confirmés les faits, mais où l'on trouve une adjonction d'épisodes des plus intéressants.

Le cas fut rigoureusement étudié par Gurney, qui en discuta longuement les détails avec les protagonistes ; et je l'extrais des *Proceedings of the S. P. R.* (vol. III, p. 126).

Miss Mary E. Vatas-Simpson rapporte ses propres impressions en ces termes :

Je conserve un très clair souvenir d'une vieille dame qui nous apparaissait lorsque nous étions enfants (j'étais la plus grande, et j'avais une petite sœur et plusieurs petits frères) et qui fut le plus grand désagrément de notre enfance ; d'abord parce que cette dame était pour nous un mystère, et ensuite parce qu'elle nous attirait souvent des sévères rebuffades paternelles.

Nous habitions une maison très ancienne, avec la salle à manger au dernier étage, laquelle avait trois fenêtres, une cheminée de chaque côté, et deux portes en face des fenêtres. L'une de ces dernières donnait dans la chambre de notre sœur aînée ; l'autre, sur le dernier palier de l'escalier ; et l'escalier était étroit, avec d'énormes rampes, et de fréquents paliers, du haut desquels notre joie était de nous pencher et de regarder ce qui arrivait en bas, surtout quand les domestiques introduisaient quelque hôte dans le salon situé sous la salle à manger.

Un jour que j'étais ainsi penchée à l'un de nos postes d'observation, je vis une vieille dame, très frêle, monter lentement les escaliers, et entrer toute seule au salon. La chose me surprit grandement, parce que le libre passage dans l'escalier était interrompu par une porte supplémentaire, qui séparait le cabinet de mon père des bureaux situés au rez-de-chaussée ; de sorte que les personnes qui voulaient entrer devaient sonner comme pour la grande porte. Or, j'avais vu la dame monter l'escalier en deçà de cette porte, tandis que la porte demeurait fermée, et personne n'était venu l'ouvrir. Il s'ensuivit une conversation à voix basse entre moi et mon frère Walter, lequel était assis à califourchon sur la rampe supérieure ; et nous résolûmes d'aller voir qui était l'intruse. Nous descendîmes sans bruit au salon, certains d'y rencontrer la dame, et notre désillusion fut grande quand nous n'y trouvâmes personne. Je m'en revins sur la pointe des pieds, sachant bien qu'il nous était défendu d'entrer au salon : mais tandis que je remontais l'escalier m'échappa une exclamation de surprise, car j'avais vu sortir la vieille dame par une porte toujours fermée, située sur le palier où je me trouvais un instant auparavant. Je rentrai dans le salon pour en aviser Walter, puis je m'en allai épier sur le palier, et je vis la dame qui continuait lentement à descendre, et se trouvait déjà au-delà de la porte qui fermait les escaliers. Au moment où elle tournait, disparaissant à notre vue, notre père se précipita de son bureau et nous administra une bonne correction pour le bavardage et le bruit que nous avions fait.

Quelques jours après, nous étions occupés à notre jeu favori, qui consistait à renverser deux chaises, lesquelles représentaient une « diligence », où nous nous asseyions, en nous jetant sur la tête un tapis, qui faisait fonction d'« impériale ». A un moment donné, mon frère Garry me fit mal, et je me vengeai en lançant en l'air le tapis. La première chose que je vis fut la vieille dame de l'autre fois, vêtue de la même manière, c'est-à-dire avec un vêtement noir très usé, une mantille de velours sur les épaules, et un grand bonnet sur la tète. Je pensai qu'elle voulait aller dans le cabinet de mon père et qu'elle s'était par erreur trop avancée ; mais elle s'en alla, se dirigeant rapidement vers la chambre de ma sœur. Je grimpai rapidement jusqu'à la salle à manger pour la cueillir au passage, mais je ne la vis plus. Alors j'entrai dans la chambre de ma sœur, puis je courus sur le palier, enfin je redescendis en courant l'escalier, où je me rencontrai avec Waller qui courait également derrière la vieille dame, laquelle en ce moment descendait rapidement l'escalier en rasant toujours le mur. Mais au beau milieu de notre poursuite, mon père sortit de son cabinet, menaçant de fouetter Walter si ce bruit ne cessait pas.

Nous demandâmes alors aux domestiques quelques renseignements sur la vieille dame ; et nous les vîmes se faire des signes l'un à l'autre mystérieusement, pour nous expliquer ensuite « qu'il s'agissait seulement d'une vieille dame venue rendre visite à maman ».

Bien que nous la vissions souvent et n'en éprouvions pas la moindre terreur, il semblait que personne ne voulût nous croire, et nous en parlions beaucoup entre nous, mais jamais avec les grandes personnes. Cependant nous avions pris nos précautions ; et quand nous jouions à la « diligence », on mettait un postillon à découvert, afin qu'il signalât tout de suite l'arrivée de la vieille dame. En effet, il nous avait semblé qu'elle nous regardait avec trop d'insistance, et nous craignions que si elle nous avait surpris avec nos têtes sous le tapis, elle eut perpétré à nos dépens quelque chose de terrible. Et sous le tapis nous cachions aussi une arme défensive, qui consistait en une grosse règle, à jeter sur la vieille si par hasard elle avait osé nous toucher.

On comprend d'après tout cela que nous primes toujours le fantôme pour une personne réelle ; et malgré les longues années passées, j'en conserve encore dans la mémoire une image très vive, et il me semble l'apercevoir encore. (Signé : Mary E. Vatas-Simpson.)

Ici nous trouvons dans le texte de longues citations du journal de la mère de Miss Vatas-Simpson ; on y apprend qu'outre le fantôme de la vieille se manifestait un autre fantôme d'homme âgé, et que l'on percevait des bruits de toutes sortes. La maison était extrêmement vieille et avait la réputation d'être hantée ; au point que la famille qui l'habitait précédemment avait dû la quitter à cause des bruits nocturnes, assez forts pour réveiller et effrayer les enfants.

Je me bornerai à rapporter ce passage du journal qui se rattache aux apparitions de la petite vieille. Mme Vatas-Simpson écrit :

Outre le fantôme de la frêle vieille dame, qui a l'habitude de circuler à l'étage supérieur, et un autre fantôme d'homme qui apparaît sur l'escalier, on a des visions diverses, et l'on entend des sons et des bruits de toutes sortes. Très fréquemment, on entend dans la cuisine des vagissements émouvants de nouveau-né ; et nous les entendîmes le jour même où nous sommes entrés dans la maison ; mais personne de nous ne douta qu'il s'agît d'un nouveau-né authentique, supposant qu'ils provenaient d'une maison voisine. Mais comme ils se répétaient et se perpétuaient sans jamais changer de ton, nous ne tardâmes pas à nous étonner, puis à faire des recherches, jusqu'au jour où nous nous persuadâmes qu'ils ne provenaient pas d'un nouveau-né vivant.

En outre, dans l'angle voisin de la porte de ma chambre se font entendre les notes d'un chant extrêmement mélancolique ; et ce sont des notes réelles, très suaves et pénétrantes ; cependant un moment arrive où les dernières notes se prolongent, et se transforment graduellement en hurlements désespérés d'agonisant. Après quoi, le silence. Et tous ces sons et ces bruits se produisent près de quelque paroi de séparation entre les chambres, et jamais près des murs de soutien, ou extérieurs de la maison.

Hier soir, l'irraisonnable incrédulité de mon mari a reçu un grand coup ; et maintenant il est convaincu qu'il doit y avoir du vrai dans nos affirmations. Il a pu enfin voir de ses propres yeux un fantôme ; et le sceptique incroyant avoue qu'il est ébranlé, et éprouve un sentiment de terreur inconnu jusqu'ici. Voici ce qui lui est arrivé :

Par suite de sa récente maladie, des monceaux de lettres et de documents se sont amoncelés sur son bureau. Il résolut donc de consacrer les heures du soir au dépouillement de la correspondance et au classement des documents, en donnant aux domestiques l'ordre péremptoire de n'introduire personne, et de ne le déranger d'aucune manière. De mon côté, je pris toutes les mesures nécessaires pour lui assurer une complète tranquillité.

Hier soir, par conséquent, le silence de notre maison était presque opprimant ; et mon mari, qui était entré dans son cabinet dès le dîner fini, n'en était pas encore sorti lorsque onze heures sonnèrent. J'étais assise au salon, avec la porte ouverte, comme c'est mon usage quand je suis seule. Tout à coup j'entends du bruit dans la direction du bureau, puis j'en entends ouvrir la porte brusquement et résonner la voix de mon mari qui, sur un ton furibond, reprochait aux domestiques d'avoir permis à une étrangère de s'introduire dans son bureau. Qui donc avait transgressé ses ordres ? On lui répondit que personne ne les avait transgressés, et il redemanda : « Ne niez pas. Où est la femme ? Quand est-elle venue ? Que veut-elle ? La nuit je ne reçois personne. Qu'elle vienne demain, si cela lui plaît ; pour le moment mettez-la à la porte. »

Tout ceci était dit comme si l'intruse avait encore été dans la maison et avec l'intention de se faire entendre d'elle ; tandis que les domestiques protestaient de n'avoir introduit personne, et de n'avoir vu personne monter ou descendre l'escalier. Tout à coup mon mari changea de contenance ; il ne parla plus, demeura immobile ; il semblait étranger à toute impression extérieure, comme s'il avait été frappé de stupeur ou d'égarement. Puis il se reprit ; il sembla saisi de frisson et, s'avançant de quelques pas, ordonna aux domestiques d'aller se coucher, ajoutant que le lendemain il se chargerait bien de savoir qui avait pris la liberté d'introduire une dame dans son bureau ; et si la dame revenait, il le lui demanderait.

Toutes ces phrases étaient proférées pour cacher sa pensée car il s'exprima bien différemment quand nous fûmes seuls. Il raconta qu'à un moment où il cherchait entre les papiers un document très important, l'esprit absorbé par de graves préoccupations, il lui était arrivé de lever les yeux, et il avait aperçu sur le seuil une vieille dame, petite et frêle. Bien qu'elle tombât mal, il ne manqua pas à ses devoirs de courtoisie, et se leva en l'invitant à entrer. Voyant qu'elle ne bougeait ni ne parlait, et qu'elle se contentait de le regarder, il fit un pas en avant, répétant l'invitation. Mais la dame persistait à rester immobile et silencieuse, et à le regarder avec une expression de douceur. Supposant qu'elle ne pouvait parler parce qu'elle était essoufflée par les escaliers, mon mari attendit quelque temps ; mais comme la réponse n'arrivait pas, il s'avança encore, tandis que la dame l'imitait avec un mouvement glissant. Toutefois, vu la grandeur de la salle, il restait une certaine distance entre eux, et mon mari fit d'autres pas en avant tandis qu'elle redevenait immobile. Enfin il alla résolument vers elle, décidé à résoudre le mystère de ce silence ; mais ce fut alors qu'il ne la vit plus ; elle avait disparu !

Arrivé à ce point du récit, mon mari fit une pause, et se recueillit en une profonde méditation. Il semblait extrêmement agité, et les lèvres étaient en proie à un tremblement ; évidemment il faisait un effort suprême pour dominer son émotion. Après quelque temps il parut se réveiller d'un songe, et passa aux conclusions de son récit.

Il dit que son cabinet était fortement éclairé au gaz, qu'il ne se rappelait pas avoir vu ouvrir la porte lorsque le fantôme apparut et lorsqu'il disparut, tandis qu'il était certain de l'avoir fermée en entrant dans la chambre. Il n'avait nullement soupçonné se trouver face à face avec une apparition ; il l'avait prise pour une dame en proie à de graves embarras, venue pour le consulter, et l'urgence des motifs et son âge avancé lui parurent suffisants à excuser l'heure intempestive à laquelle elle se présentait. Ces considérations l'avaient porté à l'accueillir avec déférence ; mais son inexplicable mutisme avait fini par l'irriter, et alors il le lui avait fait comprendre avec la voix et le geste. Il décrivait le fantôme en ces termes : « C'était une vieille dame, petite et frêle, très pâle, avec un grand bonnet sur la tète noué sous le menton, et les mains toujours croisées. » Lorsque je lui demandai des renseignements sur le vêtement qu'elle portait, il demeura perplexe, car il l'avait regardée en face, et il ne lui était resté que l'impression d'une femme entièrement en sombre. Elle s'était avancée en glissant doucement, l'avait toujours regardé en face, et n'avait jamais bougé les mains.

Il résume ainsi ses impressions : « J'ai exposé ce qui m'est arrivé en termes précis ; je ne puis douter de ce que j'ai vu ; je reconnais que cela semble inexplicable ; par conséquent, n'en parlons plus ». Je suis sûre qu'il ne se moquera plus de nos « absurdes visions de fantômes ». En effet, il en a été frappé, de manière à ne savoir plus que penser ; il fuit cet argument, mais ne peut que s'en trouver grandement troublé. Bien du temps se passera avant qu'il oublie la visite de la « pâle petite vieille » habituée à circuler chez nous, comme et lorsqu'il lui plaît.

Ici se termine le récit de ce cas si intéressant recueilli par Gurney. Au point de vue de la classification, il aurait une origine « mixte », car on y accuse des bruits mystérieux de toutes sortes, qui alternent avec des chants mélancoliques, des vagissements de nouveau-nés inexistants, des hurlements désespérés d'agonisants ; et qui sont accompagnés de fréquentes apparitions de la « pâle petite vieille » et d'autres plus rares d'un fantôme d'homme. Aucune nouvelle ou tradition d'événements dramatiques en relation avec la hantise. Cependant, comme on sait que la maison était très vieille et avait la réputation d'être hantée ce cas rentrerait dans le nombre de ceux auxquels nous faisions allusion dans l'introduction, et où le manque de précédents de. mort pouvait être expliqué par l'ancienneté et l'intermittence de la hantise, circonstances qui probablement avaient conduit à l'oubli des origines.

Rien de plus mystérieux dans le phénomène de hantise que ce prolongement à travers les siècles ; et s'il est vrai qu'il n'existe pas d'hypothèses naturalistes capables d'expliquer le mystère, il n'est pas dit cependant que la tâche soit facile pour l'hypothèse spirite. Pour le moment, je me bornerai à rappeler que la tradition populaire parle « d'esprits confinés » dans les localités où ils commirent des crimes ou perpétrèrent leur suicide ; et cela jusqu'au terme de leur expiation, qui se prolongerait parfois durant des siècles, mais le plus souvent ne dépasserait pas quelques mois, ou quelques années. Quant à la théorie spirite, nous avons déjà dit qu'elle touche à l'existence de « monoïdéismes post-mortem » générateurs et perpétuateurs des hantises, qui de cette manière assumeraient une forme télépathico-hallucinatoire ; supposition non complètement infondée, en raison des analogies qu'elle présente avec les « monoïdéismes des vivants » ; mais nous discuterons tout ceci en son temps.

Enfin, il faut beaucoup remarquer dans le cas en question le fait d'un groupe d'enfants ignorants et innocents, qui aperçoivent à leur tour le fantôme hanteur de la maison, sans se rendre compte de sa nature. Et l'on sait que les manifestations supranormales ayant pour percipients des enfants revêtent une importance spéciale ; car la mentalité vierge de l'enfant peut être considérée comme exempte de toute influence suggestive et auto-suggestive capable de prédisposer les âmes aux différentes formes d'hallucinations sensorielles. Et quand le fantôme, comme dans le cas exposé, est perçu collectivement et à maintes reprises par un groupe d'enfants, le cas atteint une valeur théorique maximum, au point d'éliminer définitivement l'hypothèse hallucinatoire entendue dans le sens pathologique. Ceci est tout à l'avantage de l'hypothèse spirite, qui se révèle comme seule capable d'expliquer les faits d'une façon satisfaisante. Il ne reste qu'à savoir si, dans le cas spécial, la version *objective* doit être préférée à celle *subjective.* Toutes deux sont vraisemblables, bien que les plus grandes probabilités se déclarent cette fois en faveur de l'objectivité du fantôme perçu en des conditions semblables.

CAS X. – Il fut communiqué à la *Society for Psychical Research* par le Dr Kingston, lequel connaissait personnellement les percipientes ; et je l'extrais du *Journal of the S. P. R.* (vol. V, p. 223). Miss Louisa F. du Cane écrit à la date du 31 juillet 1891 :

Le soir du 1er novembre 1889, entre neuf heures et demie et dix heures du soir, mes trois sœurs et moi sortions de notre bibliothèque privée pour nous mettre au lit ; et dès que nous fûmes entrées dans ma chambre, une de mes sœurs et moi nous nous approchâmes de l'armoire à la recherche d'allumettes. J'avertis que ma chambre donne accès à celle de ma mère, et que la porte qui sépare les deux pièces était ouverte.

Il n'y avait d'autre lumière que celle qui filtrait de la rue à travers les volets fermés. Lorsque je fus près de l'armoire, je vis avec surprise et terreur une forme humaine qui, de la chambre de ma mère, s'avançait vers moi sans aucun bruit, comme en glissant. Elle avait l'apparence d'un jeune homme de taille moyenne, habillé de noir avec un chapeau en forme de cône. Il était très pâle, avait de fortes moustaches noires, et continuait son chemin les yeux baissés, comme absorbé par de graves pensées. Son visage émettait une certaine luminosité, et c'est pourquoi nous pouvions en distinguer clairement les traits, bien que la chambre fût peu éclairée.

L'apparition continua à glisser dans la direction de mes sœurs, qui se trouvaient dans la chambre près de la porte extérieure, et qui, étant donnée leur position par rapport à une glace, s'étaient aperçues du fantôme en même temps que moi, *le voyant réfléchi dans la glace.* Le fantôme passa en les rasant presque, pour se dissoudre presque subitement ; et tandis qu'il passait, nous sentîmes toutes un souffle froid qui semblait émaner de lui.

L'apparition ne s'est plus répétée, et nous ne pouvons nous expliquer en aucune manière le phénomène.

Une de mes sœurs ne vit pas l'apparition, parce qu'à ce moment elle regardait dans une direction opposée, mais il faut noter qu'elle aussi perçut le souffle froid. Les deux autres ont été avec moi témoins oculaires du fait. (Signé : Louisa F. Du Cane, F.-A. Du Cane ; M. Du Cane, C.-A. Du Cane.)

D'un questionnaire que le Dr Kingston soumit aux percipientes, j'extrais ces autres renseignements :

Il n'y avait pas de lumière suffisante pour se voir en face, puisque les volets étaient fermés, et que la lumière qui filtrait de la rue était très faible.

C'est moi, Louisa F. Du Cane, qui vis la première l'apparition ; toutefois nos exclamations de surprise furent simultanées. Quand nous confrontâmes nos impressions, nous pûmes constater qu'elles étaient identiques.

Ma sœur Mary ne vit pas l'apparition parce qu'elle était tournée dans la direction opposée, mais elle perçut distinctement un souffle froid au passage de la forme.

Le fantôme que nous avons vu ne ressemble à aucune de nos connaissances ; et nous n'avons jamais entendu parler d'aucun événement qui se rattache à l'apparition.

Le cas exposé contient la circonstance du fantôme vu réfléchi dans une glace même avant qu'il fût aperçu directement, circonstance théoriquement remarquable, car elle tend à démontrer l'objectivité de l'apparition. Cependant plus on étudie les phénomènes métapsychiques, plus on apprend à être prudent avant de prononcer des jugements hâtifs basés sur des faits singuliers ; et à propos de la circonstance en question, il faut cette fois ne pas oublier que des incidents semblables se produisent quelquefois dans les cas de « télépathie entre vivants » ; ce qui nous détermine à réserver notre jugement. Il faut toutefois considérer que le cas étudié renferme le fait du fantôme simultanément perçu par trois personnes, ce qui, selon Myers, fournirait une bonne preuve en faveur de « l'existence en ce point de quelque chose de semblable à une présence réelle » ; et si cela était, la particularité du reflet de l'image spectrale assumerait également une signification objective et les deux inférences s'appuieraient réciproquement.

CAS XI. – Comme opposition à l'exemple précédent, où l'image du fantôme est vue réfléchie dans une glace, voici un exemple où la glace ne réfléchit pas le fantôme. Je l'extrais du *Journal of the S. P. R.* (vol. X, p. 308). Il s'agit d'un cas complexe de hantise, rigoureusement étudié et corroboré par de nombreux témoignages. Il ne m'est pas possible de le rapporter d'une manière complète, parce que les diverses relations dont il se compose occupent une trentaine de pages ; je me bornerai à en extraire l'épisode indiqué, qui est aussi le seul théoriquement intéressant.

M. W. G. D... écrit à la date du 3 mars 1902 :

Depuis quelque temps déjà je m'étais proposé de faire une relation des phénomènes de hantise qui se sont produits dans notre très vieille habitation de M..., croyant faire ainsi une œuvre intéressante et utile.

Le phénomène le plus intéressant consistait dans l'apparition d'un. fantôme de femme grande, mince, toujours vêtue de noir, avec un capuchon sur la tête. Une seule fois elle m'apparut habillée différemment, et cette fois-là elle resta visible pour tous durant plusieurs minutes en plein jour. Presque tous les membres de ma famille purent la voir, car elle apparaissait souvent sans que l'on comprit le but de ces apparitions, et nous avions fini par nous familiariser avec elle au point de ne plus en éprouver aucune impression, à moins qu'il n'y eût des malades dans la famille, car en ce cas son apparition était présage de mort...

Le soir du 18 février 1900, je m'étais longuement attardé à lire, et j'étais resté la seule personne levée à la maison. Entre minuit et une heure, j'interrompis ma lecture pour m'en aller au lit ; et arrivé en haut de l'escalier, je trouvai la chambre de mon père avec la porte ouverte, et intensément éclairée. En regardant à l'intérieur j'aperçus notre fantôme familier assis devant la « toilette », les mains posées dessus, se regardant dans la glace. Je m'attardai à le contempler durant plusieurs secondes, puis je m'approchai doucement de la porte, avec l'intention de profiter de la circonstance pour en voir les traits réfléchis dans la glace. Comme la « toilette » était située diagonalement dans le coin plus proche de la chambre, avec quelques pas latéraux j'atteignis la position favorable en face de la glace, mais à ma grande surprise je constatai que la glace ne réfléchissait pas le fantôme. Tandis que je faisais cette curieuse découverte, le fantôme se tournait légèrement de côté, mais pas assez pour qu'on aperçût ses traits ; puis il se leva, et traversant la chambre, disparut à ma vue. Alors je me précipitai dans la chambre, mais le fantôme avait disparu, et après l'avoir inutilement attendu pendant quelques minutes, j'éteignis le gaz et m'en allai au lit. Le jour après mourait ma belle-sœur, et c'était le troisième cas de mort en rapport avec l' « apparition ».

Ce cas, ainsi que le précédent, est extrêmement instructif au point de vue de l'hypothèse auto-suggestive. En effet, dans le premier cas on voit que deux personnes, très éloignées de penser aux « esprits » (par conséquent en des conditions contraires à des actions auto-suggestives) voient néanmoins l'image d'un fantôme qui se reflète devant la glace ; tandis que dans le second cas se produit précisément le contraire, car le percipient apercevant le fantôme assis devant la glace, se déplace latéralement pour en discerner les traits par réflexion, bien loin de s'imaginer que les lois de la réfraction n'étaient pas applicables aux spectres (par conséquent en conditions des plus favorables pour s'auto-suggestionner et voir une image hallucinatoire) ; mais, à sa grande surprise, il découvre au contraire que la glace ne réfléchit pas le fantôme.

D'où résulterait encore une fois clairement, si besoin était, la fausseté de l'hypothèse auto-suggestive dont on a tant abusé, et au moyen de laquelle certains hommes de science croient pouvoir se libérer d'un coup de toutes les apparitions de fantômes, qu'elles soient collectives ou électives, télépathiques ou spirites.

CAS XII. – Je termine ce recueil avec un cas d'apparition d'animaux en des endroits hantés. Dans ma classification, on ne trouve que neuf exemples du genre ; chiffre très exigu, si on le considère en rapport avec la quantité de matériaux déjà recueillis.

On comprendra que les fantômes d'animaux présentent rarement la même valeur probante que ceux d'êtres humains, soit parce qu'on peut plus difficilement les séparer des fantômes purement hallucinatoires, soit parce qu'il n'est pas toujours facile d'exclure que les percipients se soient trompés, en prenant des animaux vivants pour des fantômes d'animaux. Néanmoins les neuf cas susdits contiennent tous quelque caractéristique qui rendent cette éventualité peu probable. Ainsi, par exemple, la circonstance que les fantômes d'animaux furent perçus collectivement et successivement par de nombreuses personnes ignorant les faits, et qu'en même temps que les personnes, les animaux vivants donnèrent signe qu'ils percevaient quelque chose d'anormal, serait contraire à l'hypothèse hallucinatoire ; tandis que la coïncidence de personnes qui ne virent rien au point où d'autres localisaient un animal, exclurait qu'il s'agit d'animaux vivants.

J'extrais le cas suivant du *Journal of the S. P. R.* (vol. XIII, p. 256). M. Pittman décrit en ces termes l'aventure qui lui arriva dans le village de Hoe Benham (Newburg) :

Le 2 novembre 1907, je peignais dans mon atelier avec mon ami Reginald Waud. Ma domestique, habillée en veuve, servait de modèle, et nous attendions Miss Miles. A 10 heures, les aboiements du chien de garde annoncèrent que le laitier s'approchait. Je descendis au jardin pour lui ouvrir ; je pris le pot au lait et, en refermant la porte, je jetai un regard dans la rue, apercevant Miss Miles qui s'avançait avec son nécessaire pour peindre sous le bras, et suivie de très près par un gros porc blanc à long groin. Je rentrai à l'atelier en criant à l'ami Waud : « Devinez qui nous conduit ce matin Miss Miles ! Un gros porc ! » Nous éclatâmes de rire, et mon camarade observa : « Cours lui dire de ne pas introduire son ami au jardin, et de lui fermer la porte au nez, parce que nous tenons à nos plantes ». – A ce moment parut Miss Miles, et je lui demandai : « Qu'avez-vous fait de votre compagnon ? » – Elle fut très étonnée, et à son tour interrogea : « De quel compagnon parlez-vous ? Que voulez-vous dire ? » Alors j'expliquai en quelle vilaine compagnie je l'avais surprise ; et elle reprit : « Si un porc m'avait accompagnée je m'en serais aperçue. Du reste il est facile de s'en assurer, parce que je me suis croisée avec le laitier, qui ne peut que l'avoir vu, s'il y était. En tout cas, je vais voir ». Peu de, temps après elle, revint en disant : « Votre porc ne se voit nulle part ».

Nous allâmes aux renseignements dans le village, mais personne n'avait vu d'animaux errants, et dans tout le village il n'existait qu'un porc blanc, dont le propriétaire assurait que s'il s'était évadé, il s'en serait aperçu... Le lendemain nous interrogeâmes le laitier, qui reconnut avoir rencontré Miss Miles, mais nia absolument qu'elle fût accompagnée d'un porc. » (Comme témoins du fait ont signé : Osmund Pittman, Réginald Waud, Clarissa Miles et Louise Thorne.)

A la suite de ce curieux incident, on procéda à une enquête dans le village, et l'on vint à savoir que ce coin de la route avait depuis longtemps la réputation d'être hanté et que là étaient apparus des fantômes de différents animaux à de nombreux habitants des environs.

Le *Journal* rapporte les témoignages de six personnes du village, auxquelles étaient apparus dans cet endroit des fantômes de chiens, de chats et de lapins ; et le charretier John Barret raconte que tandis qu'il y passait un jour avec son char, dans lequel se trouvaient sept on huit personnes, les chevaux se cabrèrent et reculèrent, comme saisis d'une grande épouvante. Il descendit pour les calmer, et aperçut devant eux une masse blanche qui poursuivait son chemin en sautillant...

Le relateur, M. Pittman, ajoute : « Lorsque nous interrogeâmes les paysans sur la cause probable des apparitions, ils fournirent tous la même explication : le responsable des faits était Tommy King, un pharmacien qui avait vécu cent ans auparavant, et qui s'était pendu dans une maison située dans ces parages ; de sorte que l'esprit du malheureux évoluait encore là, en apparaissant sous des traits d'animaux, et en produisant des bruits étranges... »

C'est l'explication populaire des apparitions d'animaux en des lieux hantés ; et bien qu'elle soit purement traditionnelle et gratuite, il n'est pas facile de la remplacer par une autre moins gratuite et plus scientifique. Je me bornerai donc à observer que dans le livre du Dr Kerner sur la *Voyante de Prévorst*, on lit que la « voyante », dans ses phases de somnambulisme, expliquait de la même manière les apparitions d'animaux. Ainsi dans le chapitre VI (4e cas, p. 177) à propos d'un « esprit bas » qui lui apparaissait, le Dr Kerner écrit : « Dans sa chambre, l'apparition se renouvela sous l'apparence d'un ours. Endormie, elle dit : "Maintenant, je vois combien son âme doit être noire, puisqu'il vient sous des formes aussi effrayantes ; mais il faut que je le voie..." » Dans le 5e cas (p. 190), la voyante en somnambulisme s'adressa à un « esprit » en lui demandant s'il pouvait se manifester sous forme différente de celle qu'il avait de son vivant ; et l'esprit répondit : « Si j'avais vécu comme une bête, je devrais vous apparaître tel. Nous ne pouvons prendre les formes que nous voulons. Nous devons vous apparaître tels que nous étions ». Et dans le chapitre IV (p. 120) : « Le débauché peut apparaître sous la forme d'un animal auquel il ressemble par son mode de vie... »

Par contre, je note que, parmi les neuf cas indiqués, il y en a deux qui suggéreraient une explication différente ; ce qui naturellement n'exclurait pas l'autre. Ils furent publiés dans le *Journal of the S. P. R.*. (vol. XIII, pp. 58-62, et vol. XV, pp. 249-252) ; il s'agit des apparitions d'un chien et d'une petite chatte, avec ce caractère remarquable que, dans les localités respectives où ils apparaissaient, étaient morts un chien et une petite chatte identiques à ceux qui se manifestaient. A propos de la petite chatte, l'identification était encore mieux prouvée par le fait que le fantôme se montrait boiteux, à l'image de la petite chatte, de son vivant malmenée et déformée par un chien. On se trouverait donc ici devant des cas d'identification authentique ; de sorte qu'il est permis d'en déduire que si l'on parvenait à accumuler en nombre suffisant des exemples de cette nature, ils conduiraient à la démonstration de la survivance de l'âme animale, possibilité qui ne devrait certainement pas étonner.

CHAPITRE 4

FANTÔMES DE VIVANTS
Cas de télépathies entre vivants, considérés en rapport avec les phénomènes de hantise

De tout ce que nous avons vu jusqu'ici, il est facile de tirer une première déduction importante, qui est que si les phénomènes de « hantise proprement dite » ne peuvent être expliqués de façon complète sans recourir à diverses hypothèses, ils sont néanmoins pour la plupart explicables au moyen d'une seule hypothèse, laquelle, relativement aux autres, pourrait être comparée à une « règle » devant une exception. D'après cette hypothèse, les phénomènes de hantise proprement dite auraient pour origine une impulsion télépathique, où l'agent serait un défunt lié affectivement, ou d'une autre manière, à la localité hantée ; impulsion qui provoquerait des perceptions véridiques d'ordre subjectif ou hallucinatoire, et parfois exceptionnellement (par combinaison avec d'autres facultés supranormales) donnerait lieu à des perceptions ou extrinsécations en quelque sorte objectives, et que Myers a appelées « modifications d'espace induites dans le monde métaéthérique ». Tout cela en faisant abstraction des cas où il ne s'agirait plus de télépathie post-mortem, mais de la présence spirituelle du défunt dans le lieu hanté.

Comme nous l'avons vu, cette hypothèse présenterait l'avantage d'éliminer un grand nombre d'incertitudes théoriques, en conciliant des manifestations en apparence contradictoires, comme : la visualisation de fantômes et la perception de bruits tantôt en forme « collective » tantôt en forme « élective », l'automatisme déambulatoire et mimique d'un grand nombre de fantômes, leur fréquente ignorance de l'endroit où ils se trouvent, la mentalité rudimentaire dont ils donnent preuve bien souvent quand ils s'en montrent conscients, et ainsi de suite. Ajoutons que la valeur de l'hypothèse consiste en ceci, que ses multiples applications ne s'imposent pas à la raison à un point de vue exclusivement théorique, mais sont le résultat de l'analyse comparée entre les phénomènes de hantise et les télépathiques. Ce qui suffirait à constituer une base rigoureusement scientifique à l'hypothèse.

Dans le présent chapitre, je tenterai donc de démontrer qu'il n'existe pas de modalité d'extrinsécation de hantise, qui ne trouve sa correspondance dans les phénomènes télépathiques. Je devrai néanmoins me borner à quelques citations résumées, vu l'abondance du thème.

CAS A. – Je recommencerai la série des exemples avec un épisode expérimental que j'extrais du *Journal of the S. P. R.* (vol. VIII, p. 250). M. Fred W. Rose, homme très versé dans les recherches hypnotiques et magnétiques, écrit à la date du 18 janvier 1896 :

> J'avais lu des cas de projection de son propre esprit à distance, et je voulus essayer d'envoyer mon « corps astral » à Mme E... Je n'avertis personne de mes intentions, et dans le cours de la nuit, vers minuit et demi, je m'assis sur mon lit en concentrant ma pensée sur l'expérience désirée. Avec un grand luxe de détails, je m'imaginai me voir moi-même descendre l'escalier de ma maison, continuer mon chemin dans la rue, arriver rue de S.... monter à l'étage habité par Mme E.., entrer au salon, et enfin dans sa chambre. Une fois accompli cet effort imaginatif je me recouchai, avec la pensée tenacement dirigée vers la visite projetée et je ne tardai pas à m'endormir... Personnellement je n'étais absolument pas conscient de la réussite ou non de ma tentative, et, si j'ai bonne mémoire, il ne m'arriva même pas de rêver d'aucune des personnes auxquelles je voulais apparaître...

M. Rose, après avoir deux fois tenté l'épreuve avec succès, dut renoncer à ses exercices sur l'expresse volonté de la dame qu'il avait choisie comme sujet. La percipiente, Mme E.., rapporte à propos de la première tentative :

J'étais souffrante, et ma fille partageait mon lit. Au plus profond de la nuit, nous fûmes toutes deux envahies par une inquiétude inexplicable qui nous empêchait de dormir. Tout d'abord nous tentâmes de nous raisonner l'une l'autre, affirmant réciproquement ne rien comprendre à notre état, mais convenant que les sensations dont nous nous sentions victimes étaient assez pénibles. Tandis que nous demeurions éveillées de cette manière, la femme de chambre vint frapper à notre porte en demandant ce que nous désirions. Nous la fîmes entrer, et elle expliqua que le timbre électrique placé à la tête de mon lit (dont la sonnerie aboutit près de la porte de sa chambre) avait sonné avec insistance et assez fort pour la réveiller. Elle ajouta qu'avant de bouger elle avait attendu un second appel, qui résonna de suite avec une force redoublée. En apprenant cela, je l'assurai que personne n'avait sonné ; ce qui eut pour effet de la faire éclater en larmes, et s'écrier : « Alors c'est une annonce de malheur ! Ma pauvre maman est morte ! » (Le lendemain elle courut chez elle et trouva que sa mère se portait très bien.) Je rapporte l'observation de la femme de chambre, parce qu'elle dénote que la brave fille avait discerné, dans la sonnerie quelque chose d'anormal et d'occulte...

Tels sont les phénomènes provoqués télépathiquement par M. Rose dans sa première tentative. Quelques semaines plus tard il renouvela l'épreuve, obtenant des résultats encore meilleurs ; et Mme E.... écrit à ce propos :

Cette nuit-là ma fille avait été au théâtre, et mon fils était resté avec moi. A dix heures et demie il prit congé et alla se coucher. A un moment donné, alors que j'étais au lit et que je lisais, je fus saisie d'une étrange sensation excessivement désagréable, accompagnée d'une impulsion irrésistible à tourner mes regards vers la gauche. Je sentais que je devais regarder de ce côté et, cédant à l'impulsion, je vis que dans la direction des tentures flottait une nébulosité lumineuse et tirant à l'azur, de laquelle je ne pouvais détacher mes regards, malgré la terreur que j'éprouvais, et quoique je comprisse fort bien qu'il m'arrivait quelque chose d'anormal. Je voulais appeler mon fils, mais la pensée me retint qu'il m'aurait jugée nerveuse et sur le point de retomber malade. Je tâchai cependant de dominer mes sensations, en me disant à moi-même qu'il s'agissait de pure imagination ; puis, me retournant de l'autre côté, je recommençai à lire. Cela faisant, je ne tardai pas à chasser toute frayeur ; mais, comme l'envie de dormir m'était également passée, je prolongeai ma lecture plus longtemps que d'habitude. Après quelque temps, je fus nouvellement saisie de la même sensation de terreur, accompagnée cette fois d'une irrésistible impulsion à regarder en bas, à côté de moi, et j'aperçus la même nébulosité lumineuse qui s'élevait lentement en se dirigeant vers moi. J'étais trop terrorisée pour bouger, et je me souviens d'avoir porté à la hauteur de mon visage le livre que je tenais, comme pour me défendre de possibles offenses. Tandis que je faisais des efforts suprêmes pour dominer ma terreur, de derrière le livre sortit la moitié d'un visage, et je reconnus en lui M. Rose lui-même. A cette vue, toute peur s'évanouit en moi, et, jetant le livre, je laissai échapper une exclamation pas du tout flatteuse pour M. Rose ; car j'avais compris qu'il était en train de renouveler sa tentative de m'apparaître. La nébulosité et le visage avaient disparu en un éclair.

Telle est la partie essentielle de la relation de Mrs. E., que je fais suivre de cet autre passage tiré de la relation de sa fille, Miss A..., qui décrit ainsi ses sensations durant cette même nuit :

Rentrée du théâtre, je me rendis chez ma mère pour l'entretenir du spectacle, et allai me coucher quand sonna la demie. Je m'étais à peine endormie, que je me réveillai en sursaut sous l'impression d'avoir entendu des bruits de pas qui traversaient le corridor en se dirigeant vers la chambre de ma mère. Je restai aux écoutes, puis n'entendant plus rien je me rendormis. Mais je ne tardai pas à me réveiller de nouveau en sursaut, sous la même impression, et ainsi de suite à plusieurs reprises.

Le matin venu, je voulus interroger à ce propos ma mère, qui se borna à me dire qu'elle aussi avait passé une nuit très agitée. Je m'adressai alors à mon frère, et je sus qu'il avait éprouvé les mêmes sensations que moi, et qu'il s'était réveillé plusieurs fois en proie à un sentiment inexplicable de terreur. En apprenant cela, ma mère se décida à nous confier qu'elle avait vu le fantôme de M. Rose...

Notons que dans cet exemple – qui a l'avantage d'être expérimental – on trouve déjà les modalités épisodiques suivantes communes aux phénomènes de « hantise proprement dite » : d'abord la sensation impulsive et irrésistible qui porte à se retourner du côté où sont localisés les phénomènes ; puis l'audition de pas humains en rapport avec la pensée de l'agent, lequel imagine de traverser le couloir où résonnent les pas hallucinatoires ; enfin la visualisation des nébulosités lumineuses qui précèdent l'apparition du fantôme de l'agent.

A remarquer en outre un phénomène physique très rare dans la casuistique télépathique, mais des plus communs dans celle des « poltergeist » : le phénomène des sonnettes qui résonnent. Cette intrusion dans le champ télépathique est assez embarrassante au point de vue théorique ; car il faudrait, pour l'expliquer, avoir recours à l'hypothèse d'un « centre phantasmogène » en quelque façon objectif à l'endroit impliqué, ce qui donnerait lieu à une hypothèse dont nous parlerons dans le chapitre sur les phénomènes de « poltergeist », selon laquelle une partie des phénomènes de hantise auraient une origine médiumnique, et, en l'absence de médium, s'expliqueraient par un fait de transmission d'énergie médiumnique à distance. En ce cas, la femme de chambre de Mrs E... aurait possédé des facultés médiumniques, ou l'agent télépathique, M. Rose, aurait dû les posséder. Une autre façon de surmonter la difficulté consisterait à prendre à la lettre les déclarations de l'agent, lequel explique qu'il s'était proposé « d'envoyer son corps astral à Mrs E... », de sorte que nous nous trouverions devant un phénomène de « bilocation ».

Je note enfin cette phrase de M. Rose : « Personnellement, je n'étais nullement conscient de la réussite ou non de la tentative » ; cette inconscience, commune aux phénomènes magnétiques, hypnotiques et médiumniques s'étend à la grande majorité des cas de « télépathie entre vivants » ; de sorte que par loi d'analogie il faudrait l'étendre à la grande majorité des cas où l'agent télépathique est un défunt ; ce qui expliquerait l'attitude automatique de beaucoup de fantômes dans les phénomènes de hantise.

CAS B. – Je l'extrais du *Journal of the American S. P. R.* (1910, p. 277) ; c'est un exemple instructif de transmission télépathique involontaire. Miss Clara Griffing écrit au P. Hyslop, à la date du 2 novembre 1909, dans les termes suivants :

Je me trouvais avec ma mère et mon frère dans une villa à « Great South Beach » pour y passer l'été. Je me remettais à peine d'une longue et sérieuse maladie, ce qui fait que je ne m'occupais d'aucun détail domestique. Une nuit qu'une rafale de vent m'empêchait de dormir, je me levai entre minuit et minuit et demi, et après m'être promenée pendant quelque temps dans la chambre, je m'approchai de la fenêtre pour regarder à travers les carreaux. La pleine lune brillait dans le ciel, la campagne était éclairée comme en plein jour. Tandis que je contemplais la belle soirée, je vis sortir de la maison notre domestique Lena, qui alla retirer une série de linge pendue à une corde et à la merci du vent. Je la vis d'une façon si distincte, que l'idée ne me vint même pas qu'elle pût ne pas être elle-même en chair et en os.

Lorsque le matin ma mère vint me demander comment j'avais passé la nuit, je lui dis que j'avais vu Lena sortir pour retirer le linge ; et lorsque Lena vint m'apporter mon déjeuner, je lui répétai que je l'avais vue retirer le linge à une heure bien extraordinaire. A ces mots, elle me regarda surprise et me dit qu'elle n'était pas sortie, mais que, en entendant souffler le vent avec violence, elle s'était beaucoup préoccupée du linge resté dehors, et qu'elle était restée réveillée plus d'une heure vers le milieu de la nuit, toujours tourmentée par la pensée qu'elle aurait dû sortir pour le retirer, mais finissant au contraire par se rendormir (Signé : Jane R. Griffing).

Ce cas est très intéressant parce qu'il reconfirme les commentaires dont nous avons fait suivre le cas précédent à propos de l'ignorance de l'agent télépathique au sujet des perceptions hallucinatoires provoquées par sa propre pensée. Cependant, dans l'épisode précédent, l'action télépathique était volontaire, tandis qu'ici elle est involontaire ; de sorte que l'épisode sert de complément à l'autre, et démontre avec autant d'efficacité que les *déambulations automatiques* des fantômes hanteurs n'autorisent nullement à nier l'existence d'un rapport causal entre le fantôme représentant un défunt et l'esprit du défunt lui-même, comme le prétendrait Podmore. Au contraire, si l'on se base sur des cas semblables au dernier, qui prouvent que des automatismes identiques se rencontrent chez les fantômes télépathiques, et cela au point qu'en pensant intensément à une tâche à accomplir, une personne peut transmettre a d'autres sa propre image dans l'acte d'exécution de la tâche pensée. Après ces analogies si probantes, il n'est plus permis de refuser d'admettre qu'entre l'esprit d'un défunt et son fantôme *déambulant automatiquement* dans les lieux où il vécut, il doit probablement exister un rapport causal identique.

Il reste donc entendu que les automatismes des fantômes hanteurs ne sont pas une raison pour en nier l'origine spirite, mais seulement une bonne preuve en faveur de l'hypothèse qui les considère comme des fantômes télépathiques ayant pris origine dans la pensée des défunts qui se manifestent.

CAS C. – Le révérend Arthur Hamilton Boyd communique à la *Society for Psychical Research* (*Journal of the S. P. R.*, vol. VIII, p. 321), l'incident personnel suivant :

Un soir de février 1891, vers onze heures, je me trouvais au « New-Club » d'Edimbourg, où il m'arriva de m'endormir profondément pour presque une heure, et de faire le songe suivant avec la plus grande clarté : Je me trouvais dans la rue, et je marchais à grands pas, car il me semblait être en retard pour le dîner. Arrivé à la porte de la maison, j'ouvris avec la clef que j'ai toujours sur moi, et je montai en courant l'escalier pour me rendre dans ma chambre et m'habiller pour dîner. En montant l'escalier je tournai la tête derrière moi et je vis mon père qui, du seuil du salon, me regardait. Ici je m'éveillai, et constatant qu'il était tard et que minuit avait sonné depuis quelques minutes, je me mis en chemin vers la maison, d'un pas rapide. Quand j'arrivai, je fus surpris de la trouver encore éclairée, avec mon père et mon frère qui la parcouraient en m'appelant à haute voix.

Quand mon père me vit entrer, il se montra extrêmement étonné, et me demanda d'où je venais. Je lui répondis que j'arrivais en ce moment du club : alors il m'interrogea pour savoir si je n'étais pas rentré une fois déjà vers minuit. Ayant répondu négativement, il me raconta ce qui suit :

Comme d'habitude, il s'était attardé au salon jusque vers minuit ; puis il s'était levé pour aller se mettre au lit, et tandis qu'il posait le pied sur le seuil pour passer dans l'antichambre, il entendit battre la porte de la maison, et me vit distinctement traverser la salle et monter rapidement l'escalier. Me suivant des yeux, il me vit me retourner pour le regarder, puis disparaître. En entrant dans sa chambre, il dit à ma mère qu'il avait tiré le verrou de la porte de la maison, parce que j'étais rentré. Ma mère observa qu'elle trouvait étrange que je fusse rentré et passé devant la porte de sa chambre sans la saluer et comme elle insistait là-dessus, et ne semblait pas convaincue que je fusse à la maison, mon père se décida à se rendre dans ma chambre, où, à son grand étonnement, il ne me trouva pas. Se joignant alors à mon frère, ils se mirent à visiter toutes les chambres, et ce fut alors que j'arrivai réellement...

Je n'oublierai jamais notre stupéfaction devant un événement aussi extraordinaire. (Signé : Rév. Arthur Hamilton Boyd.)

(La mère du relateur écrit en confirmant ce qui précède.)

A remarquer ici le détail du fantôme qui se retourne pour regarder son père, se montrant ainsi conscient de l'endroit où il se trouve. Ajoutons que le détail en question, coïncidant avec la situation identique rêvée par l'agent, dénoterait chez ce dernier un état de lucidité qui lui permit de voir qu'au moment où il rêvait de monter l'escalier de sa maison, son père mettait le pied sur le seuil du salon ; de sorte que l'épisode devrait être considéré comme un exemple de « clairvoyance télépathique en rêve ». A moins qu'on ne veuille le considérer comme un cas de « bilocation en rêve ». Mais ce n'est pas le moment de discuter des problèmes de ce genre ; qu'il nous suffise d'observer ici qu'à propos de fantômes conscients du milieu où ils se trouvent, on peut opposer des épisodes de « télépathie entre vivants » à ceux de « hantise proprement dite ».

Je ferai en outre remarquer l'épisode auditif de la porte de la maison rabattue en rentrant par le fantôme du fils, et cela en rapport avec l'action analogue rêvée. Or, comme tout le monde le sait, les épisodes de portes qui claquent sont des plus communs dans les cas de hantise.

CAS D. – Je rapporterai deux cas appartenant à ceux dits phénomènes de « hantise de vivants », qui peuvent en réalité être réduits à des cas télépathiques, ou de clairvoyance télépathique, avec la particularité de la répétition de l'apparition. De toute manière, les cas de cette nature sont si rares, que dans ma classification je n'en compte que 6, dont l'un est très douteux au point de vue probant : un autre apparaît au contraire assez discutable au point de vue du lien causal entre la hantise et le prétendu agent (cas Mompesson, dans le livre bien connu de Glanvil), et deux autres ne dépassent en rien le cercle des cas télépathiques purs et simples ; de sorte qu'il n'en reste en réalité que deux pour représenter la classe ; et je les reproduis ici.

Le premier cas est rigoureusement documenté, et l'une des relations testimoniales fut écrite avant l'identification du fantôme. Je l'extrais du *Report of the Census of Hallucination (Proceedings of the S. P. R.,* vol. X, p. 360). On ne révèle pas les noms des protagonistes, qui sont personnellement connus de Mrs Sidgwick.

M. C. S... écrit à la date du 30 décembre 1889 :

Le samedi le plus proche de la date du 22 octobre 1886, me trouvant chez le Dr E... il m'arriva d'entrer au salon vers 4 heures de l'après-midi, et j'aperçus une jeune femme habillée d'un costume brun à large col, qui était assise sur le canapé de manière que je la voyais de dos. Elle resta immobile à sa place pendant plusieurs minutes, tandis que je m'entretenais avec Mme E... et un autre visiteur. A la lueur du feu de la cheminée, ses cheveux avaient des reflets d'un roux doré, quant au visage, je n'en apercevais que la joue droite, qui semblait pleine et fraîche. Par son attitude, on comprenait qu'elle était en train de lire. Quand le visiteur s'en alla, je m'attendais à être présenté à la jeune femme, et je fis quelques pas en avant, mais je ne la vis plus. Le salon était éclairé par deux lampes à gaz et par un feu très vif ; la jeune femme tournait le dos à la cheminée et était assise au milieu du canapé, tandis que Mme E... en occupait le côté près du feu... Je demandai des explications à ce sujet à Mme E..., mais elle protesta de ne rien savoir de la jeune femme, et parut alarmée de ce qui était arrivé, de sorte que je tournai la chose à la plaisanterie...

L'année suivante, la même apparition, habillée de la même manière, fut aperçue par la femme de chambre du Dr E..., qui décrit le fait en ces termes :

Dans les premiers jours d'octobre 1887, tandis que je prenais le thé à la cuisine avec les autres domestiques, on sonna à la porte de la maison, et comme j'allais ouvrir (mais avant de le faire) je vis distinctement une dame de haute taille qui paraissait sortir du bureau, et qui traversa l'antichambre, entrant dans la salle à manger. Je la vis de dos, remarquant seulement la couleur rousse et dorée de ses cheveux roulés en masse sur la tête, et son costume brun, taillée à la mode « princesse ». Je la pris pour ma maîtresse, étonnée seulement de la voir en costume brun, alors que je l'avais laissée à l'étage supérieur habillée de vert pâle. Quand j'ouvris la porte de la maison, j'étais placée de manière que personne ne pouvait sortir de la salle à manger sans que je le visse : toutefois, en y entrant tout de suite, je ne vis personne, de même que je ne trouvai personne dans le bureau et dans tout cet étage de la maison. Je montai, et je fus surprise de voir ma maîtresse habillée de vert pâle comme je l'avais laissée un moment auparavant. Nous ne sommes jamais parvenues à nous expliquer l'étrange apparition, bien que j'aie su par la suite que quelque temps auparavant, la même dame était apparue à un ami de mes maîtres.

Une troisième percipiente, Mrs R..., raconte ainsi sa propre expérience dans une lettre datée du 9 mai 1891, et adressée à Mme E... :

Je me rappelle tous les détails et vous savez bien que je ne suis ni excitable ni nerveuse. Les faits sont ainsi : au mois d'octobre 1887 (elle écrivit par erreur : 1888, mais on certifia ensuite que c'était en 1887), j'étais invitée chez vous, et un jour que je me sentis saisie d'un fort refroidissement, je décidai de garder le lit. Quand la femme de chambre m'apporta à dîner, je m'assis sur le lit, improvisant devant moi une sorte de table avec un oreiller, sur lequel je déposai le plateau. Quand j'eus achevé de dîner, je déposai le plateau sur la table à côté du lit, et j'allais me recoucher, quand je vis s'ouvrir doucement la porte au pied du lit et entrer tranquillement une dame habillée de brun. Tout d'abord je crus que c'était vous, et je m'écriai : « Oh ! L..., vous avez fait vite ! » Mais je n'avais pas encore terminé la phrase que je m'étais déjà aperçue de l'erreur, et bien que je n'eusse pas vu le visage de la dame, j'étais bien sûre de ne pas la connaître. Elle semblait ignorer ma présence, et s'était approchée de la toilette, portant les mains à la tête comme pour dénouer ses cheveux – lesquels, à la lumière de la lampe à gaz, semblaient très blonds. Je ne me sentais aucunement inquiète de cette visite inattendue, mais seulement surprise et curieuse. Je descendis donc doucement du lit, et je m'avançai derrière elle, mais comme j'allais lui poser la main sur l'épaule elle disparut. Vous savez bien que la chambre est étroite, et que personne n'aurait pu en sortir sans se heurter à moi. Quand je me fus recouchée, je me souvins de Marthe et de M. S..., qui avaient vu le fantôme d'une dame habillée de brun. Cependant, je ne pensais nullement à cela quand j'avais vu la porte s'ouvrir et entrer une dame ainsi habillée. Quelque temps après, vous êtes entrée et je vous ai raconté le fait, qui fut le sujet de longues discussions par lesquelles nous ne sommes abouties à rien. Aucune personne de ma connaissance ne ressemblait à l'apparition ; mais plus tard je reconnus en elle l'image de la femme de M. P..., arrivée malade chez vous, où elle occupait la même chambre où je la vis.

Ce M. P..., dont on parle à la fin de la lettre, était le fils de Mrs E... et résidait en Australie où il s'était marié ; toutefois Mrs E... n'avait jamais vu sa belle-fille. En août 1888 celle-ci arriva de Sydney ; et M. G. S… écrit :

Quand je la vis, je ne la reconnus pas ; elle était malade et avait les cheveux coupés ; ils semblaient d'une couleur rousse claire. Peu de temps après elle se rendît dans une station climatérique d'où elle revint en octobre, complètement rétablie. Un jour que Mrs R... se trouvait à dîner chez Mrs E..., se présenta Mrs P... habillée d'un costume brun à grand col. Mrs R... et la femme de chambre reconnurent à l'instant en elle la « dame brune » qu'elles avaient vue ; toutefois sur le conseil de Mrs E..., elle ne dirent rien à Mrs P..., dont le tempérament semble excessivement nerveux...

M. G. S.... ne tarda pas non plus à l'identifier. Il ajoute :

M'étant de nouveau rencontré avec Mme P..., j'attendis le moment opportun pour la regarder sous l'angle visuel où elle m'était apparue, et je reconnais à présent m'être trompé quand je trouvais que la forme de sa tête aurait présenté un profil différent de celui de l'apparition. Au contraire, le profil de sa joue correspond exactement à celui que j'avais vu.

La *Society for Psychical Research* ayant demandé certains renseignements à Mrs E..., celle-ci répondit ainsi :

Mme P... n'est jamais tombée en « transe » ; cependant, quand elle arriva de Sydney, elle se trouvait en de telles conditions d'épuisement que tout effort physique, si léger qu'il fût, déterminait en elle un état d'inconscience qui durait quelques minutes. Elle me raconta souvent qu'au temps où elle était malade en Australie, elle avait l'habitude d'accomplir des efforts soutenus de concentration mentale pour se représenter la maison qui l'attendait en Angleterre et dont son mari lui avait si souvent parlé. Je ne me souviens pourtant pas si, lorsqu'elle arriva chez nous, elle reconnut l'endroit.

Ici je mettrai un terme aux citations. Dans le cas exposé, la « clef de voûte » pour l'étude de la genèse consiste dans les explications finales de Mrs E... Étant donné en effet que Mme P... « accomplissait souvent des efforts soutenus de concentration mentale pour se représenter la maison qui l'attendait en Angleterre », maison dont elle connaissait le plan pour en avoir souvent entendu parler par son mari ; étant données, en outre, les conditions précaires de sa santé, qui déterminaient de fréquents accès *d'absence psychique,* conditions favorables au dégagement des facultés subconscientes, il est tout à fait probable qu'à chaque effort de concentration mentale, correspondait un phénomène de projection télépathique dans la direction de l'endroit pensé. Il n'y a donc ici rien de très anormal qui puisse distinguer ce cas des cas télépathiques ordinaires ; mais en même temps le dit cas sert à la compréhension des phénomènes de hantise où le même fantôme apparaît avec persistance. Il sert donc à affermir encore l'hypothèse selon laquelle les phénomènes de hantise devraient se borner à un fait de projection télépathico-hallucinatoire d'une pensée obsédante toujours orientée vers la localité hantée, pensée qui ne pourrait qu'avoir pour siège l'esprit du défunt qui y apparaît et qui y a vécu. De la même façon, les apparitions de Mme P... avaient pour origine sa pensée souvent intensément orientée vers la maison où elle devait aller habiter.

Je remarque en outre l'analogie entre les automatismes des fantômes hanteurs, et les automatismes dans les apparitions télépathiques de Mme P ... Celle-ci apparaît une première fois installée sur un canapé, dans la pose typique de la femme très absorbée par une lecture ; elle apparaît une seconde fois circulant automatiquement dans la maison, et une troisième fois occupée à arranger ses cheveux devant la glace. Et comme il n'est pas probable que ces poses et actions mimiques fussent pensées par Mme P... lorsqu'elle concentrait son esprit sur l'idée de la maison qu'elle devait habiter, tout ceci suggérerait que les attitudes des fantômes en général – lorsqu'elles sont de nature automatique – sont déterminées par les habitudes de vie particulières de l'agent télépathique, qu'il s'agisse d'un mort ou d'un vivant. A propos du cas étudié, rien n'est plus fréquent chez une femme que le fait de s'arranger les cheveux devant une glace, ou de se récréer l'esprit par une heure de lecture, on encore de se représenter habillée de son plus récent costume de promenade.

Je remarque enfin l'incident de la porte qui est en apparence ouverte par le fantôme ; je dis « en apparence », car j'ai déjà fait noter que les portes qu'on voit ouvertes par les fantômes demeurent généralement fermées, ce qui démontre la nature hallucinatoire de la plupart de ces épisodes. Cependant, il était nécessaire pour notre thèse d'observer qu'également dans les cas de « télépathie entre vivants », à l'exemple de ce qui arrive dans les cas de « hantise proprement dite », se reproduisent des épisodes de portes vues ouvertes par les fantômes.

CAS E. – Je l'extrais de la *Revue des Sciences Psychiques* (1902, p. 151). M. G. P. H..., membre de la *Society for Psychical Research,* et personnellement connu du directeur de la revue citée, M. César de Vesme, avait adressé la relation d'un cas psychique important au journal *The Spectator*, relation qui provoqua l'envoi d'une lettre de reconfirmation de la personne intéressée dans le cas en question.

Voici cette lettre :

Au Directeur du « Spectator »

Monsieur,

La lettre qui vous a été envoyée par M. G. P. H..., et que vous avez publiée dans votre livraison du 1er juin, sous le titre : « La Maison du Rêve », se rapporte évidemment à un rêve fait par ma femme actuellement décédée. Le récit est exact dans ses grandes lignes, quoique je ne parvienne point à reconnaître l'identité de votre correspondant. Mais la même histoire a été rapportée moins exactement dans les « Diaries » de Sir

Mountstuart Grant Duff, cité dans votre article du 25 mai. Il ne sera donc pas superflu que je donne, à mon tour, un court aperçu de cet événement.

Il y a quelques années, ma femme rêva à plusieurs reprises d'une maison dont elle décrivit l'arrangement intérieur en tous ses détails, quoi qu'elle n'eût aucune idée de la localité où cet édifice se trouvait.

Plus tard, en 1883, j'ai loué à Lady B..., pour l'automne, une maison dans les montagnes de l'Écosse, entourée de terrains pour la chasse et d'étangs pour la pêche. Mon fils, qui se trouvait alors en Écosse, traita l'affaire sans que ma femme et moi nous visitions la propriété en question.

Lorsque je me rendis enfin sur place, sans ma femme, pour la signature du contrat et pour prendre possession de la propriété, Lady B... habitait encore la maison ; elle me dit que, si je ne m'y opposais pas, elle m'assignerait la chambre à coucher qu'elle occupait d'habitude et qui avait été pendant quelque temps, hantée par une « petite dame » qui y faisait de continuelles apparitions.

Comme j'étais assez sceptique sur ces affaires-là, je répondis que j'aurais été enchanté de faire la connaissance de sa fantomique visiteuse. Je me couchai donc dans cette chambre, mais je n'eus la visite d'aucun fantôme.

Plus tard, quand ma femme arriva, elle fut très étonnée de reconnaître, dans cette maison, celle du rêve. Elle la visita de fond en comble ; tous les détails correspondaient à ce qu'elle avait si souvent vu en songe. Mais, lorsqu'elle descendit de nouveau dans le salon, elle dit : « Pourtant, ça ne peut pas être la maison du rêve, puisque cette dernière avait encore de ce côté une série de chambres, qui manquent ici. » On lui répondit aussitôt que les pièces en question existaient réellement, mais qu'on n'y pénétrait pas par le salon. Quand on les lui montra, elle reconnut parfaitement chaque pièce. Elle dit pourtant qu'il lui semblait que l'une des chambres à coucher de cet appartement n'était pas destinée à cet usage, quand elle la visitait en rêve. On apprit, en effet, que la pièce en question avait été tout dernièrement transformée en chambre à coucher.

Deux ou trois jours après, ma femme et moi rendions visite à Lady B... ; comme elles ne se connaissaient pas encore, je présentai les deux dames l'une à l'autre. Lady B... s'écria aussitôt : « Oh ! vous êtes la dame qui hantait ma chambre à coucher ! »

Je n'ai pas d'explication à donner de cet événement. Ma femme n'a eu, pendant le restant de sa vie, aucune autre aventure de ce genre, que quelques-uns appelleront une coïncidence remarquable et que les Écossais appelleraient un cas de « double vue ». Ma chère femme était certainement la dernière personne au monde qui aurait laissé son imagination battre son train. Je puis donc garantir, ainsi que peuvent le faire d'autres membres de ma famille, qu'elle a pu donner une description exacte et détaillée d'une maison qui était arrangée d'une façon assez spéciale, et cela bien avant qu'elle ou les autres membres de sa famille aient seulement appris que la maison en question existait.

Vous pouvez librement donner mon nom aux personnes qui s'intéressent sérieusement aux recherches psychiques et qui pourraient désirer obtenir d'autres informations à ce sujet. Dans ce but, voilà ma carte de visite. (M. G. P. H... donne également au directeur de la Revue, le nom entier de Lady B..., qui appartient à la plus illustre aristocratie britannique.)

Ce second épisode de « hantise de vivants » est beaucoup plus complexe que le premier, et il serait impossible de le réduire aux proportions d'une épisode télépathique ordinaire. Pour l'expliquer, il faudrait au moins arriver à l'hypothèse de la « clairvoyance télépathique » qui cependant ne suffirait pas à l'éclairer entièrement.

Il m'est déjà arrivé de le citer dans un précédent travail sur les « phénomènes de bilocation », en le classant parmi les cas « incertains » et susceptibles d'être expliqués, soit par l'hypothèse télépathique, soit par celle du « dédoublement » ; et je m'exprimais comme il suit : « Dans ce cas, l'hypothèse télépathique est rendue beaucoup moins vraisemblable par le fait du manque de tout rapport affectif ou de simple connaissance entre la personne agent et celle percipiente. En outre, on y trouve des incidents précis de reconnaissance d'endroits et d'arrangement vus en rêve, combinés avec l'identification de la personne dont le fantôme apparaissait dans ces mêmes endroits. De tous ces incidents, on peut déduire des suppositions favorables à l'hypothèse du "dédoublement avec pérégrination à distance" ; de sorte que cette hypothèse ne doit certainement pas être exclue du nombre de celles probables... L'épisode en question peut compter aussi comme exemple de "précognition", si l'on considère que la maison visitée en rêve par la femme du rapporteur, était celle où elle allait séjourner plusieurs années plus tard, circonstance, qui, si elle n'ajoute rien en faveur de l'hypothèse du "dédoublement", dépasse néanmoins le champ de celle télépathique. »

Tout cela au sujet des hypothèses qui pourraient expliquer ce cas, plutôt embarrassant. Cependant, le moment n'est pas venu de les discuter à fond, puisque nous devons nous occuper de l'épisode exposé au point de vue des exemples de « hantise de vivants » ; et à ce point de vue il présente une grande importance, car il manque à l'agent télépathique toute orientation consciente vers la maison hantée par son propre fantôme ; il pourrait donc jusqu'à un certain point appuyer la thèse de Podmore, selon laquelle tous les phénomènes de hantise tirent leur origine de la pensée des vivants qui restent inconscients de ce qu'ils font aux dépens d'autrui. Je dis : jusqu'à un certain point, pour beaucoup de raisons, dont la principale est celle-ci : que les deux cas qui précèdent renferment un facteur décisif pour la solution de la question, ce facteur consistant dans l'identification des fantômes hanteurs en des personnes vivantes. En effet, si l'on en déduisait que les personnes impliquées étaient les agents télépathiques générateurs des phénomènes, alors, chaque fois que l'on identifierait des *personnes défuntes* dans les fantômes visualisés, il faudrait établir le même rapport entre les deux faits, en reconnaissant dans les personnes défuntes des agents télépathiques générateurs du phénomène ; et bien que ce critérium de preuves comporte certaines exceptions – comme nous le verrons par la suite – il conserve une valeur de règle indiscutable.

CAS F. – Jusqu'à présent nous avons cité des exemples où l'agent est vivant et sain ; nous ferons un pas en avant et nous en verrons d'autres où l'action télépathique coïncide avec la mort de l'agent ; on peut donc se demander si les phénomènes doivent être attribués à l' « âme » d'un vivant, ou bien à l' « esprit » d'un défunt.

J'extrais le cas suivant des *Phantasms of the Living* (édition française, p. 299). F. W. Myers, qui l'étudia, déclare : « Ce récit est dû à un homme fort honorable que nous désignerons par les initiales A. Z... Il nous a donné les noms véritables de toutes les personnes dont il est question dans son récit, mais il désire qu'ils ne soient pas publiés en raison du caractère douloureux des faits qui y sont rapportés. »

M. A. Z... écrit à la date de mai 1885 :

En 1876, je demeurais dans une ·petite paroisse agricole de l'est de l'Angleterre. J'avais pour voisin un jeune homme, S. B..., qui possédait depuis peu une des grandes fermes du pays. Pendant qu'on arrangeait sa maison, il habitait avec son domestique à l'autre bout du village. Son logement était fort éloigné de ma maison ; il en était distant d'un demi-mille au moins, et s'en trouvait séparé par beaucoup de maisons et de jardins, par une plantation et des bâtiments de ferme... Ce n'était pas pour moi un ami personnel, mais une simple relation ; je ne m'intéressais à lui que comme à l'un des grands propriétaires du pays. Par politesse, je l'avais invité à venir me voir, mais, autant que je m'en souviens, je ne suis jamais allé chez lui.

Un après-midi du mois de mars 1816, comme je quittais la gare avec ma femme pour rentrer chez moi, S. B... nous aborda. Il nous accompagna jusqu'à la porte d'entrée ; il resta encore quelques instants à causer avec nous, mais il n'y eut rien de particulier dans cette conversation. Une demi-heure plus tard environ, je le rencontrai de nouveau et, comme je voulais jeter un coup d'œil sur un travail que l'on faisait tout au bout du domaine, je lui demandai de faire la route avec moi. Sa conversation n'eut rien de particulier ce jour-là ; toutefois il semblait être un peu ennuyé par le mauvais temps et le bas prix des produits agricoles. Je me rappelle qu'il me demanda des cordages en fil de fer pour faire un treillage dans sa ferme et que je lui promis de lui en donner. Au retour de notre promenade et à l'entrée du village, je m'arrêtai au chemin de traverse pour lui dire bonsoir : le chemin qui conduisait chez lui tombait à angle droit sur le mien. Et à ma grande surprise, je l'entendis dire : « Venez fumer un cigare chez moi ce soir. » – Je lui répondis : « Ce n'est guère possible, je suis engagé ce soir. » – « Venez donc ! » me dit-il. – « Non, lui répliquais-je, je viendrai un autre soir. » Sur ce mot nous nous séparâmes.

Nous étions peut-être à 40 yards l'un de l'autre, lorsqu'il se retourna vers moi, et me cria : « Alors, puisque vous ne viendrez pas, bonsoir. » Ce fut la dernière fois que je le vis vivant.

Je passai la soirée à écrire dans ma salle à manger. Je puis dire que pendant quelques heures, il est fort probable que la pensée du jeune B... ne me vint point à l'esprit. La nuit était brillante et claire et la lune était pleine ou peu s'en fallait ; il ne faisait pas de vent. Depuis que j'étais rentré il avait un peu neigé, tout juste assez pour blanchir la terre.

A 10 heures moins 5 environ, je me levai et je quittai la chambre ; je pris une lampe sur la table du vestibule et je la mis sur un guéridon, placé dans l'embrasure de la fenêtre de la salle à déjeuner. Les rideaux des fenêtres n'étaient pas fermés. Je venais de prendre dans la bibliothèque un volume de l'ouvrage de Macgillivray, sur « les Oiseaux d'Angleterre », pour y chercher un renseignement. J'étais en train de lire le passage, le livre approché tout près de la lampe et mon épaule appuyée contre le volet ; dans une position où je pouvais entendre le moindre bruit du dehors. Tout à coup j'entendis distinctement qu'on avait ouvert la grande porte de devant et qu'on l'avait refermée en la faisant claquer. Puis j'entendis des pas précipités qui s'avançaient sur le chemin. Les pas étaient d'abord fort distincts et très sonores, mais, quand ils arrivèrent en face de la fenêtre, la pelouse qui était au-dessous de la fenêtre en amortit le son, et au même moment, j'eus la conscience que quelque chose se tenait tout près de moi, en dehors, séparé seulement de moi par la mince jalousie et le carreau de verre. Je pus entendre la respiration courte, haletante, pénible du messager, ou de quoi que ce fût, qui s'efforçait de reprendre haleine avant de parler. Avait-il été attiré par la lumière qui filtrait à travers les volets ? Mais subitement, pareil à un coup de canon, retentit en dedans, en dehors, partout, le plus épouvantable cri, un gémissement, une plainte prolongée d'horreur qui glaça le sang dans mes veines. Ce ne fut pas un seul cri, mais un cri prolongé, qui commença sur une note très élevée, puis qui s'abaissa et qui allait s'égrenant s'éparpillant en gémissements vers le nord ; il devenait de plus en plus faible comme s'il s'évanouissait dans les sanglots et les affres d'une horrible agonie. Impossible de décrire mon épouvante et mon horreur, augmentées dix fois lorsque je retournai dans la salle à manger et que j'y trouvai ma femme, tranquillement assise à son travail, près de la fenêtre, située sur la même ligne que celle de la salle à déjeuner et qui était éloignée seulement de 10 à 12 pieds. *Elle n'avait rien entendu.* Je vis cela du premier coup d'œil ; d'après la position où je la trouvai assise, je pouvais conclure qu'elle aurait dû entendre le moindre bruit qui se serait produit au dehors, et surtout le bruit des pas sur le sable. S'apercevant que quelque chose m'avait alarmé, elle me demanda : « Qu'y a-t-il ? » — « Il y a sûrement quelqu'un dehors », lui dis-je. — « Alors pourquoi ne sortez-vous pas pour aller voir ? Vous le faites toujours quand vous entendez quelque bruit extraordinaire. » — Je dis : « Il y a quelque chose de si étrange et de si terrible dans ce bruit, que je n'ose pas le braver. Ce doit être la *banshee* qui a crié. »

Le jeune S. B..., après avoir pris congé de moi, était rentré chez lui. Il avait passé la plus grande partie de la soirée sur le sofa, lisant un roman de Whyte Melville. Il avait vu son domestique à 9 heures et lui avait donné des ordres pour le lendemain. Le domestique et sa femme, qui habitaient seuls la maison avec S. B... allèrent se coucher. A l'enquête, le domestique déclara qu'au moment où il allait s'endormir, il avait été brusquement réveillé par un cri. Il courut dans la chambre de son maître qu'il trouva expirant sur le sol. On constata que le jeune B... s'était déshabillé en haut, et qu'il était descendu dans son salon vêtu seulement de sa chemise de nuit et de son pantalon — il s'était versé un demi-verre d'eau, dans lequel il avait vidé un flacon d'acide prussique (il se l'était procuré le matin sous prétexte d'empoisonner un chien ; en réalité il n'avait pas de chien). Il était remonté et, après être rentré dans sa chambre, il avait vidé le verre en poussant un cri : il s'était abattu mort par terre. Tout cela s'était passé, autant du moins que je puis le savoir, exactement au même moment où j'avais été si effrayé chez moi. Il est tout à fait impossible qu'aucun bruit, sauf peut-être celui d'un coup de canon, pût arriver à mon oreille, de la maison de B.... Forcé de partir par le premier train, j'étais sorti le lendemain matin de bonne heure, et, examinant le terrain au-dessous de la fenêtre, je ne trouvai aucune trace de pas sur le sable ou sur le gazon : le sol était encore couvert de la légère couche de neige tombée le soir précédent... Je n'appris les détails de la tragédie que dans l'après-midi du lendemain... On disait que le motif du suicide était un chagrin d'amour.

(la femme du relateur, Mme A. Z..., écrit en confirmant ce qui précède.)

Le fait de *l'électivité* des manifestations, renfermé dans ce cas, est très commun dans les phénomènes de hantise ; et quoi qu'il paraisse invraisemblable qu'une personne saine et normale doive percevoir toute une succession de sons exprimant le développement d'une action précise, tandis que d'autres n'entendent rien, il faut se rendre à l'évidence. Le phénomène de l'électivité, lorsqu'il est télépathique, est instructif parce que l'on peut en retrouver l'origine et démontrer ainsi que les hallucinations sensorielles, même lorsqu'elles ne sont pas partagées par les présents, peuvent appartenir à la classe des hallucinations *véridiques* causées à distance par la pensée d'un vivant, aucune différence n'existant à ce propos entre les manifestations *collectives* et *électives.* Il ne reste donc qu'à appliquer ce critérium aux manifestations de hantise d'ordre *électif,* en les unifiant à leur tour avec celles d'ordre *collectif,* pour ce qui concerne leur nature possible d'hallucinations *véridiques* causées à distance par la pensée d'un *défunt.*

Ceci posé, combien d'autres mystères restent à résoudre ! Par exemple, on ne saurait expliquer comment la pensée d'un agent télépathique doit parfois s'exprimer sous la forme *rationnelle* d'apparition de son fantôme, et d'autres fois sous la forme *irrationnelle* d'une action auditive où un message de mort est télépathiquement réalisé par des bruits hallucinatoires qui, successivement, simulent le claquement d'une porte ouverte et refermée, l'écho de pas précipités, le halètement d'une personne et le son de cris désespérés. Tout ceci semble extraordinaire, mais les faits sont les faits ; et à notre point de vue ces formes apparemment absurdes de messages télépathiques ont pour conséquence de rendre moins absurdes (et par conséquent plus facilement acceptables) les manifestations de hantise, où les illogismes de cette nature représentent la règle.

Quant à expliquer les causes de ces illogismes, l'entreprise est ardue et prématurée. Je dirai seulement que d'après ce qu'on observe dans la genèse des hallucinations pathologiques et dans la psycho-analyse des rêves, on peut déduire que la forme apparemment capricieuse sous laquelle se manifestent les hallucinations télépathiques et de hantise, représentent la voie « de moindre résistance » pour la transmission du message supranormal de la subconscience à la conscience ; message qui, dans la plupart du temps, se manifeste sous forme symbolique, quelquefois spontanée et appropriée, mais plus souvent laborieuse et tronquée. Il s'ensuivrait que les formes revêtues par les manifestations en question dépendraient des idiosyncrasies spéciales aux mentalités de l'agent et du percipient combinées.

CAS G. – Je l'extrais de l'étude de Myers sur les phénomènes télépathiques publiée dans le vol. I, p. 187, du *Journal of the S. P. R.*

La fille d'un ministre de l'église anglicane, en parlant de la paroisse de B..., dont son père était recteur, écrit à Myers en ces termes :

Mon père n'était pas le bénéficiaire de la paroisse, mais uniquement le recteur en charge. Le recteur bénéficiaire était un richissime gentilhomme d'antique lignée, qui résidait dans ses propres terres ; et bien qu'il perçût annuellement une rente paroissiale de presque 1200 livres sterling, il avait entièrement confié à mon père l'exécution de toute tâche religieuse, se contentant de venir quelquefois le trouver en ami. Durant une de ses visites, où il s'était fait accompagner par sa femme... celle-ci confia à ma mère : « Il existe une légende que vous aurez peut-être l'occasion de vérifier, bien que je souhaite que ce jour soit bien éloigné ; c'est que, selon une ancienne tradition, dès qu'un recteur de la paroisse de B... vient à mourir, on entend dans cette maison un bruit étrange et incompréhensible, localisé sur le palier de l'escalier central ; ce bruit a été comparé à celui d'un fouet de charretier claquant violemment sur un gros tube métallique ». Cette similitude peu romantique suscita en nous plus d'amusement que de crédulité, et l'anecdote fut vite oubliée.

Bien des mois après, un automne, vers neuf heures du soir, s'éleva tout à coup un bruit qui fit tressaillir ma mère : il semblait qu'un violent coup de fouet eût été frappé, sur un gros tube métallique. Le bruit provenait du palier de l'escalier central. Ma mère ne vit personne et ne sut s'expliquer l'étrange phénomène. Deux jours plus tard arriva la nouvelle de la mort inopinée du recteur ; et le jour et l'heure de l'événement coïncidaient avec le préavis supranormal advenu dans notre maison. Le recteur avait été victime d'une attaque d'apoplexie alors qu'il se trouvait en visite à plus de cinquante milles de la paroisse, et une demi-heure après il était mort. Jusqu'au moment de la crise, il ne s'était jamais plaint de malaises d'aucune sorte.

Dans l'article d'où j'ai extrait ce cas, Myers en énumère d'autres du même genre, dans l'un desquels une mère est avertie de la mort de son fils par un bruit semblable au claquement d'un fouet sur la porte de sa chambre à coucher ; dans un second, la mort est annoncée avec un bruit de vaisselle brisée en morceaux ; dans un troisième, avec un bruit de carreaux qui se brisent, bruit qui se trouve en rapport avec une mort par noyade ; tandis que dans un autre cas de mort par noyade, se fait entendre un bruit symboliquement approprié : celui d'une chute dans l'eau ; toutes modalités d'extrinsécation télépathique sur lesquelles j'appelle l'attention des lecteurs, parce qu'elles sont analogues aux manifestations auditives propres aux cas de hantise.

Le dernier incident duquel je parle (bruit d'une chute dans l'eau en rapport avec une mort par noyade) peut servir comme exemple de « symbolisme télépathique », où les manifestations sont plus ou moins suggestives et représentatives de l'événement de mort ; ce qui dénoterait de la part de l'agent un meilleur contrôle des facultés subconscientes du percipient. Toutefois, dans la grande majorité des cas, les manifestations qui se produisent n'ont que la valeur d'*annonces* ou d'*appels* ; c'est-à-dire que l'entité télépathisante, n'ayant pas le moyen de s'exprimer comme elle le veut, s'exprime comme elle peut, afin d'attirer de façon quelconque l'attention des personnes présentes.

CAS H. – J'ai déjà eu l'occasion de faire remarquer que dans les phénomènes de « hantise proprement dite », qui sont d'ordre essentiellement subjectif, on constate des manifestations épisodiques d'ordre objectif ou physique, identiques à celles des cas de « poltergeist », manifestations qui s'expliqueraient par la présence dans les lieux hantés d'une personne douée de facultés médiumniques, ou par la transmission à distance d'énergie médiumnique prise à un sensitif vivant dans le voisinage, ou avec « influences locales ».

Dans le but de rendre plus complet le parallèle entre les phénomènes de « hantise proprement dite » et ceux de la « télépathie entre vivants », je rapporterai maintenant un exemple télépathique avec manifestation épisodique de nature physique, en rappelant que j'ai déjà cité un incident du même genre dans le cas A, où il s'agissait du tintement spontané d'une sonnette.

Je choisis l'exemple suivant dans le groupe de plusieurs autres analogues cités par Camille Flammarion dans l'ouvrage *L'inconnu.* Le peintre suisse Édouard Paris écrit :

> Il y a un an et demi environ, mon père, une cousine en séjour chez nous et ma sœur causaient dans la salle à manger. Ces trois personnes étaient seules dans l'appartement, quand tout à coup elles entendirent jouer du piano au salon. Très intriguée, ma sœur prend la lampe, va au salon et voit parfaitement quelques notes se baisser toutes ensemble, faire entendre des sons, et se relever.
>
> Elle revient et raconte ce qu'elle a vu. On rit, au premier moment, de son histoire, en voyant une souris au bout de l'affaire, mais comme la personne est douée d'une vue excellente et qu'elle n'est pas superstitieuse le moins du monde, on trouva la chose étrange.
>
> Or, huit jours après, une lettre venant de New-York nous apprenait la mort d'un vieil oncle qui habite cette ville. Mais chose plus extraordinaire, trois jours après l'arrivée de cette lettre, le piano se remettait à jouer. Comme la première fois, une annonce de mort nous arrivait huit jours après, celle de ma tante, cette fois.
>
> Mon oncle et ma tante formaient un couple parfaitement uni ; ils avaient gardé un très grand attachement à leurs parents et à leur Jura, leur lieu d'origine.
>
> Jamais le piano ne s'est fait entendre de lui-même, depuis lors.
>
> Les témoins de cette scène vous certifieront la chose quand vous le voudrez — nous habitons à la campagne dans les environs de Neuchâtel, et je vous assure bien qu'ici nous ne sommes pas des névrosés. (Signé : Edouard Paris, artiste peintre.)

Les considérations précédentes peuvent également s'appliquer à ce cas, à propos de l'apparence absurde du mode d'extrinsécation du message relativement à la pensée probable de l'agent télépathique ; car en somme, un piano qui joue spontanément, ne symbolise pas une mort. De même, à propos de l'empiétement de manifestations *objectives* sur celles *subjectives,* il est plus probable que jamais que les modes d'extrinsécation des manifestations télépathiques et de hantise ne représentent que la « voie de moindre résistance » parcourue par le message supranormal pour arriver à destination. Dans ce cas particulier, on pourrait conclure que le message a trouvé moins de difficultés à se manifester *objectivement,* qu'il n'en aurait trouvé à se dérouler *subjectivement.*

CAS I. – Nous ferons maintenant un autre pas en avant dans notre énumération ascendante *des cas télépathiques avec phénomènes analogues à ceux de hantise.* Après les cas où l'agent est vivant et sain ; après ceux où l'action télépathique coïncide, avec la mort de l'agent, nous citerons des exemples de *transition,* où les manifestations télépathiques coïncidant avec la mort de l'agent, se répètent aussi *après sa mort,* et persistent pour une période de temps plus ou moins longue. La grande importance théorique de ce côté de la question n'échappera à personne, car il fait passer, sans solution de continuité, de la « télépathie entre vivants » à la « télépathie entre défunts et vivants », des manifestations télépathiques à celles de hantise, faisant surgir ainsi, d'une façon incontestable, leur identité d'origine.

J'extrais le cas suivant de l'ouvrage de F. W. Myers, *Human Personality,* etc. (vol. II, p. 473). Il fut communiqué à la *Society for P. R.* par le Dr Kingston, et le relateur, Mr. F. Hodgson, est personnellement connu du précédent. La relation est fort longue, et je me bornerai à en citer les passages essentiels.

Mr. F. Hodgson écrit :

> Le soir du samedi 14 juin 1890, Sofia Alida Kamp, veuve, résidant à Wymberg (Wolff Street), sa fille Alida Sofia, et Miss Catherine Mahoney, qui habitait la même maison, se mirent au lit vers 11 heures, et de ce moment jusqu'à l'aube ne parvinrent pas à s'endormir à cause de bruits étranges et mystérieux qu'elles entendaient et dont elles ne savaient s'expliquer la cause, bien qu'elles fissent des recherches jusqu'aux coins les plus reculés de la maison.
>
> Le lendemain matin, elles me racontèrent leurs impressions : elles avaient entendu des bruits de sièges traînés pesamment dans leurs chambres, des fracas de caisses vides traînées de long en large dans la mansarde supérieure, qui ne renferme rien qui puisse même de loin expliquer les faits... A leur requête, je consentis à dormir dans la maison la nuit suivante (Dimanche 15 juin).

Ici le relateur rapporte qu'avant de se coucher, l'idée lui vint tout à coup d'improviser une « séance médiumnique » dans sa chambre, séance à laquelle prirent part les dames en question.

Lorsqu'ils se furent assis autour de la table, ils obtinrent typtologiquement le nom de *Lewis,* et peu après les paroles : « C'est un avertissement » ; la séance prit fin. Le relateur poursuit :

Tout de suite après, nous nous couchâmes, et je gardai la bougie allumée jusqu'après minuit, ayant un roman intéressant à lire. Puis j'éteignis la bougie, et après quelques minutes je m'endormis. Vers deux heures du matin, je fus réveillé par le bruit d'une chaise traînée lourdement autour de la chambre où je dormais ; à ce bruit succéda un autre de corps pesant traîné autour de la mansarde ; et le fracas était tel qu'il aurait réveillé n'importe qui. En effet, j'entendis la voix de Mlle Kamp qui de sa chambre me parlait, demandant : « Entendez donc ce bruit ! Qu'arrive-t-il ? » En attendant, tout près de moi je perçus la chute d'un objet qui me parut la boîte d'allumettes. Il était temps de se lever pour commencer les recherches, et je descendis du lit en cherchant à tâtons la boîte d'allumettes que j'avais posée sur le chandelier, mais sans la trouver. J'en avais une seconde dans le gousset de mon gilet, et je pus ainsi allumer la bougie ; je vis alors que l'autre boîte se trouvait à terre à deux pieds du chandelier...

Ici commence la partie plus la étrange de cette affaire. Jusqu'à ce moment, aucun de nous ne pouvait imaginer pour quels motifs un individu nommé Lewis devait troubler notre sommeil ; d'autant plus que personne d'entre nous n'avait jamais été en rapport d'amitié avec des gens portant ce nom... Le matin du lundi 16 juin, j'ouvris mon journal habituel *The Cape Times,* et, entre autres nouvelles, je lus que le soir du 14, à 8 h. 15, *un inconnu* avait été tué par un train en marche, dans les environs de Woodstock. Evidemment il ne vint à l'esprit d'aucun de nous que le fait des bruits mystérieux fût rattaché à cet accident, car il n'y avait entre eux aucune apparente relation.

Dans le numéro de mardi du même journal parut le procès-verbal de l'enquête exécutée à ce sujet, et l'on apprit que la victime demeurait encore inconnue. Le soir du même jour, j'étais assis dans le magasin des Kamp, lorsqu'arriva une femme nègre laquelle, au cours de sa conversation avec Mrs Kamp, demanda : « Avez-vous entendu parler de l'homme qui a été tué par un train en course samedi soir ? » – « Oui, répondit Mrs Kamp, mais on ne sait pas qui il est. » – « Je le connaissais, répliqua la négresse, il habitait chez ma sœur et se nommait Jim Lewis. » En entendant ce nom, nous considérâmes tous que nous avions trouvé la bonne voie pour résoudre le mystère des bruits perturbateurs, qui nous semblaient en relation avec l'accident en question. Et voici les raisons de notre croyance :

1° Un homme avait été tué à 5h 15 du soir, le 14 juin. 2° Mr Kamp avait fermé son magasin à 10 heures ; elle s'était couchée à 11 heures, et, de ce moment avaient commencé les bruits. 3° Personne de nous ne connaissait l'accident jusqu'au jour où nous l'apprîmes par les journaux, c'est-à-dire le matin du 16. 4° Avant la nuit du 14, jamais ne s'étaient produits des bruits nocturnes dans la maison de Mrs Kamp. 5° L'esprit perturbateur, le soir du 15, avait donné le nom de Lewis.

Le soir du mardi 17 juin, nous tînmes une autre séance... et le nom de Lewis fut de nouveau dicté, avec ce message : « Je ne peux pas être en paix parce qu'on ne parvient pas à identifier mon cadavre. » A nos questions, il affirma être « l'esprit de l'homme tué par le train en marche et porter le nom de Lewis ».

(Nous soussignés, ayant lu la relation ci-dessus, la déclarons parfaitement conforme à la vérité. – Signés : Frédéric Hodgson ; Sophia Alida Kamp ; Alida Sophia Kamp ; Kate Mahoney, C. F. Kamp ; J. S. Kamp.)

Comme. nous l'avons déjà dit, il faut relever dans ce cas le côté théoriquement important de son commencement sous une forme d'exemple de télépathie ordinaire, suivi de sa transformation en exemple aussi ordinaire « de hantise proprement dite », ce qui sert à démontrer la genèse unique des deux catégories de phénomènes.

En outre, on observe dans ce cas de transition une circonstance déjà notée dans un autre cas de « hantise proprement dite » (VI) : celle d'un défunt qui se manifeste dans un milieu et une famille qui lui sont complètement étrangers ; et cela en opposition avec la règle constante des cas de hantise, où le défunt semble lié par des rapports affectifs ou passionnels aux lieux hantés.

Nous rappellerons ici que si cette règle est vraie pour la grande majorité des cas, en ce sens que la pensée d'un défunt ne peut qu'être dirigée vers les êtres aimés et les endroits où il vécut, et, par conséquent, ne peut que se manifester dans les endroits et les personnes qu'il connaît ; cela n'empêche pas qu'il peut y avoir des circonstances où la pensée d'un défunt se trouve orientée vers des localités ou des personnes étrangères à ses sentiments affectifs, déterminant ainsi des variantes dans les modes de production des phénomènes télépathiques et de hantise.

Il s'ensuit que pour expliquer le cas précédent il faudrait présumer que le défunt Lewis, désireux de voir son cadavre identifié, ait tenté de communiquer avec les personnes préposées aux funèbres taches ; et n'y parvenant pas, il aurait cherché ailleurs, et trouvé dans la famille Kamp les sensitifs susceptibles d'être influencés télépathiquement de façon à lui permettre d'atteindre son but.

Je note encore le phénomène physique de la boîte d'allumettes projetée à distance, phénomène advenu vingt-quatre heures après la mort de l'agent supposé, et plus efficace que jamais à affermir le parallélisme entre les phénomènes de télépathie et ceux de hantise, voire pour ce qui regarde l'empiétement des phénomènes objectifs sur ceux subjectifs.

CAS J. – L'écrivain Charles Sainte-Foix, le traducteur des œuvres de Gorres, raconte le fait personnel suivant, que j'extrais du livre de D'Assier, *L'Humanité posthume* (p. 22).

Le fait suivant s'est passé dans la maison même de mon père, vers l'an 1812 : Un soir, vers dix heures, ma mère fut réveillée par un bruit inaccoutumé dans la cuisine, séparée par la salle à manger de la chambre où elle dormait avec mon père. Elle le réveilla en lui faisant part de ses inquiétudes, et le pria d'aller voir si la porte qui donnait dans la cour avait été bien fermée, car elle croyait que c'était le chien qui était entré et avait causé tout ce bruit. Mon père, certain d'avoir fermé la porte le soir, attribua à un rêve ou à une illusion les impressions de ma mère, et l'engagea à se rendormir, comme il le fit lui-même. Mais au bout de quelques minutes, ma mère entendit de nouveaux bruits et réveilla une seconde fois mon père. Elle ne put cependant parvenir à le convaincre ; et, ne voulant croire qu'à soi, il se mit sur son séant pour ne pas s'endormir, attendant que le bruit recommençât. Il n'attendit pas longtemps, et finit par croire que sa mémoire l'avait mal servi, qu'il avait effectivement oublié de fermer en dedans la porte de la cuisine, que le chien de garde y était entré et frappait les uns contre les autres les pots, les plats, les casseroles et tous les autres ustensiles de ménage ; car c'était un bruit de cette sorte que l'on entendait.

Il se leva donc, prit une lumière, visita la cuisine, y trouva tout en ordre et la porte fermée, de sorte qu'il finit par croire qu'il avait été trompé par ses sens et qu'il n'était peut-être pas éveillé lorsqu'il avait cru entendre le bruit. Il se remit au lit, laissant toutefois sa bougie allumée pour voir si le bruit recommencerait. A peine était-il couché qu'un tapage bien plus considérable encore se fit entendre. Certain que ce ne pouvait être dans la cuisine, il visita toutes les autres chambres de la maison, depuis la cave jusqu'au grenier. Le vacarme continuait toujours, mais rien ne paraissait. Il réveilla les domestiques, qui dormaient dans un autre corps du logis, visita de nouveau avec eux toute la maison, entendant toujours, mais ne voyant rien. Le bruit avait changé de place et de nature ; il avait passé dans la salle à manger, où il semblait que des pierres de vingt à trente livres tombassent de huit ou dix pieds de haut sur un meuble appuyé contre le mur. Après huit ou dix coups de cette sorte, un dernier coup beaucoup plus fort que les autres annonçait une pause ; puis, aussitôt après, il semblait qu'une main vigoureuse remuât une barre de fer entre des pavés. Plusieurs voisins, réveillés par le bruit, vinrent à la maison pour savoir ce que cela voulait dire et aidèrent mon père à faire de nouvelles recherches, car il croyait si peu aux revenants que l'idée même ne lui en était pas venue à l'esprit, et toute sa crainte était que ce ne fussent des voleurs. Il se disait, d'un autre côté, que les voleurs avaient tout intérêt à se cacher, et qu'il était bien peu habile de leur part de manifester leur présence d'une manière aussi bruyante. Il pensa donc que ce pouvaient être des rats. Mais comment des rats pouvaient-ils faire un tel vacarme et des bruits si divers ? Tout cela le jetait dans de grandes incertitudes, et il ne savait à quoi s'arrêter. Vers trois heures du matin, il congédia ses voisins et ses domestiques, en les invitant à se remettre au lit, certain que ce ne pouvaient être des voleurs, et c'était là pour lui le point capital. Le bruit avait duré quatre heures environ et avait été entendu par sept ou huit personnes. Il cessa vers quatre heures du matin.

Vers sept heures, un exprès vint annoncer à mon père qu'un de ses parents, nommé F..., était mort dans la nuit, entre dix et onze heures, et que, près de mourir, il avait exprimé de nouveau le désir que mon père se chargeât de la tutelle des enfants qu'il laissait après lui. Il avait, en effet, manifesté bien souvent ce désir à mon père dans le courant de sa maladie, sans pouvoir jamais vaincre sa résistance. En vain mon père lui avait opposé la multiplicité de ses affaires et des soins dont elles étaient pour lui la cause. En vain lui avait-on désigné d'autres personnes mieux en état que lui de se charger de la mission qu'il voulait lui confier, il n'avait pu, malgré toutes les raisons, le détourner de cette idée qu'il avait emportée avec lui dans l'autre vie.

La coïncidence de cette mort avec le bruit qui s'était fait entendre pendant la nuit frappa ma mère, et lui fit penser qu'elle n'était pas seulement l'effet du hasard. Elle insista donc auprès de mon père pour l'engager à accepter la tutelle des enfants du défunt. Mon père, ne partageant pas ses craintes, opposa toujours la même résistance. Cependant, pour la tranquilliser, et croyant par là ne s'engager à rien, il lui promit que si le bruit recommençait, il accepterait la charge qu'on voulait lui imposer. Croyant toujours que ce bruit provenait de quelques hommes qui lui en voulaient ou qui avaient l'intention de se jouer de lui, il résolut de prendre toutes ses précautions pour découvrir leurs artifices. Il fit donc coucher dans sa chambre deux hommes très forts et qui passaient pour très courageux, et il attendit patiemment dans son lit. A minuit, le bruit recommença, mais bien plus fort et bien plus terrible que la veille. Mon père se lève, et dit aux deux hommes qui couchaient dans sa chambre de se lever aussi et de l'aider à visiter tous les coins de la maison ; mais ils étaient saisis d'une telle frayeur que rien ne put les décider à sortir de leur lit, et qu'une sueur froide coulait de tout leur corps. Mon père parcourut donc seul avec ses domestiques toute la maison sans rien découvrir. Le bruit dura très peu, mais fut beaucoup plus violent que la première fois. Mon père, de retour dans sa chambre, céda aux instances de ma mère, plutôt pour lui faire plaisir que parce qu'il croyait que ces bruits venaient d'une cause extra-naturelle ; et l'on n'entendit plus rien dans la maison.

Trois ou quatre témoins de ces faits vivent encore et peuvent en attester la vérité. Je l'ai entendu raconter bien souvent par mon père, qui jamais cependant n'a pensé qu'il eût rien de surnaturel. Une chose cependant l'avait frappé et lui avait donné quelques craintes. La première nuit, au moment où le bruit était le plus fort, il avait appelé son chien en lui criant : « A moi ! » Ce chien était énorme, très fort, très méchant, et ce cri de mon père suffisait ordinairement pour le faire bondir et hurler. Mais cette fois, au lieu de sauter comme d'habitude, il se traîna en rampant jusqu'aux pieds de mon père, comme saisi d'épouvante. Cette circonstance fit sur mon père une impression très vive, et déconcerta sa pensée sans changer néanmoins sa conviction.

Ici encore nous nous trouvons devant un épisode typique de « hantise proprement dite », qui ne diffère en rien des autres, qui devrait être classé comme tel, et qui néanmoins, avant de devenir « de hantise » était « télépathique » ; c'est-à-dire que la pensée de l'agent avait provoqué des manifestations télépathiques lorsque cet agent était encore en vie, pour les reproduire après sa mort, comme suite d'un vif désir non satisfait. Avec ces exemples de *transition,* nous assistons à la métamorphose, sans solution de continuité, des phénomènes télépathiques en phénomènes de hantise. Que pourrait-on prétendre de plus pour prouver leur commune origine ?

Il ne sera pas inutile de rappeler ici que s'il est vrai que les manières vulgaires et absurdes dont se manifestent parfois les phénomènes télépathiques et ceux de hantise, ne représentent que la « voie de moindre résistance » parcourue par l'impulsion télépathique afin d'émerger de la subconscience dans la conscience du percipient, on peut dire aussi que si « l'esprit désincarné » du parent de Sainte-Foix ne trouva rien de mieux que de reproduire le bruit de marmites et de casseroles heurtées l'une contre l'autre, comme l'esprit de Lewis ne sut attirer l'attention autrement qu'en imitant le bruit de chaises traînées en rond, tout cela signifie que les idiosyncrasies spéciales des deux agents, combinées avec celle des percipients, ne permettaient pas d'autres modes d'extrinsécation télépathique. Nous avons déjà fait observer qu'il faudrait dire en ce cas que les agents spirituels se manifestent comme ils peuvent et non comme ils veulent ; ou, en d'autres termes, que, comme il leur est impossible de communiquer directement avec les vivants, ils tentent d'atteindre indirectement leur but, en se servant des moyens dont ils disposent.

CAS K. – Je terminerai la présente énumération par un cas qui n'est plus télépathique, et qui néanmoins semble la suite nécessaire de ceux de « transition » que nous avons vus : dans ces derniers, les manifestations télépathicohanteuses, après avoir coïncidé avec la mort de l'agent, se poursuivent aussi après sa mort, tandis que dans celui que nous allons lire, on ne trouve pas les manifestations coïncidant avec la mort de l'agent et l'on ne constate que celles post-mortem. Nous sommes donc parvenus dans le champ des manifestations de défunts, mais nous y sommes parvenus sans solution de continuité, et parce que le chemin parcouru y conduisait directement.

J'extrais le cas de la revue *Filosofia della Scienza* (mai 1911, p. 65). Le directeur de la revue, le Dr Innocenzo Calderone, le fait précéder de ces mots : « Notre ami, le Dr Vincent Caltagirone, médecin praticien dans cette ville, surmontant le préjugé mal entendu qui contraint souvent les hommes de science à ne pas tenir compte de certains faits de nature supranormale pour ne pas s'exposer aux critiques trop faciles d'un prochain cultivé, a consenti à porter à la connaissance des chercheurs en métapsychie un cas véritablement singulier, extraordinaire et intéressant de manifestations répétées post-mortem, qui peut bien être rangé dans cette catégorie de phénomènes significatifs et caractéristiques qui ne trouvent d'autre explication plausible que celle spirite. » Voici le récit du Dr Caltagirone :

Palerme (Via Stabile, 92) 24 avril 1911.

Mon cher Dr Calderone,

Puisque vous pensez que le fait que je vous ai narré de vive voix peut servir de document d'étude à la science à laquelle vous portez un si louable intérêt, en voici par écrit le récit fidèle dans tous ses détails, sans aucun commentaire personnel.

Vous savez que je me maintiens positiviste, bien que je croie à la réalité de certains phénomènes médiumniques que j'ai eu l'occasion de constater personnellement, voire dans l'exercice de ma profession ; par conséquent, je le répète, aucun commentaire.

J'étais l'ami de M. Benjamin Sirchia, et aussi son médecin. M. Sirchia, fort connu à Palerme, avait été un vieux patriote, c'était donc un homme presque populaire. Il avait des qualités morales et civiques excellentes, mais c'était un incroyant dans le sens le plus étendu du mot.

Comme il venait souvent me trouver chez moi, il arriva qu'au mois de mai de l'année dernière nous parlâmes, je ne sais plus à quel propos, de phénomènes médiumniques. Je répondis à ses questions en l'assurant que par expérience personnelle j'étais certain de la réalité de certains phénomènes, et je lui parlai des différentes interprétations qu'on en donne. aussi bien pour que contre la théorie spirite ; ce fut, en cette occasion que, sur un ton de plaisanterie, il me dit : « Ecoutez, docteur, si je meurs avant vous, comme c'est probable, car je suis vieux et vous êtes jeune, fort et énergique de votre personne, je vous donne ma parole d'honneur que je viendrai vous donner une preuve de la vérité, si je survis » (nous étions alors assis dans ma salle à manger). Sur le même ton de plaisanterie, je lui répondis : « Alors vous viendrez vous manifester en cassant quelque chose dans cette chambre, par exemple la suspension au-dessus de la table ! » Et, pour faire un échange d'amabilités, j'ajoutai : « Je m'engage aussi, si je meurs avant vous, à venir vous donner quelque signe semblable dans votre maison ! »

Je le répète, ces choses étaient dites plus par plaisanterie qu'autrement, et je dirai presque pour clore la conversation ; en effet nous nous séparâmes ; et comme il m'avait prévenu qu'il devait partir un très prochain jour pour Licata dans la province de Girgenti, où il allait s'établir pour quelque temps, je pris rendez-vous avec lui pour la gare, où j'aurais été le saluer au départ ; ce qui d'ailleurs ne put avoir lieu par suite de circonstances imprévues. Depuis ce jour je n'eus plus aucune nouvelle de lui, ni directement ni indirectement. Cela arriva, comme je l'ai dit, au mois de mai de l'année dernière 1910.

En décembre dernier, je ne me rappelle pas avec précision si c'était le un ou le deux, mais certainement dans l'un de ces deux jours, à six heures environ de l'après-midi, j'étais assis à table avec ma sœur, l'unique personne avec laquelle je vis, lorsque notre attention fut attirée par plusieurs petits coups frappés tantôt sur la cloche de la lampe centrale suspendue au plafond de la salle à manger, tantôt sur le petit chapeau mobile de porcelaine situé au-dessus du tube de cristal. Au commencement, nous attribuâmes ces coups à l'effet de la chaleur de la flamme, que je tentai d'atténuer ; mais comme les coups devenaient plus forts et continuaient presque d'une façon rythmique, je grimpai sur ma chaise pour vérifier plus soigneusement le choc que je ne pus cependant m'expliquer, car je m'étais absolument assuré que le phénomène ne pouvait être attribué à une chaleur exagérée émise par la flamme qui fonctionnait à une pression très normale. Du reste, il ne s'agissait pas de petits éclats, comme ceux qui se produisent ordinairement sous l'effet d'une chaleur excessive, mais de coups secs d'un timbre spécial, comme provenant de la jointure des doigts de la main, ou de coups d'une baguette de métal avec laquelle on aurait frappé intentionnellement sur un objet de porcelaine suspendu. Je cherchai à vérifier si les coups étaient produits par quelque objet étranger... rien ; en attendant le dîner était terminé, et le phénomène cessa pour ce soir-là.

Le soir suivant, le phénomène se répéta, et ainsi pendant quatre ou cinq soirs consécutifs, suscitant toujours en moi la plus grande curiosité. Cependant, le dernier de ces soirs, un coup fort et décidé fit casser en deux le petit chapeau mobile, qui resta attaché entier à l'agrafe du contrepoids métallique. C'est ce que je vérifiai en montant debout sur la table pour vérifier *de visu* l'effet du dernier coup. Je me rappelle même avec précision, et ma sœur également, que bien que nous eussions éteint la lumière du centre où était situé le phénomène, et que nous eussions allumé pour le remplacer un autre bras du gaz, fixé latéralement à la grosse lampe, les coups à l'endroit primitif continuèrent toujours à résonner avec la même intensité.

Je dois loyalement déclarer et affirmer, sur ma foi de gentilhomme, qu'en tous ces cinq ou six jours d'observation de l'étrange fait dont je ne savais trouver aucune explication, je ne pensai jamais à mon ami Benjamin Sirchia, et encore moins à la conversation du mois de mai précédent, que j'avais oubliée d'une manière absolue.

Le jour qui suivit le dernier soir, durant lequel, comme je l'ai dit, le chapeau suspendu au-dessus du tube s'était fendu, et les deux parties adhérentes. étaient restées suspendues à leur place, vers huit heures du matin je me trouvais seul dans mon cabinet, ma sœur était au balcon pour observer je ne sais quoi dans la rue, la domestique était sortie, lorsque dans la salle à manger se produisit un énorme bruit, comme si un violent coup de bâton avait été donné sur la table.

Ma sœur, du balcon, l'entendit comme moi ; nous courûmes donc en même temps pour voir ce qui était arrivé.

C'est étrange à dire – mais je garantis la vérité de ce que je dis – sur la table, et *comme posée par une main humaine,* nous trouvâmes une moitié du chapeau du gaz, tandis que l'autre moitié était restée suspendue à sa place. Evidemment le coup violent que nous avions entendu était en disproportion avec ce qui était arrivé ! C'était le dernier phénomène couronnant les faits étranges qui s'étaient répétés durant cinq ou six soirs, et ce dernier s'était produit en plein jour et sans l'action de la chaleur.

Le fait de la chute de ce demi chapeau de cristal ne pouvait être advenu d'une façon perpendiculaire, parce que, devant passer par le centre de la cloche, il aurait dû rencontrer le tube de l'appareil ainsi que le manchon, qui auraient dû se briser pour laisser le passage libre au demi chapeau, ceux-ci étaient au contraire parfaitement intacts, et l'espace vide n'était pas suffisant pour le laisser passer. S'il était tombé sur la surface courbe de la cloche (abat-jour de porcelaine assez grand) ledit demi chapeau, par le coup, aurait dû se briser ou bien briser la cloche ; à défaut de cela, il aurait dû tomber en rebondissant dans un endroit distant du centre de la table, et même hors de la table, et jamais perpendiculairement à l'axe de la suspension.

Conséquences : le bruit fut un avertissement du phénomène accompli ; le morceau du chapeau placé de cette manière fut la preuve que le fait n'était pas dû à un accident, lequel aurait contredit d'ailleurs les lois de la chute des corps et les autres de la balistique.

Je dois avouer encore une fois que, même à ce moment, j'avais absolument oublié mon ami Sirchia, ses promesses, et l'accord que nous avions formulé ensemble en mai de l'année dernière.

Ce fut après deux jours, quc jc rencontrai le Pr. Rusci, médecin en cette ville ; celui-ci me dit : « Vous savez que le pauvre Benjamin Sirchia est mort ? – Quand ? demandai-je anxieusement. – Dans les derniers jours de novembre dernier, me répondit-il, entre le 27 et le 28. – Les derniers jours de novembre ? C'est étrange ! pensai-je alors. Les phénomènes de ces jours derniers seraient-ils rattachés à sa mort ?... Le premier ou le deux décembre commence et dure cinq ou six jours la tentative de casser quelque chose de la suspension de la salle à manger ; justement celle que j'avais indiquée en mai à Sirchia, et l'effort ne s'arrête que lorsque le but est atteint !... Autre chose étrange... Quand le but est atteint, presque pour le marquer, le coup formidable qui en donne l'avis : le placement voulu du demi chapeau dans un endroit où il ne pouvait tomber par hasard, et pour exclure toute possibilité naturelle du fait. »

Je constate, mon cher ami, je ne déduis pas. Je sais seulement que ma sœur et moi avons voulu conserver comme le précieux souvenir d'un phénomène inconnu les deux morceaux du chapeau parmi nos objets précieux et aimés.

Je saisis cette occasion pour vous saluer avec empressement. (Signé : Dr Vincenzo Caltagirone.)

Ce cas est très remarquable, et les modes d'extrinsécation des faits conformes à ce que le défunt aurait dû accomplir pour tenir la promesse donnée — lui confèrent une valeur de preuve d'identification spirite.

À notre point de vue, nous remarquerons que le phénomène physique advenu fait songer à ceux de « poltergeist » où sont fréquents les incidents de rupture de vaisselle et d'objets semblables.

Nous remarquerons en outre que le fait de l'intention bien évidente de l'agent de produire précisément ce phénomène pour démontrer sa propre survivance, tendrait à démontrer son intervention directe. En effet, la théorie télépathique que nous avons étendue aux défunts ne semble pas applicable au cas ; et moins encore la règle selon laquelle les modes d'extrinsécation des phénomènes télépathiques représentent la « voie de moindre résistance », parcourue par le message supranormal pour arriver à destination ; règle sur laquelle nous insistâmes avec raison, car elle se prêtait à expliquer les modes d'extrinsécation souvent enfantins et absurdes des phénomènes. Mais, cette fois, elle ne saurait s'adapter au cas, vu que les phénomènes se déroulent d'une manière *conforme à la promesse* donnée par l'entité communiquante. Encore une fois nous voyons donc ressortir des faits l'enseignement que, si en matière de manifestations de défunts il est permis et utile de formuler des règles générales, il est bon néanmoins de se garder de trop généraliser, car il faut raisonnablement s'attendre dans le champ spirite à rencontrer de fréquentes exceptions aux règles établies. Et, dans ce cas, une exception à la règle serait que la théorie télépathico-spiritique ne suffisant pas à expliquer les faits, on est porté à admettre en certaines circonstances l'intervention directe et la présence réelle de l'entité communiquante.

*
* *

J'ai terminé ainsi l'énumération des *cas de télépathie entre vivants considérés en rapport avec les phénomènes de hantise proprement dite.*

En résumant, je fais noter qu'avec cette énumération j'ai prouvé ce qui suit :

1° Que tous les modes d'extrinsécation particuliers aux phénomènes de « hantise proprement dite » se retrouvent identiques dans les phénomènes de « télépathie entre vivants » ;

2° Qu'en analysant les cas de « télépathie entre vivants » ; on arrive à découvrir la voie de transition par laquelle les phénomènes télépathiques se transforment en cas de « hantise proprement dite » ;

3° Que par là, la communauté d'origine des deux phénoménologies ressort d'une manière évidente ; et, par conséquent que les phénomènes de « hantise proprement dite » peuvent être en grande partie expliqués par la théorie « télépathico-spirite » ;

4° Que les automatismes des fantômes hanteurs trouvent une parfaite correspondance dans les automatismes des « fantômes télépathiques » ; ce qui confirme ultérieurement l'origine télépathique des premiers, et réfute l'opinion de ceux qui, du fait de l'automatisme, concluent à l'inexistence des rapports causaux entre défunts et fantômes ;

5° Que les phénomènes télépathiques nous enseignent que l'automatisme des fantômes dépend du fait que le plus souvent l'agent ignore qu'il transmet au percipient la vision de son propre fantôme ; d'où il dérive logiquement que les déambulations automatiques correspondantes des fantômes hanteurs devraient être attribuées à l'action de la pensée inconsciente des défunts qui se manifestent ;

6° Que les modes d'extrinsécation si souvent vulgaires et absurdes des deux phénoménologies, s'expliquent par le fait que le plus souvent ils ne représentent que la « voie de moindre résistance » parcourue par le message supranormal pour jaillir de la subconscience dans la conscience, ou aussi pour se dégager sous forme objective ; ce qui permettrait de dire que les manifestations de hantise n'ont qu'une valeur d'annonces ou de rappels, avec lesquels les défunts s'efforcent d'attirer l'attention des vivants ;

7° Que la théorie et les règles exposées, à l'exemple de toutes les règles et toutes les théories, ne sont pas absolues, mais relatives, et comportent de nombreuses exceptions.

*
* *

Il ne me reste qu'à rappeler ici les conclusions auxquelles un autre arriva en traitant le même sujet. Je fais allusion à l'hypothèse de Frank Podmore, selon laquelle les phénomènes de « hantise proprement dite » pourraient être réduits à des phénomènes de « télépathie entre vivants ».

Comme je l'ai déjà fait remarquer dans l'introduction, Podmore, en partant de l'hypothèse que les phénomènes en question devaient être considérés en masse comme d'origine purement subjective, entreprit de démontrer qu'ils dérivaient probablement de l'action télépathique soit de personnes habitant la maison hantée, soit de personnes qui y avaient demeuré dans le passé, ou simplement informées des faits, lesquelles, en repensant aux événements tragiques qui se sont déroulés dans cette maison, ou bien à la terreur ressentie lorsqu'elles y habitaient, étaient la cause inconsciente que leur pensée se transmettait télépathiquement aux personnes présentes dans ces lieux ; ce qui formait l'origine des phénomènes de hantise, et leur perpétuation.

Podmore exposa sa thèse par une longue étude publiée dans le volume VI des *Proceedings of the S. P. R.* ; mais elle parut si invraisemblable qu'elle ne trouva guère de partisans et tomba avec lui. Il est bon de noter que l'auteur a tenté de parvenir à son but en se limitant aux seuls exemples d'apparition des fantômes, et en dédaignant complètement les phénomènes auditifs, qui auraient pu lui fournir de bons arguments en sa faveur ; et il est plus curieux encore qu'il ait négligé les cas de « hantise de vivants », qui, bien que très rares, auraient servi sa thèse plus que tous les autres. Ce qu'il n'a pas fait, je l'ai fait moi-même dans le chapitre présent, mais j'en ai tiré des conclusions bien différentes.

Myers répondit à Podmore dans le même volume des *Proceedings*, en le confondant facilement point par point ; et de cet essai critique j'extrais et résume les suivantes argumentations en réponse à la principale affirmation de Podmore.

Celui-ci, pour soutenir sa thèse, fut implicitement conduit à supposer, ou à sous-entendre, qu'un agent télépathique a la faculté de projeter à distance le fantôme hallucinatoire d'une tierce personne avec la même facilité que son propre simulacre. A ce propos Myers observe que cette hypothèse apparaît incompatible avec ce qui résulte en effet, c'est-à-dire qu'il est démontré au contraire que les hallucinations télépathiques reproduisent le fantôme de l'agent ; qu'elles ne le reproduisent point seulement en des cas exceptionnels, et que les épisodes de cette nature sont rares, au point qu'on n'en peut citer que quelques exemples extraits à grand'peine des milliers et milliers de cas télépathiques connus. Il s'ensuit qu'il n'est ni licite ni logique de convertir en *règle* une *exception,* pour s'en servir ensuite pour expliquer des phénomènes de hantise, et nier les manifestations de défunts en général.

Myers remarque en outre que, quand même l'hypothèse de Podmore serait fondée, on ne comprendrait jamais comment cette faculté de projeter des fantômes de tiers devrait constamment se manifester sous la forme de *fantômes de défunts.* Comment donc serait-ce possible ? Ne pense-t-on pas plus fréquemment à des personnes vivantes ? Pourquoi donc des fantômes de vivants ne se manifestent-ils pas dans les maisons hantées ?

Enfin, si Podmore avait raison, il ne devrait se trouver presque aucune maison qui ne fût hantée, et la paix des pauvres mortels en serait gravement compromise. En effet, dans presque toutes les maisons quelqu'un est mort, laissant probablement sur terre quelque survivant qui se souvient de lui avec affection intense ; de même que dans toutes les maisons s'est produit quelque incident douloureux, sur lequel le premier occupant ne peut que revenir souvent par la pensée ; de sorte que les réminiscences accumulées de tous les précédents habitants d'une maison, devraient converger télépathiquement sur le dernier venu, en créant autour du malheureux un épouvantable essaim de fantômes hanteurs.

D'ailleurs, il est tout à fait inutile de s'attarder davantage à confondre une hypothèse absurde par l'extension que voulut lui donner l'auteur. Néanmoins cette question se pose à l'esprit : peut-il y avoir des cas de hantise avec fantômes de *défunts* effectivement nés dans la pensée d'un vivant ? A la rigueur nous répondrons affirmativement ; on connaît en effet quatre ou cinq exemples de transmissions télépathiques de « formes de la pensée » représentant des tierces personnes ou des animaux, mais la moisson des exemples se réduit à cela, et si l'on considère ce résultat, maigre relativement à l'immense amas du matériel télépathique recueilli, il faut bien convenir que quatre ou cinq exemples affirmatifs, devant quatre ou cinq milliers d'exemples négatifs, prouvent seulement que les premiers sont des *exceptions* si rares, qu'elles ne peuvent servir de base à des hypothèses qui assument une importance de règle. Et par contre, du moment que l'immense majorité des cas télépathiques prouve que les

apparitions fantomatiques reproduisent constamment la figure de l'agent, l
règle véritable à en tirer serait qu'il ne peut pas ne pas exister un rapport cau
sal entre la pensée des défunts et l'apparition de leurs simulacres ; règle qui s
montre scientifiquement légitime parce qu'elle est fondée sur l'analogie, tan
dis que tout concourt à prouver qu'elle est l'expression de la vérité, ce q
n'empêche pas qu'elle comporte à son tour des exceptions, comme nous l
verrons ultérieurement.

CHAPITRE 5

MONOÏDÉIMES ET PHÉNOMÈNES DE HANTISE

Les lecteurs qui, dans les chapitres précédents, ont suivi l'évolution de notre analyse comparée entre les phénomènes de hantise et ceux de télépathie, analyse d'où nous avons fait ressortir la preuve de leur commune origine, auront aussi observé qu'il n'est pas possible d'appliquer ces conclusions aux phénomènes de hantise sans revenir à l'hypothèse spirite ; et cela de façon si naturelle, qu'il en est dérivé une conséquence curieuse, et que c'est malgré moi que j'ai dû altérer l'ordre établi tout d'abord pour la discussion des hypothèses. En effet, dans l'introduction de ce livre j'avais énuméré en dernier l'hypothèse spirite, parce qu'elle devait être discutée la dernière ; or, elle a si spontanément jailli des faits, que je n'ai pu éviter de l'appliquer prématurément.

Les choses se trouvant ainsi, il ne reste qu'à en compléter la discussion, et, dans ce but, il faut toucher à un problème embarrassant qui intéresse également l'hypothèse spirite et celle télépathique, et consiste dans la recherche des causes qui prédisposent certains agents hanteurs à se manifester avec une persistance incompréhensible aussi bien pour des motifs sérieux que pour des motifs futiles ou absurdes.

Le Dr Charles du Préel fut le premier à tenir compte de ce problème, et parvint à démontrer que la genèse d'un grand nombre de manifestations d'outre-tombe devait être attribuée à un état spécial de « monoïdéisme » déterminé dans la mentalité des défunts par les conditions psychiques et émotives où la mort les saisit.

Le terme « monoïdéisme » sert à désigner une aptitude spéciale de l'esprit à contenir une seule idée, qui par conséquent envahit et domine le champ de la conscience tout entier. Un « monoïdéisme » est *actif* quand l'idée surgit spontanément chez le sujet, comme dans l'autosuggestion, dans les idées fixes et dans l'extase ; il est au contraire *passif* quand l'esprit accepte n'importe quelle idée qui lui est suggérée du dehors, comme dans la suggestion hypnotique et post-hypnotique. La condition normale de la conscience est le « polyidéisme », où règne continuellement entre les idées la lutte pour l'existence, lutte déterminant des courants inhibitoires destinés à maintenir un état de relatif équilibre dans ce tumulte ; ce qui donne la mesure de l'adaptation de l'homme à son propre milieu. Au contraire, avec le phénomène du « monoïdéisme » vient à cesser la fonction inhibitoire des idées antagonistes ; et l'idée dominante acquiert à un irrésistible degré la tendance inhérente à toutes les idées, qui est celle de se réaliser.

Il s'ensuit que l'état de « monoïdéisme » se trouve être une condition morbide de la conscience chaque fois que l'esprit en est envahi sans détermination volontaire ; si au contraire il y a détermination volontaire, le fait en lui-même de concentrer l'attention sur une seule chose confère à l'homme le maximum de la puissance intellectuelle, et celui qui y parvient mieux qu'un autre est nommé « génie ». Les « monoïdéismes » de nature morbide peuvent persister des heures, des jours et des années; et quand ils ne dépendent pas de causes psychopathiques graves, ils ont pour cause des moments d' « aïdéisme », où l'esprit demeure inactif, et par conséquent facilement réceptif; ou bien des moments d'émotion, d'extrêmes périls, de suprêmes douleurs, contingences dans lesquelles l'idée prédominante acquiert une tendance à persister, se transformant en idée obsédante.

En appliquant ces condisérations aux phénomènes de hantise, nous remarqueront qu'il n'y a pas de raison de ne pas admettre qu'un « esprit désincarné » ne soit pas sujet aux mêmes lois psychologiques qu'un « esprit incarné » ; et par conséquent, qu'il n'y auarait pas de motifs pour ne pas admettre que lorsque la conscience d'un agonisant est troublée par des émotions ou des préoccupations anxieuses, il ne puisse s'y constituer des formes de de « monoïdéismes post-mortem » analogues à celles auxquelles sont sujets les vivants ; d'où les phénomènes de hantise.

Il faudrait donc en déduire que seule une mort calme et résignée pourrait préserver les hommes des périls du « monoïdéismes » ; et par contre, qu'une agonie troublée par des sentiments de haine et de vendgeance présente le risque de transformer le mourant en « esprit hanteur ». Il y aurait néanmoins des monoïdéismes créés par des passions frivoles et des désirs futiles intervenus intempestivement pour tourmenter l'agonie du défunt ; de même qu'il y aurait des monoïdéismes déterminés par un attachement exagéré aux choses de la terre, ce qui lierait l'esprit désincarné au milieu où il vécut. Il y aurait enfin des monoïdéisme causés par des sentiments élevés et méritoires, tels que l'amour maternel, fraternel, filial, conjugal ; il ne s'agirait pourtant plus dans ce cas de manifestations de hantise, mais uniquement de visitations de défunts. A la rigueur, on pourrait donc dire que si l'on entend par « monoïdéisme » une condition plus ou moins anormale de la conscience, les cas habituels de visitations de défunts – déterminés comme ils le sont par des sentiments affectifs normaux et nobles – ne seraient alors pas des monoïdéismes à proprement parler ; de même que ne le seraient point certains phénomènes de hantise de brève durée, ou ayant pour origine des promesses faites pendant la vie.

Ainsi par exemple, parmi les épisodes rapportés, les IIIe et VIe cas, et l'épisode K du chapitre IV, ne seraient pas des monoïdéismes. En effet, dans le IIIe cas il s'agissait d'un pacte macabre conclu entre divers étudiants en médecine, pacte qui, non observé par les survivants, aurait déterminé les phénomènes de hantise. Dans le VIe cas, il s'agirait d'une mère qui, à son lit de mort, promet à son fils de lui apparaître si des événements longtemps désirés se réalisaient ; ces événements, survenus dix ans plus tard, sont immédiatement suivis de la visite de la défunte. Analogue est l'épisode K, où un ami promet à l'autre que s'il existait une existence d'outre-tombe, il s'efforcerait de le lui annoncer en provoquant un phénomène physique spécial dans sa maison ;

phénomène réalisé quelques jours après la mort de l'ami. Or, il semble évident que lorsque les précédents générateurs de phénomènes de hantise sont de cette nature, ils ne peuvent logiquement être attribués à des « monoïdéismes », étant donnée la norme des motifs déterminants.

Les autres cas de « hantise » antérieurement rapportés semblent tous plus ou moins évidemment produits par des « monoïdéismes » ; ce qui apparaît avec plus d'évidence encore dans les IVe, VIIIe et IXe cas, et dans les deux cas de transition I et J, que j'ai rapportés au chapitre IV.

Néanmoins, pour compléter le cadre des phénomènes qui nous occupent, il faut ajouter quelques cas où l'origine des monoïdéismes apparaît typiquement tragique ou frivole.

CAS XIII. – Ce premier épisode est d'ordre tragique. Je l'extrais du *Journal of the S. P. R.*. (vol. IV, p. 27). Il fut recueilli par Myers, qui le fait précéder de ces éclaircissements : « Le cas suivant me fut communiqué par deux dames que je désignerai sous le nom de Miss Mary Brown et Miss Lucy Brown. Les noms des lieux et des personnes (sauf ceux du Dr Barker et de M. Leycester) sont des pseudonymes, car les intéressés sont très soucieux de ne pas nuire à la location de la maison hantée... »

Miss Lucy Brown décrit comme il suit son expérience :

Il y a environ quatre ans, en automne 1884, ma sœur et moi nous louâmes pour un an une maison de la ville de B... Les propriétaires étaient les héritiers d'une certaine Mrs Jones, qui, après avoir acheté la maison pour l'habiter, l'avait trouvée petite, et y avait fait ajouter une grande aile. Ceci était arrivé trois ans avant notre venue. Cependant, la construction finie, elle constata que les dépenses dépassaient de beaucoup les prévisions ; et par conséquent que ses modestes moyens ne lui auraient pas permis de continuer à l'habiter. A son grand chagrin elle dut se résigner à louer la maison à une certaine Mrs Robinson, et à aller vivre dans une pension avec sa fille. Les personnes qui durant l'hiver eurent des rapports avec elle affirme qu'elle ne cessa jamais de parler du grand chagrin qu'elle éprouvait à se trouver hors de sa maison, répétant qu'elle ne pouvait pas se consoler d'avoir ajouté cette malheureuse « aile », l'immeuble.

En mars 1882, un grand incendie détruisit la maison où Mrs Jones se trouvait en pension, et la pauvre femme périt dans les flammes. Sa chambre était située au troisième étage, et au dernier moment on la vit à la fenêtre habillée de blanc, avec les bras tendus derrière sa tête, les cheveux défaits, dans une attitude désespérée ; puis elle s'était renversée en arrière, et précipitée dans les flammes. La dernière personne avec laquelle elle avait causé le soir précédent, raconte qu'elle lui avait encore parlé de sa maison, déclarant que cette pensée obsédante l'aurait poursuivie jusqu'à la tombe.

La locataire, Mrs Robinson, continua d'habiter la maison, jusqu'à l'automne, époque à laquelle nous nous y installâmes à notre tour. En causant avec moi, la dame en question m'avait dit qu'elle s'en allait parce que les domestiques la quittaient tous ; mais elle avait tu le motif de ce fait.

Le déménagement du mobilier était presque achevé quand le vins a savoir qu'une femme de chambre de Mrs Robinson s'était pendue dans la salle de bain, que depuis lors la maison était « hantée », et que c'était le motif pour lequel les domestiques se retiraient. Je sus cela par hasard, ayant ordonné à une femme de mettre en ordre la salle de bain, et m'entendant répondre qu'elle n'y serait pas entrée seule pour tout l'or du monde, et pour la décider à y entrer, je dus l'accompagner.

Nous prîmes enfin possession de la maison, et tout marcha régulièrement pour quelque temps, parce que les domestiques n'avaient pas de préjugés, et que de notre côté nous mettions tous nos soins à ce que les chambres fussent toujours bien éclairées, y compris celle « hantée ».

Au mois de janvier 1885, pendant la maladie d'une personne qui vivait avec nous et occupait la grande chambre sur le devant, ma sœur et moi nous veillions la nuit, lorsque, s'adressant apparemment à moi, elle me dit : « Mais que vas tu faire dans cette partie qui est la plus froide de la maison ? Reviens ici ». Ce disant, elle voulut me rejoindre, car elle était convaincue de m'avoir vue traverser sa chambre (qui, de même que la mienne, se trouvait dans l'aile neuve de la maison). Lorsqu'elle rejoignit la personne à laquelle elle avait adressé la parole, elle se trouva devant une dame grande et belle, vêtue de blanc, avec les cheveux dénoués, les bras tendus derrière la tête, et le visage contracté par un spasme désespéré. Ma sœur tendit le bras presque pour la soutenir, et la vit disparaître instantanément. Elle revint tout de suite me raconter le fait, et nous convînmes ensemble de n'en pas souffler mot.

Quelques jours plus tard, j'étais assise dans une chambre située dans la vieille partie de la maison, lorsque j'aperçus une femme qui tournait avec précaution autour de la porte de ma chambre ; et, supposant avoir affaire à une domestique en veine de curiosité, je marchai résolument vers elle. A mon arrivée, la femme se redressa, tendit les bras derrière la tête et disparut. Environ un mois plus tard, je me trouvais une nuit au chevet de ma sœur malade, et il m'était arrivé de la laisser seule un instant pour la préparation d'une médecine. Quand je fus de retour, elle me dit : « Pourquoi as-tu été dans mon cabinet de toilette avec cette expression désespérée sur le visage ? ». En apprenant que je n'avais jamais songé à y entrer, elle observa : « Alors j'ai vu le fantôme. »

Avant d'abandonner définitivement la maison et la ville de B..., nous aperçûmes encore deux fois le fantôme, toujours avec une attitude identique, et toujours dans l'aile neuve de la maison.

Après quoi, nous résolûmes de nous confier au Dr Barker, car on savait qu'il avait été appelé par Mrs Robinson la nuit du suicide. Le docteur parut s'intéresser grandement à notre récit, et lorsque nous l'eûmes terminé, il observa : « La femme de chambre défunte était petite, trapue et brune. Le fantôme décrit correspond au contraire exactement à l'aspect de Mrs Jones, qui était grande et belle — et l'attitude dans laquelle elle apparut était celle où on l'a vue pour la dernière fois. » Nous ne connaissions pas du tout Mrs Jones.

Suivent, dans le texte, la relation de l'autre sœur, Miss Mary Brown, et l'attestation du Dr Barker au sujet de la scrupuleuse véracité des faits narrés. Je ne rapporterai pas la relation de Miss Mary Brown parce qu'elle ne diffère pas énormément de l'autre, et n'apporterait rien de nouveau. J'ajouterai seulement que d'après l'enquête conduite par Myers, l'affirmation de Miss Lucy Brown que « le fantôme était apparu *toujours* dans la même attitude » est légèrement inexacte ; car une fois, mais une seule fois, elle apparut dans une attitude normale, et ce fut lorsque Miss Mary la vit entrer dans son cabinet de toilette.

Dans ce cas, nous assistons à la transformation d'une « idée fixe » en « monoïdéisme post-mortem ». Nous voyons en effet une pensée obsédante de regret pour la maison abandonnée, pensée que la pauvre victime sent devoir emporter avec elle dans la tombe, persister au contraire même au delà de la mort, se transformant en monoïdéisme provocateur de manifestations télépathico-hanteuses ayant pour théâtre la maison tant regrettée dans sa vie ; et plus précisément cette « aile neuve » cause de la pensée obsédante.

On dirait en outre que le monoïdéisme est complété par la persistance auto-suggestive de l'attitude désespérée prise par la victime au moment de sa mort tragique ; mais sur ce point on ne saurait être aussi affirmatif, à cause d'un détail qui inspire une autre explication : c'est celui de la percipiente qui, ayant pris le fantôme pour une femme de chambre en train d'épier, va vers elle avec décision, et le voit *se redresser, tendre les bras derrière la tête, et disparaître ;* cette attitude caractéristique promptement adoptée par le fantôme à la face d'un vivant, ferait présumer qu'elle se comportait ainsi dans l'unique but de se faire reconnaître.

CAS XIV. – Je l'extrais du livre bien connu de Robert Dale Owen? *The Debatable Land* (p. 226). L'auteur le fait précéder de ces éclaircissements : « J'ai recueilli verbalement le cas suivant de la protagoniste en personne, Miss V..., dans l'hiver 1869-70, obtenant son plein consentement à la publication des noms et des dates. Cependant, quand Miss V... en parla à sa vieille tante, celle-ci manifesta la crainte de la notoriété qui en serait découlée pour leurs noms ; Miss V... dut par conséquent retirer le consentement donné ». Robert Dale Owen poursuit en ces termes :

Une demoiselle de ma connaissance, jeune et cultivée, appartenant à l'une des plus vieilles familles de New-York, et que je désignerai par l'initiale de Miss V..., avait été, voici quelques années, passer une quinzaine de jours chez une tante propriétaire d'une maison très grande et très vieille sur les bords du fleuve Hudson. Cette demeure, à l'exemple de beaucoup de châteaux européens, avait la réputation d'être hantée. On parlait de cela le moins possible en famille, mais la chambre ne servait jamais sauf en des cas exceptionnels. Pendant le séjour de Miss V...? il arriva que les hôtes arrivèrent en si grand nombre qu'il ne restait plus de chambres disponibles ; de sorte que la tante demanda à sa nièce si elle se sentait le courage d'échanger pour deux Ou trois jours sa propre chambre pour celle hantée, courant ainsi le risque d'être visitée par un fantôme. Miss V... y consentit sans hésiter, observant que les visites de l'Au-delà me l'inquiétaient pas beaucoup.

La nuit arrivée, Miss V... se coucha et s'endormit sans la moindre préoccupation. Elle se réveilla à minuit, et aperçut une forme de femme déjà mûre qui allait et venait dans la chambre, habillée d'un costume très propre de femme de chambre, d'une coupe plutôt vieillie. Au commencement, elle ne s'effraya nullement, la supposant une personne de la maison venue là pour chercher quelque chose ; mais, en réfléchissant mieux elle se rappela qu'elle avait fermé la porte à,clé. Cette pensée la fit tressaillir, et son effroi s'accrut lorsqu'elle vit la forme s'approcher du lit et se pencher sur elle, en s'efforçant inutilement de parler. Saisie d'une véritable épouvante, Miss V... cacha son visage sous les draps ; et lorsqu'un moment après elle regarda de nouveau, le fantôme avait disparu. Alors elle sauta du lit et courut à la porte ; elle la trouva fermée avec la clef à l'intérieur.

Retournée au lit, elle ne put s'empêcher de se demander : « Serait-il donc vrai que les fantômes existent ? Si je dois en croire mes yeux, ce que j'ai vu était un fantôme authentique. » Elle ne parvint à se rendormir qu'après deux heures d'insomnie agitée mais lorsque le matin parut, et que la radieuse lumière du jour envahit lentement la chambre, ce qu'elle avait vu, et positivement vu dans la nuit, commença à diminuer d'importance ; et après plusieurs mois il n'en restait qu'un pâle souvenir.

Cependant, il arriva quelque chose qui eut la vertu de renouveler en elle la foi – et cette fois sans plus d'hésitations – en l'existence réelle de la visiteuse nocturne. Ayant été pour quelques jours en visite chez une amie intime, elle vit que depuis quelque temps celle-ci s'était consacrée à des pratiques spirites, obtenant de nombreuses communications médiumniques. Miss V..., qui avait entendu parler de spiritisme sans avoir rien vu, prit part par curiosité aux expériences de son amie. Or, voici qu'un soir se manifesta une soi-disant personnalité médiumnique qui se déclara une certaine Sarah Clarke, nom inconnu des expérimentatrices. La personnalité révéla que voici bien des années elle avait été femme de chambre chez la tante de Miss V... ; que lorsque Miss V... s'était rendue en visite chez sa tante, elle avait inutilement tenté de lui parler dans le but de se dire coupable de vols aux dépens de la tante et d'implorer son pardon. Elle ajouta que le désir d'avouer sa faute était si fort en elle, qu'il la contraignait malgré elle à hanter la chambre qu'elle avait occupée durant sa vie. Elle expliqua ensuite que de son vivant elle s'était laissée aller à soustraire plusieurs ustensiles domestiques, parmi lesquels un sucrier d'argent, et d'autres objets qu'elle énuméra. Elle conclut en disant qu'elle aurait gardé une éternelle reconnaissance à Miss V.., si elle avait communiqué son message à la tante, en lui exprimant son profond repentir, et en implorant pardon.

A la première occasion, Miss V... demanda à sa tante si par hasard elle n'avait pas connu une nommée Sarah Clarke.

« Certainement, répondit-elle, c'était une femme chambre que nous avons eue, il y a trente ou quarante ans.

– Quelle espèce de caractère avait-elle ?

– Elle était bonne, diligente et fidèle.

– Dans la période de temps où elle fut avec vous, n'avez-vous jamais constaté le manque d'objets de table en argent ? »

Après un instant de réflexion, la vieille dame s'écria : « Oui, je m'en souviens à présent ; en ce temps là, disparurent d'une façon mystérieuse un sucrier d'argent et plusieurs ustensiles de ce genre. Pourquoi ?

– Vos soupçons ne sont-ils jamais tombés sur la femme de chambre Sarah Clarke ?

– Jamais il est vrai qu'elle avait libre accès auprès des objets disparus mais nous la savions tous très honnête et au-dessus de tout soupçon. »

A ce point Miss V... se décida à communiquer à sa tante le message médiumnique ; et l'on constata alors que la liste des objets soustraits communiquée par le soi-disant esprit de Sarah Clarke, correspondait aux objets effectivement disparus dans la maison de sa tante. En apprenant cela, la vieille dame se borna à déclarer que « si Sarah Clarke avait soustrait les objets, elle lui pardonnait de grand cœur ».

Il reste à remarquer la circonstance plus remarquable de l'épisode : depuis ce jour *cessèrent les manifestations dans la chambre hantée,* et Sarah Clarke n'apparut plus à personne.

Je répète que je me porte garant de la vérité des faits, connaissant personnellement les deux protagonistes.

Dans cet exemple, outre la preuve manifeste des rapports causaux entre le « monoïdéisme post-mortem » et les phénomènes de hantise, preuve reconfirmée par les paroles de l'entité communiquante que « le désir de confesser sa faute était si violent en elle qu'il la contraignait malgré elle à hanter la chambre qu'elle avait occupée de son vivant » ; outre cela, il faut bien noter la « contre-preuve » très importante de la cessation immédiate des manifestations dans la chambre hantée dès que l'esprit hanteur est exaucé dans son désir impérieux d'obtenir le pardon ; ou, en d'autres termes, dès qu'il est libéré du monoïdéisme qui le rattachait à la terre.

Je remarque enfin la durée de la hantise, ce qui en confirmerait l'origine auto-suggestive ou « monoïdéistique » ; car si le fait du réveil de remords avec désir de pardon est naturel dans la conscience d'une personne capable de menus vols, on ne saurait concevoir que cet état d'âme persiste trente ou quarante ans, à moins de dégénérer en idée fixe.

Le Pr. Hyslop également ne trouve pas invraisemblable qu'il puisse se trouver des cas où la mentalité des « esprits désincarnés » reste un certain temps dans des conditions anormales ; il considère même la possibilité qu'en certaines circonstances ils demeurent inconscients de leur changement d'état. Cela à propos d'un esprit communiquant de femme qui, étant morte dans la terreur de la pauvreté qui la menaçait, continuait après sa mort à montrer les mêmes angoisses. Il observe à ce propos :

« Ce serait ici un clair exemple de la continuation après la mort des conditions mentales préagoniques ; ce qui correspondrait à ce que l'on entend par un "esprit confiné" *(earth-bound)* et présenterait les caractéristiques qui s'observent dans les "maisons hantées". Si la dénomination d' "esprit confiné" impliquait le sentiment de, l'identité moins la reconnaissance du changement d'état, il pourrait être comparé à une condition de démence ; il y a dans la vie normale, des états mentaux qui en suggèrent la possibilité... Il n'y aurait rien d'improbable à ce qu'une mort violente dût laisser l'esprit dans un état de perturbation analogue à celui qui se produit chez les vivants à la suite d'une forte secousse morale *(shock)*. Et dans les cas de dégénérescence progressive des centres nerveux, avec les affections mentales qui en dérivent, il n'y aurait rien d'impossible à ce que la mort advînt sans la conscience du changement d'état de la part du défunt. En effet, dans les conditions anormales en question, la conscience du "soi" n'existe ordinairement pas ; on peut donc très bien admettre que le sentiment du changement d'état ne doit pas toujours surgir avec la mort, même quand le sens de l'identité a survécu. De cette façon, nous pouvons très bien concevoir que la pauvre femme dont il s'agit ait continué à croire être persécutée par ses créanciers... Je ne prétends pas affirmer que toutes ces réflexions épuisent l'idée exprimée par les mots "esprit confiné", mots qui sous-entendent probablement beaucoup plus, et n'impliquent pas nécessairement l'existence d'un état anormal d'outre-tombe analogue à la démence. Il y a des circonstances qui tendent au contraire à démontrer que la condition d'un "esprit confiné" s'applique également à ceux qui de leur vivant apprécièrent uniquement les plaisirs de l'existence physique, demeurant indifférents à tout appel spirituel ; dans ce cas ils conserveraient une pleine conscience de l'endroit où ils se trouvent... » *(American Journal of the S. P. R.,* vol. VIII, pp. 565-577).

CAS XV. – Si, dans le cas précédent, la cause génératrice de la hantise était légère relativement à la durée, dans celui qui suit elle est absolument insignifiante. Je l'extrais du volume du Dr Binus : *Anatomy of Sleep* (p. 462). Il est renfermé dans une lettre adressée à la comtesse de Shrewsbury, à la date du 21 octobre 1842, par le révérend Charles McKay, prêtre catholique, alors résidant en Ecosse, lettre que le comte transmit au Dr Binus, qui la publia intégralement, observant à ce propos qu'il « s'agissait du cas le mieux authentifié d'apparition de défunt qu'il ait connu ». Dans la lettre en question le révérend McKay raconte ce qui suit :

En juillet 1838, je quittai Edimbourg pour me rendre en mission dans le Perthshire. A mon arrivée à Perth, une femme presbytérienne, nommée Anna Simpson, vint me trouver ; cette femme cherchait anxieusement un prêtre catholique depuis plus d'une semaine. Je lui demandai ce qu'elle désirait, et elle répondit : « Depuis quelque temps je suis terriblement inquiétée par le fantôme d'une femme qui m'apparaît chaque nuit. » – Je demandai : « Bonne femme, vous êtes donc catholique ? – Non, répondit-elle, je suis presbytérienne. – Et alors pourquoi venez-vous vous confier à un prêtre catholique ? » Ce à quoi elle répondit, faisant allusion au fantôme féminin qui lui apparaissait : « Elle désire que je m'adresse à un prêtre catholique, et je le cherchais depuis une semaine. – Pourquoi désire-t-elle un prêtre catholique ? – Elle dit qu'elle a laissé une dette, et que seul un prêtre catholique la lui paierait. – Quelle somme devait-elle ? – Trois shellings et six pences. – A qui les devait-elle ? – Je ne sais pas. – Êtes-vous sûre de n'avoir pas rêvé ? – Non, non, au nom du Ciel ! Elle m'apparaît chaque nuit, et je n'ai plus de paix. – Connaissiez-vous de son vivant la femme qui vous apparaît ? – J'habite près des casernes, et je l'apercevais souvent lorsqu'elle allait et venait pour ses affaires. Elle s'appelait Maloy. »

Ayant pris des renseignements, je trouvai qu'une femme de ce nom était effectivement morte depuis peu, et que durant sa vie elle exerçait le métier de blanchisseuse du régiment. En poursuivant mon enquête, je trouvai un épicier qui, à ma question si une femme nommée Maloy lui devait une petite somme, ouvrit le livre de caisse, et constata qu'il était son créancier pour *trois shellings et six pences,* que je payai immédiatement. L'épicier ignorait sa mort, et quant à elle il la connaissait bien peu, sachant seulement qu'elle avait des rapports avec le régiment. Quelques jours plus tard la femme presbytérienne arriva chez moi pour me faire part de l'heureuse nouvelle qu'elle n'était plus visitée par le fantôme.

Dans ce cas également la cessation de la hantise coïnciderait avec le but atteint de la part de l'esprit hanteur.

Dans le volume VI, page 33, des *Proceedings of the S. P. R.*, Myers rapporte en résumé ce cas, et à propos de l'extrême insignifiance de sa cause, observe : « Nous n'avons aucun droit de présumer qu'un défunt, pour la raison pure et simple qu'il est mort, doit voir les choses à un point de vue plus élevé, ou qu'il doit tout de suite être libéré des anxiétés, des préconcepts, des superstitions de la vie terrestre... En réalité, comme nous le démontrerons bientôt, tout concourt à faire croire que le phénomène des apparitions est du à quelque chose de semblable à la prédominance d'une suggestion post-hypnotique. Et c'est pour cela que le fantôme apparaîtrait si souvent absorbé dans une tâche unique, qui représenterait une idée enraciné dans sa mentalité de son vivant, ou qui s'est emparée de sa pensée au moment de la mort. En outre il est pleinement concevable que, par exemple, un homme assassiné persiste à penser qu'il ne devait pas mourir de cette manière, que son existence était encore nécessaire à sa famille ; et si, dans ces conditions, son fantôme était aperçu dans la maison qui fut sienne, nous ne devrions certainement pas en conclure que son esprit est “confiné en ce lieu”, mais plutôt que sa pensée revient irrésistiblement vers le coin de la terre auquel il sent appartenir encore. »

Dans ce paragraphe de Myers nous trouvons déjà clairement tracées la théorie télépathico-spirite et l'hypothèse des « monoïdéismes post-mortem », que nous avons défendues et traitées.

*
* *

Je ne rapporterai pas d'autres exemples. Toutefois, avant de conclure, je dois parler d'un livre des plus impressionnants traitant de « monoïdéismes post-mortem » ; celui du Dr Justin Kerner sur la « Voyante de Prévorst ». Les manifestations supranormales qui se produisaient autour de la voyante présentaient un caractère mixte : en partie *médiumnique,* en partie *hanteur.* Dans son orbite psychique étaient attirés les « esprits souffrants » (comme la voyante les désigne) qui avaient vécu dans les localités successivement habitées par elle ; et ils venaient à elle pour tâcher d'être libérés des « monoïdéismes » qui les rattachaient à la terre. Quelque fantastiques que puissent sembler ces affirmations de la voyante, il est difficile de les contester si l'on analyse avec la pondération voulue les nombreux épisodes qui y conduisent ; d'autant plus que bien souvent se manifestaient des fantômes ignorés d'elle, et des assistants, lesquels renseignaient sur leur propre personnalité, en révélant même des faits ignorés *de toute personne vivante* faits et renseignements reconnus parla suite exacts.

Très remarquable est le fait qu'en un temps où la science ne s'occupait pas encore de « monoïdéismes psychopathiques » et bien moins encore de « monoïdéismes post-mortem », la voyante en avait déjà marqué la signification et la portée en termes précis, comme si elle en avait parlé par expérience. Ainsi par exemple, à propos d'un épisode où le fantôme révèle l'existence d'un document important ignoré de la famille du défunt (premier cas Weinberg), la voyante s'exprime en ces termes : « Il se proposait de le dire avant sa mort, mais il ne s'attendait pas à mourir si vite. Étant mort ainsi, *cela adhère à son âme,* comme une partie de *son corps ».* Et plus loin : « Il est mort en y pensant : *cela l'attache à la terre* et ne lui laisse aucune paix. » Sur un autre point elle s'exprime ainsi : « D'autres esprits viennent encore à moi, *parce qu'ils ne peuvent se débarrasser de quelque sentiment ou de quelque pensée terrestre qui les ont suivis dans la mort. »* Je remarque enfin cette expression : *« Les pensées* des esprits de ténèbres *sont fixées sur les maisons où ils ont vécu,* et ils en éloignent les bons esprits » ; expression où se dessine déjà l'hypothèse télépathico-hanteuse.

Je conseille donc le volume du Dr Kerner à quiconque désire approfondir davantage le thème.

*
* *

En concluant, j'observe qu'après ce que nous avons exposé, l'hypothèse des « monoïdéismes post-mortem » devrait être considérée comme scientifiquement légitime, à l'exemple de toute hypothèse fondée sur les données de l'analogie ; de même qu'elle devrait être tenue pour théoriquement nécessaire, car elle permet d'expliquer certaines caractéristiques des phénomènes de hantise, inexplicables par toute autre manière.

Cela posé, il convient d'exhorter à ne pas se laisser aller à des généralisations trop larges sur ce sujet, parce qu'il existe en réalité de nombreux épisodes très compréhensibles en dehors de l'hypothèse en question ; c'est-à-dire, en dehors de toute question psychique *anormale* présumée dans les « esprits hanteurs ». Il en est de même pour certains épisodes dans lesquels la réitération automatique d'actions mimiques semble voulue dans un but d'identification personnelle, et de nombreux autres où les manifestations télépathico-hanteuses devraient être vraisemblablement attribuées au fait *très normal* de la pensée des défunts dirigée avec intensité d'affection vers les êtres chers abandonnés sur la terre.

Il reste donc entendu que l'hypothèse des « monoïdéismes post-mortem » se rapporte particulièrement aux épisodes de hantise auxquels la répétition automatique d'actions mimiques assume une durée excessivement longue, de même qu'aux épisodes provoqués par des causes insignifiantes ou frivoles ; conditions dans lesquelles ils présentent des points de contact non douteux avec les actions mimiques de nature post-hypnotique, et avec la pathogenèse des idées fixes, ce qui amène à formuler par analogie l'hypothèse de la persistance après la tombe des idées obsédantes sous la forme de « monoïdéismes » ; hypothèse qui résoudrait d'une façon satisfaisante le grand problème inhérent aux phénomènes de « hantise proprement dite ».

CHAPITRE 6

DE L'HYPOTHÈSE « PSYCHOMÉTRIQUE » considérée en rapport avec les phénomènes de hantise

Après avoir mûrement réfléchi au nom à donner à l'hypothèse que je vais maintenant discuter, je me décide pour l'ancienne désignation de « psychométrie », qui, bien qu'assez malheureusement appropriée aux phénomènes auxquels elle se rapporte, présente néanmoins l'avantage d'être consacrée par l'usage. Elle correspond, à part une légère différence que nous ferons bientôt observer, à ce que les occultistes appellent « clichés astraux », les théosophes « empreintes dans l'akasha », Myers « télesthésie rétrocognitive », et d'autres chercheurs « persistance des images ».

D'après l'hypothèse psychométrique, la matière inanimée aurait la propriété d'enregistrer et de conserver à l'état potentiel toutes sortes de vibrations et d'émanations physiques, psychiques et vitales, de même que la substance cérébrale a la propriété d'enregistrer et de conserver à l'état latent les vibrations de la pensée ; d'où résulte que les facultés télesthésiques de la subconscience auraient la propriété de retrouver et d'interpréter ces vibrations et émanations, de même que les facultés mémoniques de la conscience ont la propriété de, retrouver et réévoquer les vibrations latentes de la pensée. L'analogie est parfaite, et rien, au point de vue scientifique, ne s'opposerait à ce que la matière brute doive posséder des propriétés identiques à celles de la substance vivante. Si cela était, nous verrions s'opposer au mécanisme mnémonique cérébral une autre sorte de mécanisme congénère infiniment plus étendu : la mnémonique cosmique. Et les propriétés d'expansion investigatrices spéciales aux facultés télesthésiques de la subconscience se trouveraient avec la mémoire cosmique dans un rapport identique à celui où les propriétés investigatrices des facultés psychiques normales se trouvent avec la mémoire cérébrale. Rien en tout cela, je le répète, qui contredise les lois physiques ou physiopsychiques acquises par la science.

Telle est la signification de l'hypothèse psychométrique comme elle se présenta à l'esprit du Dr Buchanan, créateur du mot et premier illustrateur des phénomènes ; ce qui ne veut pas dire que l'on doive au Dr Buchanan la paternité de l'hypothèse, qui avait été déjà formulée plusieurs siècles auparavant par Paracelse, et reprise dans les temps modernes par deux grands philosophes : Schopenhauer et Fechner. Le mérite du Dr Buchanan et de son illustre disciple, le Dr Denton, consiste dans le fait de l'avoir tirée de la condition d'hypothèse métaphysique non démontrée, pour la transformer en hypothèse métapsychique susceptible d'être soumise à la recherche expérimentale.

Il faut remarquer qu'aussi bien Buchanan que Denton semblent avoir accordé la réceptivité psychométrique directement à la matière, et cela en correspondance avec leurs méthodes de recherches, qui consistaient à présenter des objets variés à leurs « sensitifs » pour l'analyse rétro-cognitive ; tandis que les différentes écoles occultistes et métapsychiques confèrent cette réceptivité à un « moyen » qui ne serait pas proprement la matière, mais quelque chose d'infiniment plus subtil, probablement plus que l'éther même, que Myers nomme « milieu métaéthérique », les occultistes « plan astral », et les théosophes « akasha ».

Corrigée en ce sens, l'hypothèse psychométrique se prête aussi mieux à être considérée dans ses rapports probables avec les phénomènes de hantise proprement dite, et en ligne générale, avec la classe entière des phénomènes métapsychiques d'ordre intellectuel.

C'est sous ce dernier rapport qu'elle fut en effet considérée par Frank Podmore, ainsi que par les Pr. William James et Théodore Flournoy, en opposition absolue avec l'hypothèse spirite. Et bien que l'attribution d'une ampleur aussi exagérée au domaine psychométrique soit en réalité insoutenable devant les faits, il ne semble cependant pas invraisemblable qu'un nombre limité de manifestations métapsychiques d'apparence spirite, puisse effectivement être attribué aux pouvoirs de la psychométrie. C'est là ce que je me prépare à démontrer dans le présent chapitre.

*
* *

Il faut d'abord que nous touchions sommairement aux sensations subjectives éprouvées par les sensitifs au moment des analyses psychométriques ; et cela afin de pouvoir les comparer plus tard avec celles analogues des phénomènes de hantise proprement dite. Dans ce but, le mieux est à coup sûr de recourir à l'auto-analyse magistrale que Mrs. Elizabeth Denton, la femme du géologue William Denton, écrivit au sujet de ses propres facultés rétrocognitives. Elle était une « psychomètre née », et dès son enfance elle était habituée à assister curieusement au spectacle nocturne de paysages lumineux et animés qui se présentaient à ses regards comme en un fugitif panorama. Sa mère lui avait expliqué que ce fait était une conséquence du frottement et de la compression du globe des yeux ; et l'enfant s'était contentée de l'explication. Mais elle ne s'en contenta plus quelques années après, bien qu'elle ne réussit pas à en trouver une meilleure, et malgré qu'elle eût noté certaines coïncidences extraordinaires entre des choses visualisées et des événements passés, coïncidences qui la comblaient d'étonnement. Tandis que son esprit se perdait dans ces perplexités, il lui arriva de lire un article du Dr Buchanan qui parlait de, « psychométrie » ; ce fut pour elle une révélation. Quand la nuit arriva, elle voulut s'essayer à expérimenter de la manière indiquée dans l'article ; et, s'approchant en pleine obscurité d'une armoire qui contenait des lettres, elle en prit une, la portant à son front. Immédiatement la tête et le buste d'un ami de sa famille lui apparurent ; puis le même ami assis devant une table, occupé à écrire la lettre que probablement elle tenait entre ses mains. La vision passée, Mrs. Denton constata que la lettre qu'elle tenait était justement celle envoyée par l'ami qui était apparu. Dès lors, sa conversion aux nouvelles recherches était accomplie ; elle commença une longue série de recherches psychométriques, pratiquées avec l'aide de son mari, et rendue publique ensuite dans un ouvrage qui porte le titre : *The Soul of Things.*

Voici maintenant en quels termes Mrs. Élisabeth Denton s'exprime au sujet des sensations subjectives éprouvées au moment de l'analyse psychométrique : « Le plus souvent, les visions passent devant l'observateur à la manière d'un panorama qui se déroulerait à une vitesse vertigineuse ; dans ces conditions il est presque impossible de saisir les contours des choses, si marquées soient-elles. On n'y réussit que partiellement ; et c'est pourquoi je crus longtemps que ces visions étaient par leur nature fragmentaires et incomplètes. Mais le jour vint où je parvins à arrêter le cours des visions moyennant un puissant effort de volonté ; et je découvris alors que les choses que je voyais n'étaient pas fragmentaires, mais complètes dans leurs formes, et apparemment aussi réelles que celles du monde physique... Je remarque en outre que les objets et les êtres visualisés ne se présentent pas en condition de repos, ou dans une position plastique donnée comme celle d'une personne représentée le bras levé, ou d'un oiseau dessiné avec les ailes déployées ; mais en pleine succession de mouvements comme tout être vivant, ou chose en mouvement... Quant aux sons, ils sont plutôt *perçus* qu'*entendus ;* cela, du moins, dans mon cas. Quelquefois ils m'arrivent aussi distincts à l'audition interne, que les sons perçus par audition externe ; et cela au point que je suis très souvent incapable de discerner leur véritable nature. La même chose m'arrive pour les perceptions visuelles ; jamais pourtant pour les sensations tactiles ou olfactives, si pour les impressions intuitives, au sujet desquelles je ne me suis jamais trouvée dans l'impossibilité de juger de leur origine, bien qu'elles aient souvent la vivacité de celles visuelles et auditives... Quoique la matière conserve les influences de tous les temps, et que par conséquent celles-ci soient toutes transmissibles aux sensitifs, on constate entre elles les différences suivantes : 1° les influences organiques impriment des traces plus profondes dans la matière que les influences inorganiques ou, en d'autres termes, les influences organiques sont plus transmissibles que celles inorganiques ; 2° les influences du règne animal sont beaucoup plus vives et perceptibles que celles du règne végétal ; 3° la perméabilité de la matière aux différentes influences augmente à mesure qu'on s'élève dans l'échelle animale, en commençant par les organismes monocellulaires pour finir à l'homme ; 4° ce parallélisme va plus loin encore, car on remarque une augmentation graduelle dans la force irradiante des influences à mesure qu'on monte des basses couches de l'espèce humaine à celles plus élevées ; 5° on remarque enfin que tout état d'âme capable d'accroître la puissance irradiante de ces influences – comme une grande douleur, une scène de terreur, une explosion de joie, ou tout autre activité, intense d'une ou plusieurs facultés de la conscience – contribue grandement à augmenter l'efficacité représentative des traces imprimées dans la matière... » (William Denton et Élisabeth Denton : *Nature's Secrets, or Psychometric Researches*).

Cette dernière observation coïncide d'une façon surprenante avec ce que la tradition populaire, et en grande partie les faits mêmes, désignent pour cause des phénomènes de hantise : drames de sang, scènes de terreurs, émotions violentes ou préoccupations obsédantes au lit de mort ; cette concordance entre des observations qui se rapportent à des points de vue différents tendrait à raffermir l'explication psychométrique des phénomènes en question. Il est utile de rappeler que c'est précisément la combinaison de précédents tragiques dans les cas de hantise, avec la pensée qu'en des moments de grandes émotions des émanations de force intensifiée devaient forcément se dégager de l'organisme humain, ce qui amena certains chercheurs à proposer l'hypothèse psychométrique pour expliquer les phénomènes de hantise. Je rapporterai à ce propos l'opinion d'un éminent prélat anglican, Monseigneur Besson, qui observe :

« Supposons qu'un drame de sang se déroule dans une certaine chambre ; cela signifie qu'une tempête émotionnelle d'une intensité extraordinaire s'est déchaînée là, et que deux personnes y sont enfermées : l'assassin et la victime. Or, si l'on admet l'hypothèse que les objets inanimés enregistrent ou absorbent sous forme d'émanations vitales quelque chose de la personnalité humaine avec laquelle ils entrent en contact, on ne saurait concevoir un événement plus indiqué qu'un assassinat pour intensifier au suprême degré les processus d'irradiation nerveuse. Ne peut-on donc supposer qu'au moment du drame les murs mêmes, le parquet, le plafond, les tentures et les meubles puissent recevoir et absorber quelque chose d'analogue à une impression d'horreur susceptible de persister ? Eh bien ! supposons qu'après un certain temps une personne extrêmement sensitive vienne dormir dans la chambre en question ; supposons qu'elle parvienne à s'endormir, et par là qu'elle se trouve en conditions de réceptivité passive dans un milieu saturé au suprême degré des plus intenses émotions qui puissent agiter un organisme humain. Dans ces conditions la personne sensitive ne tardera pas à s'en saturer à son tour, et quand la tension de ses nerfs aura atteint le degré nécessaire, il lui arrivera de se réveiller en sursaut. Ici nous observerons que si la télépathie entre vivants se trouve être une force capable de transmettre une image de France jusqu'en Angleterre, il est parfaitement concevable que cette autre force, qui ne diffère de la première qu'en ce sens qu'elle est accumulée et préservée dans une sorte de « batterie », doive également posséder la vertu de transmettre une image visuelle. Il n'y a donc rien d'extraordinaire à ce que la personne en question assiste à une représentation du drame ; c'est-à-dire qu'elle assistera à la vision, non des âmes des protagonistes occupées à reproduire, sans but et sans profit, la scène tragique, mais bien au déroulement, dans une succession automatique, des émotions violentes qui causèrent les impressions accumulées dans l'ambiance du crime. Si l'on admet que par loi de réversion dans les processus ordinaires visibles, les effets d'une impulsion télépathique se traduisent dans le cerveau du percipient par une image visuelle subjective, il n'y a pas de raison pour ne pas admettre des procédés analogues de réversion pour les autres sens ; en ce cas la personne en question entendra les hurlements désespérés de la victime, se sentira envahie de frissons mortels et ressentira même le contact de mains inexistantes. » *(Light,* 1912, p. 460).

Mgr Benson pose, on le voit, la question en des termes remarquablement clairs et précis, et les argumentations rigoureusement scientifiques sur lesquelles se fonde son hypothèse – qui est enfin celle psychométrique – sont telles qu'on ne saurait les contredire qu'en se basant sur des faits. Je me hâte de déclarer que les faits pour les contredire existent en nombre imposant ; et par suite, que l'hypothèse de Mgr Benson est insoutenable si l'on prétend expliquer par elle l'entière casuistique de la hantise. Mais nous parlerons de cela plus tard, car pour le moment il est opportun de fournir au contraire des preuves de faits en sa faveur, afin de mettre en évidence qu'elle n'est pas absolument fantastique, et que, si on la circonscrit dans des limites raisonnables, elle mérite d'être prise en considération.

*
* *

Je commencerai l'énumération des preuves favorables, par un incident expérimental dont l'origine psychométrique ne semble pas douteuse.

Dans une séance de la Société Biologique de Paris, le 10 février 1894, le Dr Luys rendait compte en ces termes d'une de ses propres expériences :

> M. D'Arsonval a entretenu la Société de Biologie dans la dernière séance, d'après la communication d'un physicien anglais, de la persistance dans un barreau aimanté de l'action du fluide magnétique ayant, en quelque sorte, conservé le souvenir de son état antérieur. Mes recherches dans cet ordre d'idées m'ont amené à constater depuis longtemps des phénomènes analogues à l'aide des couronnes aimantées placées sur la tête d'un sujet en état hypnotique. Il s'agit dans ce cas, non plus de l'emmagasinement des vibrations de nature magnétique, mais bien des vibrations de nature vivante, des véritables vibrations cérébrales, propagées à travers la paroi crânienne, et emmagasinées dans une couronne aimantée, dans laquelle elles persistent pendant un temps plus ou moins long.

Pour constater ce phénomène, je me sers non pas d'un instrument physique impuissant à répondre, mais bien d'un réactif vivant, d'un sujet hypnotisé et devenu, par le fait, ultrasensible aux vibrations magnétiques vivantes.

Je présente à la Société la couronne aimantée dont je lui ai déjà fait voir différents modèles. A l'aide d'un système de courroies elle s'adapte sur la tète, l'embrasse circulairement et laisse libre la région frontale.

Elle constitue ainsi un aimant courbe avec un pôle positif et un pôle négatif. Cette couronne a été placée, il y a plus d'un an, sur la tête d'une femme atteinte de mélancolie avec des idées de persécution, de l'agitation et une tendance de suicide, etc. L'application de cette couronne sur la tête de cette malade amena, au bout de cinq ou six séances, un amendement progressif dans son état et, au bout de dix jours, j'ai cru pouvoir la renvoyer sans danger de l'hôpital. Au bout d'une quinzaine de jours, cette couronne ayant été mise à part, j'eus l'idée purement empirique de la placer sur la tête du sujet ici présent.

C'est un sujet mâle hypnotisable, hystérique, atteint de crises fréquentes de léthargie. Quelle ne fut pas ma surprise de voir ce sujet, mis en état de somnambulisme proférer des plaintes tout à fait semblables à celles proférées, quinze jours auparavant, par la malade guérie. Il avait pris d'abord le sexe de la malade : il parlait au féminin ; il accusait de violents maux de tête ; il disait qu'il allait devenir *folle,* que ses voisins s'introduisaient dans sa chambre pour lui faire du mal, etc. En un mot, le sujet hypnotique avait, grâce à la couronne aimantée, pris l'état cérébral de la malade mélancolique. La couronne aimantée avait donc suffisamment agi pour soutirer l'influx cérébral morbide de la malade (qui était guérie) et pour se perpétuer, comme un souvenir persistant, dans la texture intime de la lame magnétique. C'est là un phénomène que nous avons reproduit maintes et maintes fois, depuis plusieurs années, non seulement chez le sujet présent ici, mais chez d'autres sujets.

Ici le Dr Luys s'étend pour démontrer l'absence de toute action suggestive et auto-suggestive dans les résultats obtenus, en faisant remarquer que l'expérience avait été imaginée d'une façon empirique, et dans une période où ni lui, ni le sujet n'avaient en tête des buts déterminés après quoi il conclut :

On peut donc dire, sans chercher à en déduire des conséquences ultérieures autres, que certains états vibratoires du cerveau, et probablement du système nerveux, sont susceptibles de s'emmagasiner dans une lame courbe aimantée, comme le fluide magnétique dans un barreau de fer doux, et d'y laisser des traces persistantes ; *bien plus,* comme dans les expériences de M. d'Arsonval pour détruire cette propriété magnétique persistante, il faut la *tuer* par le feu. Comme il le dit, la couronne a besoin d'être portée au rouge pour cesser d'agir. (Cité par Albert de Rochas, dans *L'Extériorisation de la sensibilité,* p. 157.)

Dans l'exemple donné, le phénomène de l'évocation de sensations et d'impulsion apparaît inhérent à un objet, et par conséquent strictement psychométrique ; dans l'exemple qui suit, l'évocation de sensations analogues et d'impulsions apparaît au contraire en relation avec l'ambiance ; et par conséquent déjà de nature proche des phénomènes de hantise.

Le Dr. Nichols, dans son livre, *Supramundan Facts in the Life of the Rév. J. B. Fergusson* (p. 168), rapporte ce fait qu'il avait appris personnellement :

Une dame de ma connaissance devint soudain très malheureuse par le simple fait d'avoir été habiter une maison d'ailleurs des plus commodes et agréables ; et le sentiment de dépression morale qu'elle éprouvait atteignait le suprême degré lorsqu'il lui arrivait de pénétrer dans la meilleure chambre de la maison ; et si elle persistait à y rester, elle se sentait envahie d'une impulsion irrésistible à se jeter tête baissée par la fenêtre. Par contre, dès qu'elle sortait et arrivait dans la rue, le sentiment de désolation éprouvé, avec sa suite de sombres pensées et l'impulsion au suicide, disparaissait entièrement : mais pour se réveiller brusquement quand elle remettait le pied chez elle. Tellement que cette dame fut obligée de déménager.

Je fus informé du fait et, désireux d'éclaircir le mystère, je commençai une enquête sur les précédents habitants de la maison ; et je ne tardai pas à savoir que depuis quelque temps elle avait été quittée par un monsieur dont la femme, affectée de la manie du suicide, s'était jetée tête première par la fenêtre de la meilleure chambre, ce qui eut pour suite sa mort immédiate. Faudrait-il en conclure qu'il s'était produit une espèce de saturation de l'ambiance, capable d'être transmise à la personne qui occupait la même chambre, jusqu'à provoquer en elle la répétition des mêmes souffrances et des mêmes impulsions au suicide ?

Afin de prévenir les objections, je déclare que la dame en question était étrangère à la ville où se trouvait la maison, et qu'elle ne savait rien des habitants qui l'y avaient précédée. Ni le médecin, ni les amis, ni la dame elle-même ne parvinrent à s'expliquer ce cas extraordinaire, jusqu'au jour où la lumière se fit sur le drame précédent.

Dans ce cas, les sensations et les impulsions éprouvées par la « sensitive » ont tellement d'affinité avec celles ressenties par le sujet hypnotique du cas précédent, que leur explication psychométrique ne saurait faire de doute.

Je rapporte encore un exemple d'impressions subjectives d'ordre moral, qui diffère cependant des autres en ceci que l'impulsion supranormale, qui probablement est psychométrique, a pour origine la proximité d'ossements humains.

Ce cas est rigoureusement documenté, il fut recueilli par Podmore. Je l'extrais du volume IV, page 154 des *Proceedings of the S. P. R.,* où il est rapporté d'après un ouvrage de Myers. Mrs. Ellen Wheeler, personnellement connue de Podmore, raconte ce qui suit :

Pendant l'été 1874, nous nous installâmes dans l'appartement que nous habitons encore (106, High Street, Oxford). Nous avions loué la maison plusieurs années auparavant, mais nous avions à notre tour cédé à d'autres l'appartement en question. Nous choisîmes la chambre qui se trouvait au-dessus de la porte cochère pour en faire notre chambre à coucher. La première nuit que nous y dormîmes, je m'éveillai en sursaut à minuit quarante-cinq (les quarts sonnaient en cet instant à l'horloge de l'église), me sentant envahie par l'impression des plus pénibles que dans le plafond de la chambre devait se cacher quelque chose d'affreux. Je n'avais pas l'idée nette de ce qu'il pouvait y avoir, mais l'impression obsédante m'empêchait de dormir ; si bien qu'après une heure d'agitation, je me décidai à réveiller mon mari pour le mettre au courant de l'état où je me trouvais ; et il me fit boire un petit verre de liqueur, croyant ainsi me réconforter. Mais je n'arrivais en aucune façon à chasser l'étrange impression, et je ne parvins pas à me rendormir. Je sentais que l'ambiance de cette chambre devenait pour moi intolérable, et je me rendis au salon, où je restai jusqu'à huit heures. En restant loin de la chambre à coucher, toute impression désagréable disparaît.

La nuit suivante, je m'éveillai pour la seconde fois à minuit quarante-cinq précis, en proie au même sentiment inexplicable et horrible, mais avec une atténuation dans les souffrances morales ; et durant plusieurs semaines de suite, il m'arriva chaque nuit la même chose, toujours à minuit trois quarts, avec persistance de l'insomnie jusqu'à cinq heures, et incapacité de chasser l'idée qui m'obsédait à propos de quelque chose d'horrible caché dans le plafond.

Par suite de cet état d'âme et des nuits agitées et blanches, ma santé finit par être sérieusement ébranlée ; cela m'obligea à m'éloigner de la maison et à me rendre chez mon frère, qui habitait Cambridge, à la recherche du repos nécessaire.

Pendant que je m'y trouvais, je fus informée que le plafond de notre chambre s'était effondré, et que le lit de la chambre située au-dessus était tombé sur le nôtre. Je trouvai donc suffisamment justifiées les impressions subjectives que j'avais éprouvées, et je n'y songeai plus. Cependant, plusieurs semaines plus tard je vins à savoir que parmi les poutres du plafond avait été retrouvé le petit cadavre momifié d'un enfant, avec la tête violemment tordue. Evidemment il s'agissait d'un nouveau-né tué et muré en ce lieu pour cacher le crime. Mon mari m'avait caché le fait, en craignant les effets pour mes nerfs affaiblis.

(Le mari de la relatrice écrit en confirmant son récit. Podmore parvint aussi à se procurer les journaux de l'époque, dans lesquels il retrouva l'exacte nouvelle du petit cadavre découvert dans le plafond.)

Une valeur spéciale, dans le cas exposé, est assumée par la circonstance que la percipiente, dès qu'elle s'est éloignée de la chambre à coucher, sent s'évanouir toute impression pénible ; ce qui tendrait à prouver l'origine psychométrique de cette impression, sous forme d'influence à distance du corps de l'enfant ; et en même temps semble rapprocher ce cas de ceux de hantise, où la circonstance des « influences » locales représente la règle.

Il y a néanmoins la circonstance de l'heure fixe où l'impression obsédante survenait, qui n'est pas très conciliable avec l'hypothèse psychométrique, car s'il s'était agi de pure transmission d'*influences,* celles-ci auraient dû agir à toute heure du jour et de la nuit, et non à une heure fixe. De plus, tout phénomène supranormal ayant une origine extrinsèque, qui se réalise à heure fixe, suppose quelque chose d'intentionnel, extrinsèque à son tour. Ajoutons enfin qu'en ce cas, comme dans le précédent, il existe un événement de mort en rapport avec l'ambiance ; de sorte que l'hypothèse télépathico-spirite ne nous semble pas absolument éliminable. Il faut donc citer des exemples où les perceptions psychométriques apparaissent en rapport avec des personnes vivantes, en excluant toute intervention extrinsèque.

Je commence par deux cas auditivo-collectifs, ayant soin de noter que les perceptions *collectives* sont extrêmement rares dans l'ordre psychométrique, où en général le sensitif seul subit les impressions sensorielles subjectives.

L'un des cas est rapporté par le mythologiste Andrew Lang, dans un article publié par l'*Occult Review* (mars 1905) où il soutient la règle que les hantises ont pour origine les émanations subtiles des vivants conservées dans un milieu ordinairement inaccessible à nos sens. Il rapporte à ce sujet l'épisode suivant :

Le poète Dante Gabriel Rossetti avait été passer quelques semaines dans un comté de l'Écosse ; et pendant son séjour il avait l'habitude de se promener dans sa chambre d'hôtel en déclamant des poésies. Du salon de l'hôtel, situé au-dessous, on percevait distinctement l'écho de ses pas et le son vibrant de sa *voix.* Quand le poète s'en alla, on continua à percevoir pendant plusieurs jours l'écho de ses pas et le son de sa voix qui déclamait des passages de poésies.

L'autre cas auditivo-collectif est relaté dans les *Annales des Sciences psychiques* (1905, p. 477), par le Dr Hjalmar Wijk de Gottembour (Suède) dans une longue étude sur, les « coups spontanés d'ordre médiumnique », à propos d'une dame suédoise qui présentait cette particularité.

A la page 530, il rapporte cet épisode :

Un après-midi que Karin, seule dans la salle à manger, était en train d'écrire, elle entendit dans la cuisine un bruit : il lui semblait que l'on déplaçait les chaises et nettoyait le plancher. Sachant que la domestique était sortie, elle alla, très étonnée, à la porte de la cuisine, à travers laquelle elle entendit les bruits aussi distinctement qu'un instant auparavant. Karin n'osa pas ouvrir, mais alla chercher la domestique qui travaillait dans la remise de la calandre. Quand elles pénétrèrent ensemble dans la cuisine, le bruit de lavage avait cessé, mais toutes deux éprouvèrent une sensation étrange, et comme l'impression que l'on déplaçait les chaises sur le plancher ; en outre, Karin crut entendre des coups très faibles. Le matin de ce jour-là, on avait lavé le plancher de la cuisine en présence de Karin.

Dans les épisodes cités, toute origine spirite étant absolument exclue, l'hypothèse psychométrique devient la plus probable, à condition qu'on parvienne à ne plus douter qu'on se trouve encore en présence d'incidents télépathiques où les agents seraient le poète Rossetti occupé à se rappeler et à déclamer les vers qu'il avait composés dans l'auberge d'Écosse, et la domestique repensant au travail accompli le matin.

En passant ensuite aux cas d'ordre visuel ou fantomatique, je commencerai par exposer des exemples de « transition », où les visualisations se produisent en rêve.

Le révérend Elder Myrick publie dans la revue *The Progressive Thinker* (novembre 1903) son expérience personnelle, dont je résumerai les grands traits. Il raconte que dans l'un des centres religieux qu'il fréquentait le plus, il avait très longtemps habité chez un ami, dormant et travaillant dans la même chambre. Durant l'hiver 1902, son ami loua cette chambre à une jeune institutrice provenant d'un pays lointain, et par conséquent inconnue à tout le monde. Le matin qui suivit la première nuit passée par l'institutrice dans cette chambre, celle-ci raconta avoir fait un rêve étrange et très distinct, que le révérend Myrick rapporte en ses termes :

> L'institutrice rêva d'un monsieur qui se tenait assis à la table de sa chambre, et en décrivit minutieusement l'apparence. A cette description, la sœur de mon ami fut profondément surprise, car elle m'avait identifié dans le personnage du rêve. Elle réunit plusieurs photographies, en y joignant la mienne, et les soumit à l'institutrice, qui à son tour me reconnut tout de suite, s'écriant : « Voilà le monsieur que j'ai vu en rêve ! » Ce fait n'est-il pas étrange ? J'ajouterai de plus qu'autant que je sache, je n'ai jamais rêvé me retrouver dans cette chambre. Serait-il donc possible que mon esprit ait visité pendant mon sommeil cet endroit qui lui était si familier ? Ou serait-il possible au contraire que notre esprit, ou notre personnalité, laissent des empreintes capables de persister dans les murs et dans les meubles ? Quatre années s'étaient écoulées depuis mon départ. Quelles visions d'hommes, de femmes, d'enfants, peuplent donc la chambre où j'écris ? Que ne donnerais-je pour approfondir ce mystère ?

Au sujet du cas du révérend Myrick, je ferai noter que l'hypothèse télépathique continue à s'élever pour barrer le passage à celle psychométrique ; car on ne saurait nier que le révérend Myrick ait en réalité rêvé qu'il se trouvait dans la chambre qu'il connaissait si bien, devenant ainsi l'agent inconscient de la projection télépathique. Néanmoins, si l'on considère que le phénomène se réalisa la première nuit que l'institutrice occupait la chambre, l'hypothèse télépathique semble moins vraisemblable à cause de l'extraordinaire coïncidence que le fait impliquerait. Il faudrait donc admettre qu'après un intervalle de quatre ans, un rêve du révérend Myrick aurait admirablement coïncidé avec la première nuit où une autre personne dormait dans la chambre !

Le cas suivant est analogue au précédent, mais il est théoriquement plus important.

Miss Katharine Bates, dans son ouvrage *Seen and Unseen*, rapporte un curieux incident personnel, d'ordre probablement psychométrique. A l'époque où il se produisit, elle le communiqua à la *Society for Psychical Research*, qui le publia dans son *Journal* (vol. VII, p. 282). Voici la première lettre qu'elle adressa à Myers, à la date du 25 mai 1896 :

Le 18 mai dernier, je me rendis à Cambridge et j'allai loger Trumpington Street n° 35. Miss Wales, mon amie, repartit tout de suite pour Shelford ; et je restai seule pour la nuit. Quand Miss Wales fut de retour, le lendemain, je lui appris que j'avais passé une nuit horrible, hantée de rêves persistants et répétés, qui se rapportaient à un homme que je n'avais plus vu et dont je n'avais plus entendu parler depuis bien des années, mais qui jadis avait été longuement et intimement lié à mon existence. Dans mon rêve, je le voyais près de moi qui me reprochait de ne pas l'avoir épousé, ne m'épargnant pas des allusions ironiques au fait que, l'ayant repoussé, je me trouvais comme déplacée dans la vie. Plusieurs fois je m'étais réveillée et rendormie ; mais toujours le même homme avait surgi dans mes rêves, et il avait toujours proféré les mêmes paroles. Durant un intervalle d'insomnie, je sentais avec tant de force sa présence subconsciente, que je lui adressai l'apostrophe suivante : « Allez-vous-en, laissez-moi en repos. Je ne garde pour vous que des sentiments généreux ; pour vous qui jouissez de venir me tourmenter, prouvant ainsi que j'aurais été malheureuse si je vous avais épousé. Au nom de la Sainte-Trinité, je vous ordonne de me laisser en repos. » Après cette apostrophe, il sembla que l'influence maléfique s'était atténuée, et je parvins à me rendormir d'un sommeil qui fut néanmoins pénible et agité. J'éprouvai donc un soulagement quand la fille de la maîtresse de maison, Miss Hardrick, vint m'apporter le thé. Peu de temps après arriva de Shelford Miss Wales, à laquelle je parlai tout de suite de l'horrible nuit que j'avais passée ; et l'impression demeurée en moi était si profonde, que j'en parlai longuement par lettre à une autre amie, à laquelle je communiquai le nom de l'homme apparu pour me tourmenter.

Deux fois encore, dans la même semaine, je refis le même rêve, bien qu'avec une atténuation dans les sentiments pénibles ; cependant j'en restai si angoissée que je dis à Miss Wales : « Cette chambre est comme hantée par cet homme, et je voudrais en connaître le motif. Est-ce que par hasard le collège de Peterhouse se trouverait dans le voisinage ? Je vous le demande, parce qu'il y a 30 ans cet homme était élève d'un collège de ce nom. » J'obtins une réponse affirmative, et Miss Wales ajouta que ce collège était proche, mais pas autant que d'autres collèges.

La dernière fois que je rêvai de lui, je pensai : « Je ne puis comprendre pourquoi il doit hanter cette chambre à ce point, y aurait-il donc habité ? » Commencer une enquête pour en suivre les traces semblait une entreprise impossible après 28 ans ; néanmoins je demandai à Miss Hardrick depuis combien de temps sa mère avait repris cette pension. – « Depuis dix-sept ans, répondit-elle. – Et avant vous, qui l'avait ? – Un couple qui a quitté la ville, et je les crois morts maintenant. – Et avant eux ? » Tout en parlant ainsi, j'expliquai que je désirais suivre les traces d'un homme qui avait habité dans le voisinage lorsqu'il était étudiant à Peterhouse. Miss Hardrick répondit qu'avant les époux en question, la pension avait appartenu à Mr. Peck, maintenant pharmacien dans la rue voisine ; mais qu'il lui semblait plus pratique d'aller s'informer chez l'huissier du collège. Je me dis qu'après tant d'années il était peu probable que je pusse trouver le même huissier, et que quand bien même je l'aurais retrouvé, il ne se serait pas souvenu. Je conclus donc que l'entreprise se présentait comme impossible.

Cependant, aujourd'hui 25 mai, je me rendis chez le pharmacien Peck, en demandant de l'acide borique ; et avant de m'en aller je me décidai à demander si par hasard, il y a une trentaine d'années, il n'avait pas habité Trumpington Street n° 35. Il me répondit affirmativement, ajoutant qu'il s'y était transporté en 1850. Je lui demandai alors s'il ne se rappelait pas avoir logé un étudiant de Peterhouse, nommé X... Lorsque je formulai cette demande, je n'avais pas d'autre raison que la profonde impression qu'avaient laissée en moi les rêves. Et le pharmacien répondit : « Si, je m'en souviens ; ce jeune homme a habité ma pension pendant dix-huit mois ». Mr. Peck en avait conservé un clair souvenir, et me le prouva en me montrant une photographie de lui où il est représenté en compagnie d'un grand chien que je connaissais bien, nommé Léo ; et Mr. Peck se rappelait aussi ce nom. Je lui demandai alors quelle chambre occupait ce jeune homme, et il me répondit : « La grande chambre au-dessus de la cuisine, avec le petit salon contigu ». Or, je dors dans celte même chambre, et je me sers du même petit salon.

Je déclare qu'auparavant je n'avais jamais mis les pieds dans la ville de Cambridge, que je n'avais jamais entendu parler de « Trumpington Street », que je n'avais aucune idée de la localité où cet homme avait passé ses années d'étudiant, et que j'ignorais même s'il avait été interne ou externe.

Je savais seulement que dans les années 1867 et 1868, il avait été élève de Peterhouse. A cette époque je le connaissais bien peu, et il était naturel que je ne fusse pas informée de ce qui se rapportait à sa vie d'étudiant.

(Suivent les témoignages du pharmacien Mr. Peck et de l'amie de la relatrice, Miss Mildred Wales.)

En réimprimant le cas dans son livre, Miss Bates le commente en ces termes : « ... De quelque manière, l'empreinte de sa personne s'était fixée dans ce milieu ; en sorte que le simple fait d'y dormir une nuit, me mit moi sensitive, à même de dégager son “influence” des autres innombrables qui probablement s'y trouvaient. Les souvenirs du passé firent le reste, c'est-à-dire galvanisèrent l'impression en quelque chose de semblable à une éphémère forme *astrale.* »

Ces observations de Miss Bates se confondent avec l'hypothèse psychométrique ; et il me paraît qu'il n'y a pas de raisons de ne pas l'accepter. Il ne semble pas, en effet, que l'hypothèse télépathique puisse être proposée pour expliquer le cas ; en effet l'on devrait avoir recours à une forme de coïncidence de beaucoup plus invraisemblable que celle indiquée dans le cas précédent ; c'est-à-dire qu'il faudrait admettre qu'après trente ans, l'agent télépathique supposé ait rêvé à plusieurs reprises, et pendant différentes nuits consécutives, qu'il se trouvait dans la chambre où il avait habité jadis ; et cela justement dans les nuits où son ancienne fiancée s'était installée dans la même chambre, prête à faire fonction de percipiente des rêves de l'agent.

Chacun admettra qu'on ne saurait logiquement accueillir cet ensemble de coïncidences fortuites, qui seraient plus extraordinaires que l'hypothèse psychométrique. L'explication télépathique ainsi une fois écartée, ce cas fournirait une bonne preuve en faveur de l'hypothèse psychométrique.

Des cas d'ordre visuel advenus en rêve, je passe à ceux qui se produisent en conditions de veille. Et je parlerai d'abord d'une forme de visualisations psychométriques où il ne s'agirait plus de « vibrations » ou d' « influences » réceptées dans un « milieu » quelconque, lesquelles reproduiraient chez le sensitif les images originaires par loi de réversion, à la façon de ce qui arrive dans le phonographe pour les vibrations sonores ; mais il s'agirait de véritables et propres « formes fantomatiques » qui se conserveraient pour quelque temps dans un « milieu » quelconque, et se distingueraient des fantômes réels par leur apparence inerte et inanimée. C'est à ces formes que l'on a appliqué le nom de « persistance des images » ; et l'hypothèse qui les concerne est depuis longtemps familière aux écoles occultistes et théosophiques. Mais – ce qui importe davantage – elle semble d'une certaine manière soutenue par un ordre spécial d'épisodes que l'on ne saurait expliquer autrement ; et l'existence de ces derniers ferait supposer que d'autres épisodes analogues, considérés comme étant d'origine morbide et hallucinatoire, ne sont pas tels en effet.

En commençant par ces épisodes morbides présumés, je citerai les exemples d'Alfred de Musset et de Guy de Maupassant ; le premier, dans la « Nuit de Décembre », s'exprime de façon à faire présumer qu'il était personnellement conscient de la « persistance de sa propre image » et dans ses conversations avec Madame Collet, il se laisse aller à des confidences qui indiquent qu'il était tout aussi conscient de la « persistance des images d'autrui ». En effet, il lui dit : « Vous vous assiérez sur mon fauteuil, si je n'y suis pas ; et en rentrant j'y retrouverai votre ombre. »

Quant au second des écrivains en question, Guy de Maupassant, on sait qu'il était sujet au même phénomène. Paul Bourget, auquel il se confia, écrit ce qui suit : « En rentrant chez lui, il se voyait assis dans son fauteuil, et ce phénomène morbide annonçait sans doute le commencement de sa maladie. » Cette appréciation semble fondée ; néanmoins on serait peut-être plus près de la vérité en disant que les conditions d'hyperesthésie sensorielle dérivant de l'incubation de sa maladie, l'avaient mis en état de pénétrer l'invisible.

Voici un autre cas analogue aux précédents, pour lequel l'origine morbide doit être exclue, alors qu'il se montre de beaucoup plus extraordinaire ; je l'extrais de l'auto-analyse par Mrs. Elizabeth Denton de ses propres facultés de sensitive. Quelle que soit la conception que l'on doit avoir des nombreuses analyses psychométrico-géologiques faites par elle avec l'aide de son mari géologue (analyses pas toujours conduites avec une rigueur scientifique suffisante pour exclure toute possibilité de suggestions inconscientes), une chose ressort nettement, c'est que mari et femme s'y soumirent pendant des années avec une ardeur persévérante et scrupuleuse, et que la vérité des faits narrés est incontestable.

Cela posé, voici le récit de Mrs. Denton :

Pendant l'été 1861, au cours d'un voyage dans les états occidentaux, nous fûmes obligés d'attendre longuement le train qui devait nous conduire à Peru (Illinois)... Enfin, un sifflet aigu dans le lointain annonça son arrivée, et peu de temps après le train arriva bruyamment. Une voix cria :

« Vingt minutes pour le dîner ! » En un instant les portières s'ouvrirent et les voyageurs se précipitèrent à terre en courant de toutes parts. Je me dirigeai vers le train, tenant par la main mes enfants, tandis que mon mari s'occupait des bagages. Je choisis mon wagon, et je me préparai à y monter me croyant sûre de me trouver commodément seule avec les enfants pour la durée du dîner. A ma grande surprise, au contraire, je le trouvai bondé. Beaucoup de voyageurs se tenaient assis et immobiles comme s'il leur avait été indifférent de se trouver à cette station, tandis que plusieurs autres se préparaient à descendre ; et ceux-ci je les voyais confusément. Le fait me parut étrange ; de toute façon j'allais descendre pour me trouver un autre wagon, lorsqu'un dernier regard adressé à l'intérieur m'apprit que ces voyageurs si indifférents aux charmes de la gare de Joliet, perdaient rapidement de leur consistance, et finirent par s'évanouir. J'avais eu le temps d'observer les traits et les costumes de plusieurs d'entre eux ; et, prenant place, j'attendis le retour des voyageurs, certaine de retrouver en eux les prototypes des formes que j'avais visualisées. Et mon attente ne fut pas déçue ; quand ils revinrent, je me retrouvai devant les mêmes visages et les mêmes costumes. » (Ouvrage cité, *Introduction,* p. XIII).

Mrs. Elizabeth Denton ajoute les déclarations suivantes :

... Je ne crois pas du tout que les images visualisées représentaient les individualités des voyageurs absents ; je crois au contraire que ceux-ci, étant restés de longues heures assis à leur place, avaient irradié autour d'eux une sorte de fluide qui s'était en quelque sorte fixé dans l'atmosphère, en y imprimant leurs images...

Comme on le voit, tous les sensitifs qui jugent leurs impressions, de même que tous les chercheurs qui les recueillent et les étudient, se rencontrent pour formuler la même hypothèse ; ce qui démontre combien elle est naturelle et nécessaire, sans compter qu'elle se montre « la moins large hypothèse formulable ».

Il existe cependant une variante complémentaire de cette hypothèse, selon laquelle la pensée intensément dirigée vers une personne donnée, et orientée dans un milieu déterminé, aurait aussi la force de créer une image plus ou moins persistante de cette même personne. Cette conception est familière aux occultistes et aux théosophes ; en même temps, elle est affirmée avec une instance curieuse par les soi-disant « personnalités médiumniques » qui communiquent au moyen de l'écriture automatique. On constate qu'en certaines circonstances leurs affirmations sont confirmées a *posteriori* par la contre-preuve de l'identification personnelle.

Ainsi, par exemple, dans l'épisode suivant que j'extrais de l'article de Myers sur la « Conscience Subliminale » (*Proceedings of the S. P. R.*, vol. IX, p. 79). Le médium était Miss A..., jeune fille cultivée et très distinguée, très versée dans les méthodes de recherches scientifiques destinées à prémunir contre les suggestions inconscientes. Miss A... ayant été invitée par la comtesse de Radnor à sa résidence de Longford, la personnalité médiumnique habituelle, nommée « Estelle », dicta par son intermédiaire le message suivant :

Tu me demandes ce que je vois dans ce milieu. Voici : Je vois beaucoup *d'ombres et* quelques esprits et je vois aussi un bon nombre de *choses réflexes.* Sais-tu me dire si un enfant est mort dans la chambre au-dessus ? Et s'il est mort presque subitement ? – Pourquoi me le demandes-tu ? – Parce que je vois constamment l'ombre d'un enfant dans la chambre voisine de la tienne. – Une ombre- seulement ? – Oui, rien qu'une ombre. – Qu'entends-tu dire ? – Une ombre se forme lorsque quelqu'un pense intensément et continuellement à une personne, imprimant ainsi l'ombre ou le souvenir de sa pensée dans l'atmosphère ambiante. Et c'est une forme objective qu'il crée ; à tel point que je suis encline à croire que les prétendus « fantômes » des assassinés, ou de ceux qui sont morts subitement, sont plus souvent des *ombres* ou des *images* que des « esprits confinés » ; conséquence de la pensée de l'assassin qui, toujours obsédé par l'idée de son crime, projette extérieurement l'ombre ou l'image de l'assassiné. D'autre part il serait triste qu'il y ait des âmes qui, après avoir souffert durant leur vie sans être coupables, doivent encore peiner après leur mort sous forme « d'esprits confinés ». Prends garde cependant : les « esprits confinés » existent effectivement, et ils sont nombreux.

La comtesse de Radnor observe à ce sujet :

« Quant à la communication en question, je confirme qu'un petit frère à moi mourut dans son enfance à la suite de convulsions, et qu'il mourut dans la chambre où la forme d'un enfant fut perçue ; et je ne saurais réellement imaginer de quelle façon Miss A... aurait pu le savoir, et d'autant moins connaître la chambre où l'enfant était mort. »

Il ressort des déclarations de la comtesse de Radnor que le cas exposé contient une preuve d'identification personnelle qui appuie les affirmations de la personnalité médiumnique ; et cela est tout à l'avantage de l'hypothèse de la « persistance des images ».

En passant à un autre mode des extrinsécations phénoméniques, je remarquerai que si l'on doit considérer comme fondée l'assertion que les formes fantomatiques, provenant de la « persistance des images » se distinguent des vrais « fantômes » par leur apparence inerte et inanimée, celles dont on parle dans les épisodes qui suivront devraient être attribuées à une cause différente, car elles se conduisent comme des personnes vivantes, et comme si elles faisaient partie d'une scène cinématographique ; on ne saurait dire en vérité si dans ces conditions nous demeurons dans l'orbite psychométrique, ou si nous nous trouvons devant des sortes de représentations télépathiques transmises inconsciemment, ou même intentionnellement, par des personnalités de défunts, ce qui nous ramènerait aux phénomènes de « hantise proprement dite ».

J'extrais ce premier cas d'une étude de Mrs. Sidgwick intitulée : « Phantasms of the Dead » *(Proceedings of the S. P. R.*, vol. III, p. 76) ; il constitue un épisode des plus curieux, à extrinsécation collective. On ne révèle pas les noms des protagonistes, qui sont connus des dirigeants de la *Society for Psychical Research* de Londres.

Mme E. F... écrit en ces termes à Mrs. Sidgwick, à la date du 7 février 1882 :

Ce que je vais exposer m'arriva il y a dix ou douze ans. Un soir de novembre, moi, ma sœur et la domestique, nous nous rendîmes au service religieux dans l'église de notre village. On était dans une période de pleine lune, mais le brouillard voilait la campagne, et la lune apparaissait dans une sorte de halo fumeux. Au retour, nous rencontrâmes un piéton qui s'avançait vers nous en sifflant, et nous perçûmes son sifflement bien avant de le voir. Il passa tout près de ma sœur, en sifflant toujours, et poursuivit son chemin.

Peu après, j'aperçus avec surprise un autre piéton, de basse taille, qui marchait derrière ma sœur sans produire aucun bruit de pas. Il semblait que ma sœur ne s'en fût pas aperçue ; je la tirai par la manche, en lui murmurant : « Laisse passer cet homme ». Nous marchions toutes trois l'une à côté de l'autre sur le trottoir, et ma sœur se trouvait du côté de la chaussée. Tandis que je murmurais ces mots, je vis l'homme disparaître dans le corps de ma sœur. Ni elle ni la domestique ne l'avaient vu ; mais au bout d'un instant il nous fut donné de contempler avec stupéfaction un spectacle bien plus étrange.

La rue s'était instantanément peuplée d'une foule innombrable de gens pressés ; c'étaient des hommes, des femmes, des enfants, des chiens, qui se croisaient, arrivant de toutes parts ; certains avançaient seuls, d'autres par groupes, mais aucun ne produisait de bruits de pas, et tous semblaient de couleur grise comme le brouillard. Des deux côtés de la route se trouvaient deux larges bandes de terre gazonnée, et quand les formes entraient dans cette zone d'un ton plus sombre, elles s'évanouissaient à nos yeux ; mais bien souvent elles s'évanouissaient en pénétrant en nous-mêmes. Comme nous poursuivions notre route, une foule toujours nouvelle venait à notre rencontre ; certains semblaient surgir des terres gazonnées latérales, d'autres traversaient nos corps et resurgissaient de l'autre côté. Toutes les formes étaient de petite taille, presque naines, excepté une seule, dont je parlerai un peu plus loin. Les femmes étaient habillées de costumes anciens, avec clés coiffes énormes, de grands manteaux, de grands châles, de larges volants autour des jupes, semblables à celles que je voyais porter à ma mère quand j'étais enfant. Je remarque que les observations de chacune au sujet des formes qui nous frappaient davantage étaient toujours concordantes ; lorsque l'une de nous signalait un homme, c'était bien un homme que les autres voyaient ; quand elle indiquait une femme, c'était une femme, et ainsi de suite. Si l'on regardait en haut, on voyait que l'air était absolument libre de ces formes, qui déambulaient pédestrement comme nous. A différents intervalles, nous rencontrâmes deux hommes qui avaient autour du visage une auréole d'étincelles, et semblaient nous regarder en ricanant. Le second d'entre eux avait un aspect si répugnant, que celle de nous qui le vit à son côté, dit : « Je n'y résiste plus ». Je lui conseillai : « Regardez en haut, vous ne verrez plus de fantômes. »

Parmi ceux-ci, il y avait un fantôme d'homme de haute taille, avec un bonnet sur la tête, qui marchait à grands pas, mais également sans aucun bruit ; et, seul entre tous, il se maintenait constamment à notre côté, en dehors du trottoir. Les autres se croisaient sur la route sans une direction précise, et se perdaient pour la plupart dans la zone gazonnée ; cet homme au contraire ne déviait jamais de son chemin. Si nous hâtions le pas, il se maintenait également à notre côté ; de sorte que nous lancions de continuels regards effrayés sur lui, nous murmurant mutuellement de ne pas le perdre de vue, bien qu'il ne se tournât jamais de notre côté.

Si j'ai bonne mémoire, lorsqu'enfin nous arrivâmes à l'allée qui conduisait chez nous, toutes les formes s'étaient évanouies sauf cet homme. Il avait un aspect différent des autres fantômes. Il était extrêmement répugnant, marchait d'une façon caractéristique, et était deux fois plus grand. On eût dit une personne qui allait vers un but déterminé, ce qu'on n'aurait pu croire des autres fantômes.

Pour entrer dans notre allée, il fallait traverser la rue, et je ne me sentais pas le courage de le faire, craignant que cet être horrible nous suivit là aussi. Au contraire, à notre immense soulagement, il dépassa l'allée et poursuivit, toujours avec son pas mesuré, se portant au milieu de la route. Quand nous nous retournâmes pour regarder une dernière fois, il était l'unique forme visible. (Signé : E. F...)

La sœur de la relatrice témoigne de la vérité des faits en ces termes :

Je confirme dans tous ses détails le récit de ma sœur, sauf que je ne me souviens pas d'avoir vu ricaner les deux hommes, et que je ne puis affirmer en avoir distingué les traits. Je vis au contraire l'auréole d'étincelles autour de leurs visages, qui me semblèrent gris comme le brouillard. (Signé : C.-M. B... 11 février.)

Suivent deux autres lettres de Mrs. E. F..., en réponse à plusieurs explications demandées par la *Society for Psychical Research.* Entre autres choses elle explique :

Au sujet de la longueur de l'étendue de chemin parcouru en compagnie des fantômes, nous en avons parlé, ma sœur et moi, et conclu qu'elle n'était pas inférieure à 200 mètres ; de sorte que la durée de la vision peut être estimée à deux ou trois minutes.

Quant à l'auréole d'étincelles autour des visages, je suis sûre qu'elle se dégageait des visages mêmes. Les deux fantômes qui en étaient ornés semblaient émaciés et cadavériques, avec des joues terriblement creuses et des pommettes saillantes. Si j'étais experte dans l'art du dessin, je pourrais les reproduire exactement, car je les ai toujours devant les yeux, d'une façon très distincte ; de même que je pourrais indiquer le point précis, très près de chez nous, où ils apparurent. Je ne puis préciser le nombre d'étincelles qui formaient l'auréole, mais elles pouvaient être dix ou douze pour chaque visage et elles étaient disposées à intervalles réguliers tout autour. Elles émettaient une lumière jaunâtre mais brillante de sorte que dans le brouillard chaque étincelle semblait entourée d'un halo fumeux. Elles ne présentaient rien d'attirant ni d'intéressant.

Les costumes des femmes me firent songer à ceux que revêtait ma mère lorsque j'étais enfant (c.-à-d. vers 1857) ; mais il ne faut pas oublier que les modes vont et viennent, se répétant à longs intervalles. Quant aux hommes, on eût dit qu'ils revêtaient de longs manteaux à grands cols ; mais je ne saurais rien affirmer là-dessus, car ils semblaient obscurs et gris comme le brouillard...

On ne saurait parler d'un phénomène de « mirage », car cette foule de fantômes était habillée de costumes absolument différents de ceux de toute foule existante dans n'importe quelle ville ou village proche ou lointain. Il n'y a pas une seule femme en Angleterre qui soit habillée ainsi.

Nous fûmes toutes envahies de terreur. Ma sœur et la domestique pleuraient et criaient fort ; moi, j'essayais de me dominer, et ma voix se maintenait ferme et normale, bien que je sentisse quelques larmes glisser sur mes joues. Nous ne faisions que nous traîner mutuellement en courant d'un côté à l'autre de la route, selon les groupes de fantômes que nous voulions éviter, car nous ne pouvions tolérer de les voir disparaître en nous-mêmes...

Tel est le très curieux épisode cité par Mrs. Sidgwick ; il est fort embarrassant au point de vue théorique.

Nous avons vu que la relatrice exclut avec raison l'hypothèse d'un phénomène supposé de « mirage », qui n'aurait pu reproduire une foule habillée de costumes que personne ne porte ; et la même circonstance des costumes anciens combat aussi l'hypothèse hallucinatoire, car en cas d'hallucination les fantômes auraient dû apparaître en des costumes familiers aux percipientes. Ajoutons à cela que la vision fut collective, et de plus à déroulement cinématographique, ce qui rend l'hypothèse hallucinatoire absolument insoutenable. L'hypothèse d'une « illusion d'optique » ne saurait avoir un meilleur sort, puisque les formes furent assez clairement perçues pour qu'on pût en observer les lignes archaïques ; et comme elles se croisaient sur la route en tous sens, elles permettaient aussi de les apercevoir sous les angles visuels les plus variés, circonstance à laquelle aucune illusion d'optique n'aurait résisté. On en peut dire autant de la forme d'homme géant qui se maintint constamment aux côtés des percipientes, les suivant dans leurs courses d'un trottoir à l'autre, sans produire de bruit de pas. Si cette forme avait été une illusion d'optique, elle se serait dissipée par la force des jeux d'ombre auxquels ces courses la soumettaient.

Cependant, le fait de devoir exclure toute explication naturelle, ne signifie pas encore que l'hypothèse psychométrique, avec ses différents modes d'extrinsécation, puisse facilement s'adapter aux faits ; et cela non seulement à cause de l'action chaotiquement mouvementée de la foule fantomatique, mais surtout parce qu'elle ne saurait expliquer certains incidents essentiels, comme l'auréole d'étincelles autour des visages des deux fantômes, la stature presque, naine de la multitude fantomatique, et la façon de se conduire du fantôme géant. Tous ces incidents ne seraient pas expliqués par l'hypothèse psychométrique qui, signifiant une sorte de « mémoire cosmique », devrait uniquement reproduire des tableaux d'événements passés ; et par conséquent elle n'aurait pas donné lieu à cette reproduction d'hommes ornés d'auréoles resplendissantes ; ni de multitude de nains n'ayant jamais existé ; tandis que le fait du fantôme qui se maintient constamment à côté des percipientes, implique une action dans le présent, et non plus dans le passé.

Enfin, on ne parviendrait même pas à surmonter toutes les difficultés en appliquant à ce cas l'hypothèse selon laquelle il se serait agi d'une représentation télépathique transmise inconsciemment, ou même intentionnellement, par une entité spirituelle repensant à une scène de son passé, car la question de la stature presque naine de la foule fantomatique demeurerait insoluble.

Pour conclure, nous dirons que si tout concourt à prouver la nature supranormale de l'épisode exposé, dont les rapports avec les phénomènes de « hantise proprement dite » sont évidents, son interprétation précise demeure cependant un mystère.

Puisqu'il ne me semble donc pas possible de s'orienter dans ce premier exemple de cinématographie fantomatique, je passe à un second exemple, où l'hypothèse psychométrique et celle télépathico-spirite semblent également vraisemblables.

Au cours de 1911 parut à Londres un livre d'argumentation métapsychique, intitulé *An Adventure.* qui suscita tout de suite un vif intérêt parmi les lecteurs de tout ordre. Même les plus grands journaux politiques comme le *Times,* le *Morning Post,* le *Daily Telegraph,* s'en occupèrent, lui consacrèrent des articles spéciaux, considérant avec déférence ce thème et se perdant en hypothèses destinées à résoudre de quelque façon l'énigme troublant qu'il présentait. Cet accueil était dû au fait que malgré le caractère extraordinaire de l' « aventure » décrite, elle se présentait avec l'empreinte de la vérité, et s'appuyait sur la netteté de l'exposition combinée à des méthodes d'étude rigoureuses et à une documentation parfaite. En outre, on savait à Londres que les auteurs du livre, bien que cachés sous le voile d'un pseudonyme, étaient filles de deux ministres anglicans bien connus.

Pour résumer en peu de mots le contenu du volume, je dirai que les auteurs, Miss Elizabeth Morison et Frances Lamont (pseudonymes), rapportent qu'en août 1901 elles avaient été pour la première fois à Versailles, et de là au Petit Trianon, où elles contemplèrent des scènes de paysages avec des personnages, des édifices et des objets qui en réalité n'existaient pas, mais qui par contre avaient existé à l'époque de la Révolution française. Elles ne soupçonnèrent la vérité qu'une semaine plus tard, et ne s'en convainquirent qu'au bout de trois mois ; elles résolurent alors d'entreprendre les recherches nécessaires afin de constater d'après les documents et les plans topographiques de l'époque, quelle part de vérité contenaient leurs visions. Dans ces très laborieuses recherches elles persévérèrent neuf ans, réussissant par degrés à accumuler des preuves lumineuses aptes à démontrer que la vision avait été dans tous ses détails l'expression même de la vérité.

Elles déclarèrent qu'elles ne s'étaient jamais occupées de pratiques spirites ou de recherches métapsychiques, dont au contraire elles s'étaient toujours écartées par caractère et par principes, entendant conserver intacte la foi de leurs pères. En tout cas, il est précieux de savoir qu'elles appartiennent à des familles dont certains membres se sont fait remarquer souvent par l'existence des facultés dites de « seconde vue », facultés dont elles-mêmes se sentent indubitablement douées, bien qu'elles en aient toujours délibérément entravé le développement.

L'ouvrage commence par le récit fait par les percipientes de leur promenade au « Petit Trianon », relations dictées indépendamment l'une de l'autre, trois mois après la vision. Auparavant, et précisément une semaine après l'excursion, Miss Morison en avait déjà fixé les principaux épisodes dans une lettre à une amie. Les relations concordent dans tous leurs détails visualisés *collectivement,* mais contiennent en outre des visions *électives* de personnes et d'objets.

Comme il n'est pas possible de résumer brièvement le contenu d'un livre, je me bornerai à présenter un passage de la relation de Miss Morison, en le faisant suivre de quelques autres passages se rapportant aux certifications des faits visualisés.

Miss Morison raconte qu'après avoir visité le palais de Versailles avec Miss Lamont, toutes deux se décidèrent à visiter aussi le Petit Trianon ; et, se dirigeant vers ce but, elles demandèrent des renseignements à deux gardiens à l'aspect sombre et préoccupé, qui portaient une livrée verte, avec un tricorne. Puis elle poursuit :

Nous marchions d'un pas rapide, en causant avec animation. Cependant, dès le moment où nous quittâmes l'avenue pour enfiler un sentier, je me sentis en proie à une dépression extraordinaire, qui augmentait rapidement malgré mes efforts pour la dominer. Aucun motif ne pouvait la justifier, car je n'étais nullement fatiguée, et je m'intéressais toujours davantage au paysage qui nous entourait. Je craignais que ma compagne ne s'aperçut de la soudaine tristesse qui m'avait envahie, et qui devint opprimante lorsque nous atteignîmes le point où notre sentier en croisait un autre. Nous avions devant nous un bosquet touffu, à l'ombre duquel s'élevait un joli kiosque circulaire, sur la margelle duquel un homme était assis. Il n'y avait pas autour de tapis de gazons, mais de la terre couverte d'herbes champêtres, et aussi de feuilles mortes. J'éprouvais une impression des plus désagréables à me trouver dans un milieu qui n'était pas normal. Même les arbres derrière le kiosque me paraissaient plats et sans vie, à la façon des arbres peints sur les décors de théâtre. Il n'y avait pas d'effets d'ombre et de lumière, et pas une feuille ne remuait. L'homme assis sur la margelle du kiosque était enveloppé dans un ample manteau et portait un chapeau à larges bords. Il se tourna pour nous regarder, et ce fut l'instant où mes sensations désagréables arrivèrent au maximum. Ce visage était repoussant, l'expression du regard odieuse ; l'homme était trapu, brun et rude. Je dis à Miss Lamont « De quel côté faut-il aller ? » Mais, ce disant, je pensais : « Je n'irai jamais de ce côté-là ». Tout à coup nous entendîmes quelqu'un qui courait à perdre haleine, et, croyant avoir affaire à un jardinier, je me retournai ; mais on ne voyait personne dans toute la longueur du sentier. Je m'aperçus cependant qu'un autre homme était derrière nous et qu'il était probablement descendu des roches qui fermaient le passage de ce côté-là ; et, à cette apparition subite, je sursautai. Il avait un aspect distingué de gentilhomme ; haute taille, grands yeux sombres, cheveux bouclés surmontés d'un chapeau à larges bords. C'était un bel homme, et cette chevelure le rendait semblable à un portrait ancien. Il avait le visage congestionné, comme quelqu'un qui a fait une course précipitée, et était enveloppé dans un ample manteau dont un pan traînait, dérangé par la course effrénée. Il semblait extrêmement excité, et s'adressa à nous en criant : « Mesdames, Mesdames » (ou *Madame,* prononcé avec un accent semblable à « Mesdames ») « il ne faut (prononcé *fou*) pas passer par là ». Puis, étendant le bras, il ajouta vivement : « Par ici... cherchez la maison » (et d'autres mots que nous ne saisîmes pas). Ne comprenant rien à son état d'extrême agitation, je le regardai en face, étonnée, et lui, reculant d'un pas, me regarda à son tour avec une espèce d'étrange sourire. Bien que nous n'eussions pas saisi toutes ses paroles, il était évident qu'il avait indiqué d'une manière précise qu'il fallait tourner à droite ; et comme le conseil s'harmonisait avec mes désirs, je me dirigeai de ce côté, non sans d'abord me tourner pour remercier ; mais le gentilhomme avait disparu, tandis que le bruit d'une course effrénée se renouvelait près de nous. Nous passâmes un petit pont en bois suspendu sur le vide, et nous observâmes à notre droite une petite cascade si proche qu'on eût pu la toucher, et qui se précipitait du haut d'un rocher verdoyant de fougères qui sortaient des interstices. Nous traversâmes une allée plantée d'arbres, puis nous marchâmes le long d'une bande de pré ombragé de grands arbres, qui nous avaient empêché de voir que la « maison » indiquée (c'est-à-dire le Petit Trianon) s'élevait à peu de distance. C'était un édifice carré, solidement construit, ct très différent de ce que nous l'avions imaginé. Les fenêtres donnant de notre côté étaient fermées ; et une terrasse d'angle s'avançait sur un pré. Assise au milieu de l'herbe, le dos tourné à la terrasse, se tenait une dame occupée à regarder attentivement un carton qu'elle tenait devant elle, le bras tendu. Je supposai donc qu'elle se divertissait à faire un croquis du groupe d'arbres qui se trouvait devant elle. Quand nous passâmes près d'elle, elle se retourna pour regarder. Elle n'était pas très jeune, et bien qu'elle fût plutôt jolie, elle ne m'attirait pas. Sa tête était couverte d'un grand chapeau blanc, posé sur une chevelure très abondante et belle, qui, toute bouclée, entourait son front. Elle portait un léger costume d'été, disposé sur les épaules à la façon d'un fichu, avec un bord verdâtre, ou bien doré à l'aide duquel j'observai que les pans du fichu n'étaient pas repliés dans le corsage, mais restaient au-dessus. Le corsage était long, et la jupe, qui semblait courte, était très ample sur les hanches. Je la pris pour une voyageuse, bien que son costume me semblât bien étrange et bien démodé. J'eus le loisir de l'observer attentivement, mais une sensation inexplicable me poussa à m'en éloigner.

Nous montâmes sur la terrasse ; mais j'avais l'impression de me trouver dans un milieu de rêve, tant le silence mortel qui régnait autour de nous me semblait opprimant et anormal. Mes yeux tombèrent de nouveau sur la dame, que je voyais maintenant de dos, et j'observai que la couleur de sa robe était d'un vert pâle. J'éprouvai presque un soulagement à voir que Miss Lamont s'était abstenue aussi de lui demander des indications au sujet de l'entrée du palais.

Nous traversâmes la terrasse pour regarder dans la « Cour d'honneur » ; apercevant d'un côté une baie ouverte, nous allions nous diriger de ce côté, quand une porte s'ouvrit sur la terrasse, et un jeune homme en sortit, qui la referma en la faisant claquer. Il avait les manières désinvoltes d'un palefrenier, mais ne portait pas de livrée ; ce jeune homme vint à nous en nous informant que pour entrer dans le palais on passait dans la « Cour d'honneur », et nous indiquant le chemin à suivre... Quand nous fûmes parvenues sur le seuil... nous retrouvâmes soudain notre bonne humeur... »

Voilà le passage principal de la relation de Miss Morison. Tous les personnages visualisés, ainsi que la grande partie du paysage, y compris le kiosque et la cascade, n'existaient pas en réalité ; et la surprise ne fait qu'augmenter quand on songe que les jardins du Petit Trianon, étant ouverts au publie, étaient à cette même heure animés d'une foule bruyante, qui n'existait pas pour les « sensitives ».

La relation de Miss Lamont nous apprend qu'elle eut à éprouver le même sentiment soudain de dépression morale jointe à l'impression de se trouver dans une atmosphère de rêve, et qu'elle aperçut le même paysage et les mêmes personnages, exception faite pour la dame assise près de la terrasse, qu'elle ne vit pas ; cependant, en passant près de l'endroit où elle se trouvait, elle avait éprouvé le sentiment de la présence d'une personne qu'il fallait éviter, et elle s'éloigna de côté ; ensuite elle s'en étonna. Quant à l'homme assis sur la margelle du kiosque, elle ajouta un détail intéressant pour sa future identification, ayant observé qu'il avait le visage troué par la petite vérole. Elle vit en outre des objets et des personnages invisibles pour Miss Morison ; entre autre une charrue de forme inusitée déposée près d'un mur, et une maison rustique sur le seuil de laquelle se trouvait une femme habillée d'un costume ancien, qui tendait un pot à une petite fille d'une quinzaine d'années, avec un bonnet blanc sur la tête, et une jupe blanche qui lui descendait jusqu'aux pieds.

Dans une seconde visite au Petit Trianon, elle aperçut d'autres personnages et d'autres objets fantomatiques, de même qu'elle entendit l'écho d'une musique suave qui semblait provenir d'un orchestre de violons très proche ; et elle transcrivit douze mesures de cette musique, qui furent retrouvées identiques dans les œuvres musicales de cette époque (Sacchini ; Montigny ; Pergolèse).

Comme on l'a dit, les deux amies ne savaient pas qu'elles avaient observé un ensemble de choses et de personnes inexistantes, et soupçonnèrent la vérité lorsque, en causant, elles s'aperçurent que l'une parlait d'une dame assise près de la terrasse, que l'autre n'avait pas vue. Quelques jours après, une amie de Miss Lamont, sans rien savoir de leur aventure, dit qu'à Versailles on racontait une légende selon laquelle « en un certain jour du mois d'août, Marie-Antoinette apparaissait assise dans le jardin du Petit

Trianon, assez près de la façade, avec un grand chapeau sur la, tête, et un costume rose ; qu'en outre, certains coins du parc et plus particulièrement la ferme, le petit jardin et le sentier près du ruisseau, se peuplaient de personnages qui vécurent familièrement avec elle ; de sorte que pour un jour et une nuit on assistait à la résurrection de l'ancienne Cour ».

Ce récit, joint aux circonstances que l'on sait, stimula la curiosité des deux amies, et l'une d'elles eut l'idée de rechercher dans l'histoire du temps si la date du 10 août, jour où elles avaient visité le Petit Trianon, correspondait à quelque événement important ; et elles constatèrent qu'à cette date, en 1792, le palais des Tuileries avait été envahi par la foule révolutionaire. Miss Morison observe à ce sujet :

> A cette découverte, nous commençâmes à nous demander si par hasard il ne nous était pas arrivé de tomber dans une projection authentique de la pensée de la Reine encore vivante ; ce qui aurait expliqué le sentiment de dépression tragique et d'oppression physique éprouvé. Pourquoi — disions nous — ne pourrait-il se faire que dans les heures anxieuses qu'elle passa dans les salles de l'Assemblée, ou dans les prisons de la « Conciergerie », elle soit retournée par la pensée aux jours heureux vécus à Trianon en d'autres mois d'août, et que cette forme de remémoration angoissée ait laissé une empreinte locale durable ? En tout cas, on nous fit voir plusieurs peintures de l'époque, qui nous fournirent la preuve que les costumes de promenade des gentilshommes de cour étaient l'exacte reproduction de ceux visualisés, c'est-à-dire de grands manteaux avec chapeaux à larges bords ; et que les femmes portaient de longs corsages, des jupes courtes et ballonnées, des fichus croisés sur la poitrine, et sur la tête de larges chapeaux.

Encouragées par tant de coïncidences, les deux amies se consacrèrent à la recherche de documents, publications, dessins et portraits de l'époque ; consultant dans les bibliothèques et dans les archives les mémoires des courtisans et des pages ; ne négligeant pas ceux de la couturière et de la modiste de la reine, examinant les comptes des ingénieurs auteurs du parc, des jardiniers, des économes ; et même le livre des gages du personnel.

De tout cela se dégagea peu à peu la preuve que leur vision avait été une reproduction véridique de temps et de situations qui furent jadis. Et si telle des documentations en question ne semble pas à la hauteur du but, il faut cependant tenir compte de la convergence de toutes les documentations vers la preuve recherchée ; ce qui leur confère une très importante valeur.

Dans le volume de Desjardins, *Le Petit Trianon,* et dans celui de Pierre de Nolhac, *La Belize Marie-Antoinette,* elles trouvèrent que le comte de Vaudreuil, le même qui trahit la reine en l'invitant à une représentation du *Barbier de Séville* exécuté dans le théâtre même de Trianon, *était un créole, et avait le visage marqué de petite vérole.* M. de Nolhac affirme en outre que dans le cercle privé de, la reine, le comte de Vaudreuil était du cercle des intimes.

Miss Morison trouva que le portrait de la reine exécuté par le peintre Wertmuller était le seul qui ressemblait à la forme aperçue par elle près de la terrasse de Trianon ; et plusieurs semaines après, elle lut dans le livre de Desjardins : « Ce portrait fut mal accueilli par les critiques contemporains, qui le trouvèrent froid, privé de grâce et sans majesté ; mais pour la postérité il possède au contraire un grand mérite : celui d'une parfaite ressemblance. Madame Campan déclare qu'il n'existe pas d'autres bons portraits de la reine que la toile de Wertmuller et le portrait de Mme Vigée-Lebrun ».

En janvier 1904, Miss Lamont se rendit à la Comédie Française, pour assister à une représentation du *Barbier de Séville,* où étaient scrupuleusement reproduits les costumes de l'époque ; et elle constata que les gardes étaient habillés d'une livrée identique à celle qu'endossaient les gardiens du parc auxquels elle et son amie avaient demandé leur chemin.

Miss Lamont voulut aussi faire des recherches au sujet de la charrue qu'elle avait vue, et sut des jardiniers qu'il n'existait pas de charrue dans le parc, et que probablement il n'y en avait jamais eu, car dans un parc royal on ne cultive pas la terre. Malgré cela, en 1895, elle lut dans le volume de Desjardins que « sous le règne de Louis XVI on conservait au Petit Trianon une vieille charrue, souvenir du règne précédent, qui fut vendue avec toutes les propriétés du roi pendant la Révolution ». En outre, on apprend d'après un plan topographique de l'année 1783, qu'il existait effectivement un carré de terre cultivée au petit Trianon ; et dans un autre dessin de l'époque, on trouve une charme identique à celle apparue à la sensitive.

Au sujet de la vision de la maison rustique, sur le seuil de laquelle se tenait une femme faisant le geste de tendre un pot à une enfant de quatorze ans, Miss Lamont put constater dans le plan topographique de 1783, que la maison existait réellement, et était située au point où elle la vit. En septembre 1910, les deux amies se rendirent sur les lieux, constatant que sur le vieux mur d'enceinte on observait encore les traces de la maison qui s'y adossait, avec des restes marqués de pierres et de ciment ; et elles photographièrent ces vestiges. En outre, le livre de Mme Lavergne leur apprit qu'en ce temps-là y habitait « la petite Marion » avec sa mère ; et qu'à la date du 10 août 1792, l'enfant devait justement atteindre l'âge de quatorze ans, tandis que sa mère vivait encore.

Au sujet de l'épisode où un gentilhomme apparaît précédé et suivi de l'écho d'une course effrénée, on trouve des détails impressionnants dans le livre de Mme Lavergne ; tous détails qui lui ont été fournis personnellement de vive voix par la petite Marion (la fille du jardinier). Elle écrit : « Ce jour-là, avant d'entrer dans sa grotte favorite, la reine se promena quelque temps en compagnie de Marion ; puis elle entra seule dans la grotte, mais effrayée par ses propres pensées, elle en sortit presque tout de suite pour se mettre de nouveau à la recherche de Marion. Ce fut alors que parut devant elle un page tremblant, qui lui remit un billet du ministre du palais. A peine la reine l'eut-elle lu, qu'elle pria qu'on lui envoyât immédiatement son carrosse, et qu'on en informât Madame de Tourzel. Le page s'inclina (comme il s'était incliné devant nous) et s'éloigna dans une course effrénée ». Il faut ajouter que le gentilhomme-page apparu aux sensitives, avait désigné le Petit Trianon sous le terme de « maison », ce qui semblait impropre à un palais. Or, en 1907 les deux amies lurent dans le livre de Desjardins : « La reine avait l'habitude d'appeler le Petit Trianon "ma maison de Trianon" pour la distinguer du palais et du château ».

A propos du petit pont en bois suspendu dans le vide, et de la cascade relative à celui-ci (qui n'existaient pas dans le parc) elles trouvèrent le passage suivant dans le livre du comte de Hezecques,

Souvenirs d'un page : « Devant le château s'étendait un pré... qui se terminait par un ravin ombragé de pins, de tuyas et de mélèzes, et *surmonté d'un petit pont rustique,* semblable à ceux qu'on voit dans les montagnes de la Suisse, et sur les précipices du Vallois. » Mme Lavergne parle à maintes reprises de la « cascatelle », et l'ingénieur constructeur Mique parle du « pont en bois..., en face de la pente du ravin »...

Nous parlerons enfin du jeune palefrenier qui, sorti à leur rencontre par une porte de la terrasse, la referma derrière lui en la faisant claquer. Or, en 1905, les deux amies retournèrent sur les lieux, et constatèrent que cette porte donnait sur l'ancienne chapelle, qui se trouve aujourd'hui en ruines. En 1906, Miss Lamont obtint la permission de la visiter, mais dut y entrer du côté opposé à la terrasse, et vit que la porte par laquelle était sorti le palefrenier donnait sur la galerie royale, et que jadis on y accédait au moyen d'un escalier qui n'existait plus ; de sorte que la porte était inaccessible. En outre, elle était barrée et couverte de toiles d'araignées.

Plusieurs autres coïncidences de ce genre, que nous omettrons pour abréger, sont énumérées par les sensitives ; celles-ci, analysant particulièrement les faits en rapport avec leur genèse historique probable, remarquent qu'ils se rapporteraient d'une façon marquée à deux dates fatales de la vie de Marie-Antoinette : le 5 octobre 1789, et le 10 août 1792 ; après quoi elles observent justement : « Dans les plus importants incidents, comme dans les moindres, on note une incohérence qui, pour être expliquée, demanderait une combinaison de tous ces incidents dans un cerveau unique, et l'unique cerveau où tous les incidents pouvaient se trouver présents était celui de Marie-Antoinette. Par conséquent notre théorie de 1901, selon laquelle nous étions tombées dans une projection de la pensée de la reine encore vivante, s'est encore amplifiée ; nous pensons que nos deux visites à Trianon (10 août 1901, et 2 janvier 1902) font partie d'une unique remémoration de la malheureuse reine, et que, d'une façon purement automatique, nous avons eu la vision de ce qui s'est passé dans son esprit voilà plus de cent ans. De même nous pensons que nous avons eu la perception de bruits et de sons entendus par elle, de phrases à elle adressées... Il fallut neuf ans de laborieuses recherches pour accumuler les données qui démontrent la particularité de notre expérience, justifiant notre conviction, que du moment où nous quittâmes l'allée jusqu'au moment où nous posâmes le pied sur le seuil du Trianon, nous avons marché sur un sol enchanté. »

Comme il ressort de ces lignes, les convictions théoriques des percipientes équivalent à l'hypothèse psychométrique, avec cette variante qu'elles supposent une projection de la pensée de là reine encore vivante, avec persistance locale des images psychiques ; tandis que dans la psychométrie proprement dite, ce seraient les événements mêmes qui auraient laissé sur les lieux leur empreinte, ou des influences susceptibles d'être perçues et objectivées par les sensitifs. Le Pr. Hyslop, analysant le cas dans le *Journal of the American S. P. R.* (juillet 1911) ne croit pas devoir accueillir la genèse psychométrique des faits, et les considère au contraire comme « une nouvelle illustration de la possibilité pour les vivants de venir sporadiquement à la connaissance d'événements survenus dans un passé lointain, et cela probablement en vertu de rapports télépathiques avec les défunts intéressés dans les événements en question ». Je fais observer que ce paragraphe contient l'hypothèse télépathico-spirite que j'ai défendue dans ce livre, et qui se prêterait sans nul doute à expliquer les faits d'une façon beaucoup plus satisfaisante.

*
* *

Pour conclure, nous dirons qu'en thèse générale l'hypothèse psychométrique mérite également d'être prise en considération chaque fois qu'on se trouve en face d'épisodes analogues à ceux rapportés dans le présent chapitre ; et il n'est pas dit qu'elle ne doive pas être acceptée comme la véritable cause de certains d'entre eux. Il faut en effet tenir compte qu'elle ne se présente pas à l'examen de la raison comme un élucubration métaphysique basée sur le vide, mais comme une hypothèse scientifiquement légitime, parce que fondée sur des données expérimentales en apparence incontestables.

Cela dit, je me hâte d'observer qu'entre le fait d'en reconnaître la validité, et celui de s'en prévaloir pour l'explication de la casuistique entière des hantises, il y a un abîme. Et la chose apparaît d'elle-même si évidente que je me croirais dispensé de le démontrer, s'il n'y avait eu d'éminents psychologues, tels que les professeurs William James et Théodore Flournoy, qui se prévalurent de l'hypothèse psychométrique pour l'opposer à celle spirite, la considérant comme théoriquement capable d'expliquer toutes les manifestations supranormales d'ordre intelligent, de façon à substituer, ou pour le moins à rendre superflu, le besoin de recourir à des interventions spirituelles. Il sera donc utile que sans sortir de l'orbite de notre thème, nous exposions les raisons pour lesquelles l'hypothèse psychométrique ne pourra jamais expliquer la très grande majorité des phénomènes de « hantise proprement dite ». Ces principales raisons sont les suivantes :

1° Parce que parfois les fantômes se manifestent en des lieux où ils ne sont pas morts et où ils n'ont pas vécu ; ou dans des chambres différentes de celles où se produisirent les événements générateurs de la hantise ; ou s'ils se manifestent dans la même chambre, le fait se produit presque toujours en liaison avec d'autres phénomènes qui se produisent dans les points les plus disparates de l'habitation ; toutes circonstances inconciliables avec l'hypothèse psychométrique.

2° Parce que les manifestations qui se réalisent le plus fréquemment dans les cas de hantise sont bien loin de consister dans la reproduction subjective des événements qui les déterminèrent. Un bruit de portes qui claquent, ou de verres qui se brisent, ou de plaques métalliques qui tombent, n'a rien de commun avec un drame de sang, ou une agonie troublée par des remords ; et cela étant, il ne peut dériver d'influences psychométriques, qui, si elles ont le pouvoir de *reproduire,* n'ont pas celui de créer.

3° Parce que l'on compte des exemples très remarquables de hantise dans des habitations neuves, et par conséquent exemptes de toute influence psychométrique.

4° Parce que, si les phénomènes de hantise avaient une origine psychométrique, ils devraient se produire chaque fois qu'agiraient les mêmes causes, qui dans notre cas consisteraient dans l'intensité avec laquelle les irradiations nerveuses, psychiques, vitales, se dégageraient de l'organisme humain en des moments d'émotion extrême ; et alors chaque événement dramatique, et tout cas de mort naturelle, devraient causer des manifestations semblables, déterminant une condition de hantise chronique dans presque toutes les habitations humaines ; ce qui en fait est bien loin d'arriver.

5° Parce que la considération précédente entraîne cette autre, que si les phénomènes de hantise se confondaient avec la psychométrie, ils devraient se produire aussi lorsque survit la victime d'un drame ; au contraire, ils se réalisent exclusivement lorsque la victime ou l'assassin succombe, circonstance qui s'harmonise parfaitement avec l'explication télépathico-spirite, mais qui ne pourra jamais s'éclaircir à l'aide de l'hypothèse psychométrique.

6° Parce que dans un bon nombre de cas les manifestations présentent un caractère intermittent, avec de longs temps de calme ou de cessation complète, suivis de brusques reprises ; ce qui ne se vérifierait pas s'il s'agissait de la persistance d'influences purement physiques.

7° Parce qu'il y a des cas où les manifestations se reproduisent constamment à la même heure, ou exclusivement en un jour anniversaire de mort ; ce qui démontre qu'à leur source se trouve bien une intention, quelle qu'elle soit, dont l'existence ne s'explique pas avec l'hypothèse psychométrique.

8° Parce qu'il y a des exemples où l'on assiste à la cessation des manifestations dès qu'un désir du fantôme hanteur est exaucé ; autre indice très net d'intention qui ne saurait se concilier avec l'hypothèse en question.

9° Parce qu'il y a des cas où les manifestations de hantise éclatent soudain à la suite de l'inobservance d'un pacte où l'un des contractants est un défunt, ou à la suite de la profanation d'une tombe ; autre forme d'intention vigilante inexpliquée par la psychométrie.

10° Parce que des apparitions de hantise qui se réalisent sont des prémonitions de mort (Dames Blanches) : ce qui exclut toute forme de psychométrie.

11° Parce qu'il y a des fantômes hanteurs qui répondent à qui les interroge, manifestant par là une intention nette qui se déroule *activement* dans le présent, et non plus *passivement* avec reproductions d'événements passés.

12° Parce qu'il y a des fantômes hanteurs qui révèlent des choses ignorées de tous les présents, et parfois de tous les vivants ; autre circonstance témoignant en faveur de l'origine spiritique des phénomènes, et de l'incapacité absolue de l'hypothèse psychométrique de les expliquer.

Je n'ajouterai aucune autre considération, car celles que j'ai rapportées soutiennent amplement ma propre assertion ; et si celles-ci démontrent que l'hypothèse psychométrique n'explique pas les phénomènes de hantise, elles servent aussi à détruire la thèse des Pr. William James et Théodore Flournoy sur la valeur de l'hypothèse psychométrique pour la solution de tous les mystères dans toute branche subjective des manifestations métapsychiques ; et elles la détruisent pour de multiples raisons, dont la principale est celle-ci : que les branches de la métapsychie sont reliées entre elles par un élément causal commun, de sorte que l'hypothèse qui ne résout pas les mystères de l'une d'elles, ne les résout pour aucune.

CHAPITRE 7

DES PHÉNOMÈNES DE « POLTERGEIST »

J'ai déjà dit dans l'Introduction de cet ouvrage qu'on désigne par le terme allemand de « Poltergeist » cette branche de manifestations de hantise qui se dégagent sous une forme *objective ou médiumnique,* en prévenant que la subdivision de ces manifestations en deux catégories distinctes *subjective* et *objective,* doit être considérée comme purement conventionnelle, car la plupart du temps les phénomènes à séparer se trouvent confondus ensemble et rapprochés les uns des autres, sauf en certaines exceptions qui ne suffisent pas à confirmer la règle. Il s'ensuit que la seule différence entre ces catégories consiste en ceci, que l'une regarde les manifestations *en majorité télépathiques,* et l'autre, celles *en majorité médiumniques* ; mais l'entière phénoménologie est au fond unique.

Dans l'Introduction j'ai fait en outre remarquer que cette promiscuité des manifestations phénoméniques est extrêmement embarrassante quant à la classification des faits ; et que par conséquent j'avais tourné la difficulté en classant les cas particulièrement *auditivo-subjeclifs* (donc en grande partie *télépathiques*) dans la catégorie des phénomènes de « hantise proprement dite », réservant pour la catégorie des « phénomènes de poltergeist » les cas extrêmes à manifestations presque exclusivement *objectives* (donc *médiumniques*). C'était là l'unique manière d'affirmer nettement que le classement des « phénomènes de poltergeist » dans une catégorie spéciale est théoriquement légitime et pratiquement utile, parce que les épisodes de hantise à effets physiques présentent des caractères propres, qu'il faut considérer à part. Cela sans infirmer la conclusion déjà énoncée au sujet de l'unité fondamentale des phénomènes de hantise en général.

Les modes d'extrinsécation des phénomènes de « poltergeist », entendus dans le sens que nous avons exprimé, furent ainsi résumés dans l'introduction : « Outre les phénomènes auxquels nous avons fait allusion, de meubles qui se déplacent, de fenêtres et portes qui claquent, de vaisselle qui se brise, il s'agit très souvent de sonnettes qui ne cessent de s'agiter bruyamment sans cause apparente, même après qu'elles ont été isolées par la suppression des cordons et des fils. Tout aussi fréquents sont les cas de "pluies de pierres", présentant des traits caractéristiques fort remarquables, comme lorsque les pierres parcourent des trajectoires contraires aux lois physiques, ou s'arrêtent en l'air, ou tombent lentement, ou atteignent avec une dextérité très insolite un but déterminé, ou frappent sans faire de mal, ou bien sans rebondir ensuite, comme si elles étaient empoignées par une main invisible ; ou comme lorsque les pierres se trouvent être chaudes, voire même brûlantes. En d'autres circonstances, les draps sont violemment arrachés des lits des personnes couchées, ces dernières étant soulevées et déposées doucement sur le sol, si toutefois les lits eux-mêmes ne sont pas renversés. Plus rarement, on a des chutes abondantes d'eau, de boue, de cendre, des disparitions soudaines d'objets, qui sont restitués plus tard d'une façon tout aussi mystérieuse ; on constate aussi parfois des phénomènes persécuteurs, au cours desquels les vêtements s'allument sur la victime désignée. Les flammes prennent même quelquefois au lit où elle est couchée, à la maison qu'elle habite ; en ces cas il arrive d'assister au dégagement par en bas d'étincelles bleuâtres pétillantes, qui foncent sur la victime, sur le lit, sur la maison ».

Quant aux données statistiques qui regardent les phénomènes étudiés, j'ai dit dans l'Introduction que, sur 532 cas recueillis, on en trouve 158 de « poltergeist », qui se vérifient par conséquent dans une proportion de 28 pour 100. J'ai fait aussi noter que l'on compte parmi eux 16 cas de « pluies de pierres », 19 cas de sonnettes qui s'agitent spontanément, 7 cas de phénomènes incendiaires, et 7 autres où des voix humaines réelles et mystérieuses appelaient les personnes de la maison, ou répondaient à leur appel, ou bien parlaient longuement et fréquemment, distribuant les conseils et les ordres. Restaient 59 cas de manifestations variées, pour la plupart constituées par des phénomènes de mouvement, de transport ou de lancement d'objets de ménage.

A cette énumération sommaire, j'ajouterai maintenant de plus amples informations sur les caractères des phénomènes, en commençant par observer que ces phénomènes se manifestent indifféremment pendant la journée ou pendant la nuit, et que leur manifestation semble réglée par une forme quelconque d'intention, qui se concrétise parfois en une personnalité occulte capable d'entrer en rapport avec les assistants et de répondre à leurs demandes au moyen de coups frappés dans une succession alphabétique, ou d'autres signes convenus, tandis qu'on observe bien souvent que cette personnalité est en rapports télépathiques avec les assistants, devine leurs pensées, ou bien encore répond à des questions. A ces modes de conversations mentales, assez fréquents dans notre phénoménologie, il faut ajouter ceux, exceptionnels, où la personnalité mystérieuse s'exprime de vive voix, ou parle à la façon d'une personne vivante.

Un autre caractère essentiel des phénomènes de « poltergeist », auquel j'ai déjà fait allusion dans l'Introduction, est qu'ils se montrent presque toujours en relation directe avec la présence d'un « sensitif », qui le plus souvent est une jeune fille, et quelquefois un jeune garçon. Cette condition de « rapport médiumnique » les diffère notablement de ceux à manifestations subjectives et les rapproche des phénomènes obtenus expérimentalement dans les séances médiumniques à effets physiques, dont ils représentent le double sporadique.

Je répète cependant que, si cette particularité les distingue encore des « phénomènes de hantise propre ment dite », elle n'infirme pas la thèse de l'unité fondamentale des phénomènes de hantise, établie sur la fréquence avec laquelle les manifestations objectives se réalisent parmi celles subjectives, et vice versa ; avec cette seule différence que les manifestations objectives dans les cas surtout subjectifs, se produisent le plus souvent sans rapports *médium-*

niques avec les personnes présentes, comme si les « influences locales » suffisaient à la tache.

En revenant aux phénomènes de « poltergeist », nous voyons que, par suite du « rapport médiumnique » dont nous avons parlé, ils ont de tous temps éveillé des soupçons de fraude dirigés contre les « sensitifs » dont la présence paraissait indispensable à leur manifestation. Même de nos jours, on assiste souvent à l'intervention des agents de la force publique, qui surveillent rigoureusement les manifestations et les personnes, sans presque jamais parvenir à résoudre le mystère, ce qui ne les empêche pas de conclure en faveur de l'hypothèse des pratiques frauduleuses habilement perpétrées par l'individu suspect ; et l'habile coquin capable de se jouer des professionnels de l'ordre est la plupart du temps représenté par une enfant ingénue. Mais le bon public tient pour authentique la version, sans s'inquiéter d'apprécier les faits, et sourit de compassion pour tous les naïfs qui se laissent berner. Et pourtant, dans la plupart des cas, si le public avait pris garde aux détails, il aurait observé que les modes d'extrinsécation étaient analogues à ceux que nous avons énumérés, et non explicables par la fraude ; en commençant par les trajectoires anormales des projectiles, pour finir par les coups qui répondent à des demandes mentales.

On pourrait m'objecter que, parfois, la fraude est constatée, et je le confirmerais ; mais je ferais observer qu'il n'existe pas au monde une seule manifestation de l'activité humaine qui ne soit plongée dans cette même pénombre. Cela porte simplement à conclure qu'il faut se mettre en garde et, de fait, nous le savions déjà.

Cependant, même dans les cas où la fraude fut constatée, il faut agir doucement pour la généraliser à tous les phénomènes advenus ; c'est à ce propos que le Dr Maxwell expose les fines considérations suivantes : « Nous ne savons pas en effet quelles sont les causes qui peuvent amener certains sujets à frauder : dans la majeure partie des cas, on ne trouve aucun intérêt qui puisse les guider ; on ne s'explique pas l'origine des manifestations ; on ne comprend pas comment des petites filles de dix ou douze ans aient eu l'idée d'imaginer de lancer des pierres, de casser des vitres ou de faire danser des fauteuils et voltiger des assiettes. L'explication de leur conduite devient au contraire facile, si nous supposons que des phénomènes vrais ont précédé l'imitation qu'en fait le jeune sujet et lui en ont suggéré l'idée. Nous serions en présence de ces cas de fraude mixte, où quelques vérités se mêlent aux mensonges, cas fréquemment observables chez les sujets professionnels du somnambulisme ou du spiritisme » (*Bulletin de l'Institut Général Psychologique,* 1905, p. 376).

Un autre caractère de ces phénomènes, c'est leur grande uniformité, qui se maintient dans tous les temps et dans tous les lieux. Partout où les phénomènes se manifestent, leur étroit programme ne varie pas, comme ne varient pas leurs modes d'extrinsécation ; et l'on voit des exemples de « pluies de pierres » en Chine, au Japon, dans le Zoulouland, dans les jungles de l'Inde, dans la Nouvelle-Zélande et la Patagonie, qui se déroulent exactement selon les mêmes modes contraires aux lois physiques. Cette concordance d'observations revêt indubitablement une grande importance théorique, en même temps qu'elle témoigne en faveur de l'authenticité des faits.

Enfin, ils sont caractérisés par leur brève durée, ce qui les distingue encore des phénomènes de « hantise proprement dite », qui persistent ordinairement longtemps, et parfois dépassent les siècles ; tandis que ceux de « poltergeist » s'épuisent ordinairement en quelques jours, ou tout au plus en quelques mois, pour ne plus se répéter.

Le fait qu'ils ne se répètent plus fournit une première raison de croire que les phénomènes n'ont pas uniquement pour origine la présence d'un « sensitif », dont en ce cas les facultés médiumniques devraient se manifester sporadiquement en d'autres occasions. Il semblerait donc qu'une condition de la détermination des phénomènes de « poltergeist » est qu'au facteur principal constitué par le sensitif, s'associe une cause « occasionnelle » et une autre « locale », à la façon de ce qui advient pour l'extrinsécation des phénomènes de « hantise proprement dite ». Au sujet de cette cause « occasionnelle », on ne saurait affirmer rien de précis, car en général les phénomènes ne laissent percer aucun indice suffisant pour orienter la pensée, excepté quand les manifestations semblent se rattacher à une mort survenue dans la maison hantée. Quant à la cause « locale », elle ressort du rapprochement suivant de circonstances opposées : l'une, qui fait qu'en éloignant le sensitif de la maison hantée, on voit les phénomènes s'interrompre plus ou moins brusquement, pour reprendre dès qu'il revient (donc le lien causal entre le sensitif et les phénomènes est évident) ; l'autre, que les manifestations ne suivent presque jamais le sensitif dans sa nouvelle demeure (donc l'existence d'une cause « locale » des phénomènes est tout aussi évidente).

En quoi consiste cette cause ou influence locale ? Il semble ardu de vouloir le pénétrer ; et pour vouloir l'expliquer sans s'éloigner du cercle des hypothèses naturalistiques, il faudrait supposer que les ambiances hantées sont soumises à des courants d'énergie ignorés qui, se combinant aux irradiations « télékinésiques » du sensitif, donnent lieu aux phénomènes de « poltergeist ». En ce cas, l'intelligence et aussi l'intention rudimentaires qui les dirigent devraient être attribuées à l'apparition d'une personnalité éphémère ayant pour siège la subconscience du sensitif lui-même. Mais cette hypothèse, facile à énoncer, est en réalité très difficilement applicable aux cas particuliers, dont les modes d'extrinsécation stupéfiants désorientent complètement le chercheur chaque fois qu'il s'attarde à les analyser, à les comparer, à les classer. Sans parler de certains épisodes impressionnants de forme persécutoire, pour lesquels on serait poussé à recourir à des interventions extrinsèques de nature spirite, probablement analogues à celles qui se manifestent en certaines séances expérimentales à effets physiques.

On pourrait m'objecter que même l'hypothèse spirite n'explique pas la circonstance que lorsque le sensitif s'éloigne de la maison hantée, les phénomènes ne le suivent pas dans sa nouvelle demeure ; et elle ne l'explique pas, parce qu'on ne saurait concevoir qu'un esprit ne puisse suivre en tout lieu son « médium ». Je réponds que la solution de ce problème se rattache probablement à l'existence d'une « cause locale » des phénomènes de « poltergeist », cause qui devrait exercer sa propre influence sur les phénomènes indépendamment de leur origine. A ce propos je ferai noter l'analogie de ces faits avec ce qui advient dans les séances expérimentales à effets physiques, où l'on a également observé l'existence d'une « influence locale » sur les phénomènes, de sorte qu'ils se produisent mal dans un endroit, et bien dans un autre en apparence moins approprié ; tous ceux qui ont expérimenté l'ont appris à leurs propres dépens. Dans le cas des séances expérimentales, il faudrait en déduire que tout dépend d'un effet de « saturation fluidique » irradiée par des personnes qui ont vécu ou qui vivent dans les lieux, avec action, tantôt en faveur des manifestations, tantôt en défaveur. Si cela était, il n'y aurait pas de raison de ne pas admettre une limitation semblable, même dans l'hypothèse de l'origine spirite des phénomènes de « poltergeist ». D'ailleurs, cela concorderait avec ce qu'affirment les intelligences occultes qui se manifestent. Je citerai même cet épisode plaisant et curieux de hantise « bienfaisante », si l'on peut dire, arrivé à une famille hantée. Cette famille dut se transporter ailleurs pour des motifs indépendants des faits ; « l'esprit communiquant » invita les membres à transporter avec eux quelques pierres des murs d'une chambre désignée, et cela afin de lui fournir le moyen de les suivre dans la nouvelle demeure. Ce désir fut exaucé, et « l'esprit » parvint à se manifester ; mais au commencement il se montra *uniquement capable d'agir sur les pierres emportées,* et ce ne fut qu'après un long entraînement qu'il acquit par degrés une plus grande indépendance.

Quoi qu'il en soit, l'argument est si obscur et si mystérieux qu'il vaut mieux s'en tenir pour le moment à la moins large hypothèse, qui admettrait une influence « locale » non précisée dans les phénomènes de « poltergeist », influence combinée à l'énergie « télékinésique » irradiée par le sensitif.

Pour ce qui regarde l'hypothèse d'interventions extrinsèques de nature spirite, je me bornerai simplement à observer que, de même que dans les séances expérimentales à effets physiques les phénomènes *d'animisme se* combinent à ceux de spiritisme, il est fort probable que dans les phénomènes de poltergeist les deux causes en question ont également leur part.

Le Pr. William Barrett manifeste une opinion semblable lorsqu'il conclut son importante relation de certains cas de poltergeist étudiés par lui personnellement, par ces belles paroles : « Ici se pose le problème de savoir pourquoi un centre radiant humain est nécessaire dans les phénomènes de poltergeist ? Dans la nature inorganique, on constate que dans une solution saline, au point de saturation se trouve atteint un état d'équilibre instable tel que si une particule de matière solide tombe dans le liquide en repos, elle provoque une soudaine perturbation moléculaire qui se transmet à la solution entière, causant de la sorte un agrégat de cristaux solides ; et pour quelque temps la commotion devient générale, jusqu'à ce que la solution entière se soit muée en masse solide de cristaux. Tout cela du fait d'un noyau entré en contact avec un ensemble de choses qui d'abord étaient parfaitement tranquilles. Ces phénomènes sont familiers aux microscopistes ; et c'est particulièrement dans le développement des cellules que la présence d'un "noyau" se montre essentielle.

« Or, on pourrait considérer le jeune garçon, ou tout autre sujet dans les phénomènes de poltergeist, comme le "noyau" qui, dans ces phénomènes, représente le facteur déterminant ; nous-mêmes peut-être, avec notre monde, ne sommes-nous autre chose que des "cellules en noyaux" appartenant à un organisme vivant beaucoup plus vaste, dont nous ne pouvons nous former un concept. Il est indubitable que quelque inscrutable intelligence se révèle à l'œuvre, tant dans l'ensemble des cellules que dans le défilé des mondes et des soleils. Et, comme il n'est pas admissible que l'évolution de la nature animée et inanimée soit circonscrite à l'univers *visible,* ainsi il pourrait exister des êtres vivants de type différents et d'intelligence extrêmement variée, aussi bien dans l'univers invisible que dans celui visible. En ce cas, l'origine des phénomènes de poltergeist pourrait être attribuée à l'œuvre de certaines intelligences de l'invisible, peut-être perverses, peut-être rudimentaires. Je ne puis comprendre pourquoi l'on persiste à imaginer qu'il ne peut exister des pervers et des plaisants dans le monde spirituel ; car, rationnellement, ils devraient s'y trouver en plus grand nombre. En tout cas, nous ne parvenons pas à nous expliquer pour quelle raison la combinaison d'une localité donnée avec un organisme humain particulier, doit les mettre à même de jouer des tours pendables dans le monde des vivants ; de même qu'un sauvage né peut s'expliquer pourquoi la combinaison d'une journée sèche avec un matériel spécial, met une machine électrique à même de produire de l'électricité » (*Proceedings of the S. P. R.*., vol. XXV, p. 411).

Après l'opinion d'un homme de science, je rapporte l'explication d'un célèbre voyant, Andrew Jackson Davis, qui est conforme à celle que nous avons présentée, car il affirme que les phénomènes de poltergeist et ceux de « hantise proprement dite » ont pour origine des conditions spéciales de saturation fluidique », qui se prêtent à des interventions spirites.

Comme Davis se trouvait dans une habitation depuis longtemps hantée, où un double suicide avait eu lieu, il décrit ainsi ses impressions : « En vertu de mon tempérament extrêmement sensitif, je compris tout de suite la cause pour laquelle la chambre était hantée, et je fus comme envahi par le sentiment que, dans le plâtre des murs et dans le plancher, était renfermé quelque chose d'humain. Ce mystérieux sentiment en rapport avec une maison non habitée depuis de longues années, produisit en moi l'état de clairvoyance ; et je vis alors que des « atomes électriques », autrefois intégrés dans les organismes de la mère et du fils, saturaient encore l'atmosphère de la chambre, et il me semblait respirer la vie même des malheureux suicidés.

De ce jour date pour moi la découverte — définitivement acquise à mon point de vue — de savoir comment une ou plusieurs chambres d'une maison peuvent devenir « médiumnisées ». Les effluves vitaux émis par une personne en condition d'extrême douleur morale et physique, se combinent à des états spéciaux de l'atmosphère locale, imprègnent toutes choses alentour, et permettent aux « esprits » de se manifester selon les modes les plus variés, soit pour accomplir un devoir, soit dans d'autres buts, même bien des années après les événements. Dans ces conditions, nous disons que la « maison est hantée ». En réalité, la maison fait fonction de « médium physique », et les manifestations sont dues à la présence ou à l'influence d'une entité désincarnée » (A. Jackson Davis, *Answers to everrecurring questions,* p. 85).

Dans la maison hantée que Davis avait visitée se produisaient à la fois des phénomènes objectifs et subjectifs, y compris l'apparition de fantômes ; de sorte que l'explication fournie sur l'existence de « maisons médiumnisées » faisant fonctions de « médiums à effets physiques », permettrait surtout de nous éclairer sur la nature de soi-disant « influences locales » qui caractérisent la phénoménologie des hantises ; en outre, elle expliquerait les cas assez fréquents de poltergeist où manque tout rapport entre les phénomènes et la présence d'un sensitif ; enfin, elle ferait comprendre pour quel motif, dans les cas de « hantise proprement dite », peuvent se réaliser des phénomènes objectifs parmi ceux subjectifs ou télépathiques.

J'ai cité Davis parce que je pense que dans une situation aussi mystérieuse que celle qui nous occupe, les impressions subjectives même d'un voyant deviennent dignes d'attention, surtout si elles coïncident avec ce qui émerge de plus frappant dans l'analyse comparée des faits. Par exemple, ce détail qui se répète en cinq des cas que j'ai recueillis : dans l'un d'eux, étudié par le Pr. Lombroso et César de Vesme, les phénomènes commencèrent avec l'ouverture d'une malle contenant des effets ayant appartenu à une défunte ; dans un autre, ils se déclarèrent lorsqu'on ouvrit une chambre qui n'avait plus servi depuis le jour où une personne y était morte ; dans un troisième, ils se déchaînèrent quand on toucha et transporta ailleurs de vieilles affaires reléguées dans une mansarde ; dans un quatrième (le n° 3 de ce livre), ils se manifestèrent après le transfert d'ossements humains servant à un étudiant en médecine ; dans un cinquième, lorsqu'on ouvrit la porte d'une cave murée depuis un temps immémorable.

Chacun ne peut qu'être frappé par ces incidents qui sont tellement en rapport avec l'affirmation de Jackson Davis sur l'existence de *maisons ou localités médiumnisées.*

Je toucherai néanmoins à une autre hypothèse explicative, difficilement applicable à certaines catégories de phénomènes, mais qui devrait être accueillie à titre d'hypothèse complémentaire, en tenant compte de l'existence d'épisodes qui tendent à la confirmer. Selon cette hypothèse, chaque fois que se réalisent des phénomènes de « poltergeist » dans des maisons non habitées — c'est-à-dire sans la collaboration de médiums — il faudrait supposer que l'entité communiquante soustrait de l'énergie à un médium lointain non conscient. Cette hypothèse parut vraisemblable à Alexandre Aksakoff et fut défendue en Italie par M. Vincent Cavalli et le Pr. Tummolo. On connaît en sa faveur des incidents qui prouveraient que l'énergie médiumnique est susceptible d'être transmise à distance.

Je citerai à ce propos le cas bien connu du physicien Varley, qui, une nuit, entendit des coups médiumniques dans sa chambre et reçut le matin suivant un billet du médium D. D. Homes, habitant à cinq milles de distance, où celui-ci lui demandait si dans la nuit ne s'étaient pas produits des coups dans sa chambre ; il ajoutait même qu'un esprit lui avait fait savoir qu'il voulait tenter l'épreuve, en se servant de sa médiumnité. Je citerai l'autre cas très remarquable de la Voyante de Prévorst, qui, sur demande explicite du Dr Kerner, produisait des coups dans sa chambre, située à un demimille de distance. Le Dr Kerner ajoute qu'il avait dû renoncer à ces expériences à cause de l'épuisement nerveux qu'elles déterminaient chez la voyante. Il nous apprend en outre que par deux fois se produisirent dans sa propre chambre des phénomènes de « poltergeist » qu'il décrit en ces termes : « Chez moi-même, je puis m'en porter garant, non seulement des bruits de jets de graviers, de coups frappés, etc., se produisirent, mais une petite table parcourut une chambre, sans aucun contact visible ; des plats d'étain furent jetés avec force dans la cuisine, ce que toute la maison entendit. Ces circonstances peuvent prêter à rire à d'autres, comme j'aurais ri moi-même, si je n'en avais pas été témoin en parfait sang-froid. » Je citerai enfin un cas parfaitement documenté, et rapporté par le Pr. Tummolo *(Luce e Ombra,* 1909, p. 280), où il s'agit d'une jeune hystérique qui, tombant en convulsions, provoquait autour d'elle des phénomènes de « poltergeist » : lorsqu'elle eut été transportée dans une autre habitation à 1500 mètres de distance de la première, on constata que, dans l'ancienne demeure, les phénomènes continuaient à se produire, et cela en correspondance avec les accès convulsifs *où* tombait la malade.

J'ai pu recueillir cinq autres épisodes analogues, dont l'un semble théoriquement plus important que ceux que nous venons de voir, mais ne se prête pas à être résumé. Je renvoie donc au livre qui le renferme, et qui est intitulé : *The Beginning of Seership,* par Vincent Turvey (pp. 43-45, 208-210, 216, 219-220).

D'après ce qui précède, on pourrait accepter la valeur de l'hypothèse en question ; cela ne diminue pas la force de l'explication fournie par Jackson Davis, et même on pourrait affirmer que la première est le complément de la seconde.

*
* *

En passant à l'énumération de plusieurs cas de « poltergeist », je préviens qu'en ce qui concerne leur valeur probante, ils sont moins satisfaisants que ceux de « hantise proprement dite », et cela à cause de la façon tantôt foudroyante, tantôt soudaine, tantôt inattendue avec laquelle ils se produisent presque toujours, mais surtout en raison de leur courte durée ; toutes choses qui les empêchent d'être soumis à des recherches systématiques et complètes, ou de les corroborer par le témoignage de personnes compétentes en matière métapsychique. Il arrive ainsi que les meilleurs témoignages à ce propos, sont ceux des agents de la force publique, qui, profanes en ce genre de recherches, sont au fond des témoins bien peu autorisés.

Il ne reste donc qu'à se contenter pour le moment de récits pour la plupart incomplets et lacunaires. Mais, si nous nous trouvons là devant un grave inconvénient pour la recherche scientifique des faits, cela n'autorise cependant pas à en mettre en doute la réalité, qui se dégage d'une manière évidente de leurs modes d'extrinsécation bien souvent contraires aux lois physiques (par conséquent impossibles à imiter par mystification), et parfois si extraordinaires qu'on ne peut admettre qu'ils germent d'une manière identique dans l'imagination des innombrables charlatans qu'on rencontre, appartenant à tous les temps et à tous les peuples civilisés, barbares et sauvages.

*
* *

Je commencerai l'exposé des cas par les manifestations les plus simples, comme le phénomène des « sonnettes qui sonnent spontanément », dont ma statistique mentionne 39 exemples sur un total de 158 cas de « poltergeist ». Ces phénomènes présentent pour la plupart la singularité de se manifester seuls, bien que les exemples ne manquent pas où l'on constate simultanément des manifestations de toutes sortes, comme coups, fracas, bruits de pas, transports d'objets et lancements de projectiles. J'observe enfin que tous les épisodes en question se ressemblent au point d'en devenir monotones, raison pour laquelle je serai bref et tâcherai de résumer le plus possible.

CAS XVI. – L'un des meilleurs recueils de cas de ce genre est toujours celui qui porte le titre de *Bealings Bells,* publié en 1841 par le commandant anglais Edward Moor, membre de la Société royale des Sciences. On y trouve rapportés quinze exemples de « sonnettes qui sonnent spontanément », tous de date récente et observés en Angleterre. Ce recueil eut pour origine le fait que dans l'habitation même du commandant Moor se manifesta le phénomène en question, y persistant cinquante-trois jours de suite, sans que personne réussit à en dévoiler les causes. Au plus fort des manifestations, le commandant Moor décida d'en publier le récit dans le *Ipswich Journal,* avec l'espoir de recevoir quelques conseils ; le résultat fut que de toutes parts lui parvinrent des lettres sur ce sujet, dont quatorze contenaient autant de cas semblables au sien. De là sa décision de les réunir et de les publier en un volume avec son propre cas.

Les manifestations qui eurent lieu chez lui commencèrent le dimanche 2 février 1834. Il se trouvait à l'église, et à la maison étaient restés un domestique et une femme de chambre, lorsque la sonnette de la salle à manger sonna trois fois et avec une grande force, sans que les serviteurs pussent découvrir une raison visible du fait. Le commandant Moor, en homme de science qu'il était, note que le temps était beau, l'air tranquille, le baromètre à 290, et le thermomètre au degré normal de température : rien de remarquable, par conséquent, dans les conditions atmosphériques.

Le jour suivant, la même sonnette se remit à sonner avec véhémence et persistance, et la cause en resta ignorée comme auparavant. Le troisième jour, cinq sonnettes sur neuf, disposées à la file au rez-de-chaussée, se mirent à sonner furieusement, sans que personne agit sur les cordons ou sur les fils.

Les jours suivants toutes les sonnettes de la maison, au nombre de douze, sonnèrent à toute volée, excepté celle de la porte de la maison ; et pour comble d'ironie, on remarqua que les cinq sonnettes les plus turbulentes étaient celles dont les fils et les cordons étaient parfaitement visibles sur tout leur parcours, à part les courts passages à travers le parquet ou le mur.

Le commandant Moor fait observer que la violence des sonneries était telle, qu'on ne pouvait l'imiter en aucune façon, et il dit, à ce sujet : « Quelque vigoureuses que fussent les secousses auxquelles je soumis les cordons, je ne suis pas parvenu à égaler la violence extraordinaire et caractéristique avec laquelle se succédaient les sonneries. » Il essaya d'agir avec un croc directement sur les fils horizontaux, en obtenant des effets moindres que lorsqu'il opérait sur les cordons. En outre il observe : « Quand l'un de nous agissait, le mouvement des sonnettes et des ressorts était comparativement lent et parfaitement visible, mais lorsque c'était la cause inconnue qui opérait, le mouvement était tellement rapide qu'il en devenait invisible. »

Les manifestations persistèrent du 2 février au 27 mars, sans un jour de trêve, et la cause déterminante demeura impénétrable jusqu'au bout. La relation du commandant Moor prouve bien nettement qu'il ne négligea rien pour résoudre l'énigme, s'étant prémuni contre toutes les possibilités d'artifices frauduleux. Il déclare : « Les sonnettes sonnèrent des douzaines et des douzaines de fois alors que personne ne se trouvait au rez-de-chaussée, dans le corridor, dans toute la maison et autour de la maison. J'ai aussi réuni à la cuisine tous les domestiques, tandis que la maison était déserte et que personne ne pouvait y pénétrer, et les sonnettes s'agitèrent également. Mais qu'importe tout cela, alors que ni moi, ni les domestiques, ni personne n'aurions pu exécuter les merveilles dont je fus témoin avec une douzaine d'autres témoins 9 » Il conclut donc en ces termes : « Je suis absolument convaincu que les sonnettes s'agitaient pour une cause qui n'était pas humaine ».

La relation citée ne fait aucune allusion à l'existence de rapports entre les manifestations et la présence d'une personne donnée, ce qui ne prouve cependant pas la non-existence de ces rapports ; et si l'on se rappelle que les manifestations commencèrent alors, que seuls un domestique et une femme de chambre étaient restés à la maison, on peut supposer que l'un ou l'autre servait de médium inconscient.

CAS XVII. – L'existence de ces rapports ressort au contraire dans les autres cas mentionnés dans l'ouvrage, et cela au grand embarras du commandant Moor, qui ne pouvait rien connaître de son temps au sujet des problèmes. du médiumnisme. Voici un exemple de ce genre, que je choisis pour sa brièveté.

Mrs Milner écrit au commandant Moor *d'Islinglon, St. Paul Terrace, 19,* à la date du 19 mai 1834 :

Dans les premiers jours de février 1825, comme je rentrais chez moi vers quatre heures et demie (j'habitais Westminster, 9, Earl street) j'eus la surprise de trouver les personnes de la maison fort alarmées parce que les sonnettes s'agitaient à toute volée sans cause apparente. La première à sonner avait été celle de la chambre des enfants, avec cordon indépendant qui aboutissait au rez-de-chaussée ; elle avait sonné furieusement plusieurs fois ; puis était venu le tour de celle de la salle à manger ; puis de celle du salon, et successivement de toutes les sonnettes de la maison. De temps en temps elles sonnaient toutes ensemble, comme si elles avaient joué à qui sonnait plus fort ; puis elles recommençaient à sonner singulièrement mais toujours avec une extrême violence.

Assistant à tout cela, je fus saisie à mon tour d'épouvante, et j'envoyai avertir mon mari, lequel, aussitôt arrivé, se mit à soulever l'enveloppe de bois qui cachait les fils, mais sans rien découvrir d'anormal. Alors il disposa dans toutes les chambres une personne munie d'une lumière, et il resta de garde auprès des sonnettes disposées à la file au rez-de-chaussée ; mais ni lui ni les autres ne parvinrent à noter la plus petite cause possible de cette étrange et furieuse sonnerie générale, qui dura deux heures et demie. Ni le lendemain, ni jamais nous ne pûmes rien savoir de plus.

Ici, Mrs Milner observe :

Le phénomène produisit un effet surprenant sur ma jeune femme de chambre, de race mulâtre. Dès le commencement, elle s'était montrée plus terrifiée que tous les autres, et quand le dernier coup de sonnette résonna furieusement, elle fut saisie de convulsions qui persistèrent pendant seize heures, si fortes qu'elles nécessitèrent l'intervention de plusieurs hommes. Les convulsions cessées, elle passa à des conditions d'insensibilité générale, et puis tomba dans une sorte de stupeur qui dura presque une semaine, bien qu'on eût recours à tous les moyens pour l'en tirer. *Mais ce fait est singulier, qu'aussitôt qu'elle fut saisie de convulsions les sonnettes cessèrent de sonner.*

Cette dernière observation révèle clairement les rapports existants entre les sonnettes qui s'agitent spontanément et la jeune mulâtresse ; on pourrait dire que si dans ce cas, la durée des manifestations se montre exceptionnellement brève, la cause en est l'état de convulsions où tomba le médium, état qui interrompit l'émission d'énergie télékinésique indispensable aux manifestations en cours.

Dans les épisodes analogues au précédent privés d'indices d'interventions extrinsèques et de modes d'extrinsécations complexes et extraordinaires, il est probable qu'on se trouve devant des manifestations de pur « animisme » (dans le sens conféré au terme par Aksakoff) uniquement explicables par l'émission d'énergie médiumnique, contrôlée par une volonté rudimentaire d'origine subconsciente. Je me réserve de revenir sur l'argument dans le chapitre de conclusion.

*

* *

En continuant l'exposition des cas, je rapporterai quelques exemples de « pluies de pierres de hantise » qui, d'après les données statistiques publiées, représentent le phénomène le plus fréquent dans les manifestations de « poltergeist », puisqu'on en compte 46 exemples sur un total de 158 cas.

Ces phénomènes, comme ceux des « sonnettes qui sonnent spontanément », ont la particularité de se manifester presque toujours seuls, formant un groupe à part, comme les premiers. On comprend donc que ce caractère rend tous les épisodes si semblables qu'ils en sont monotones. Je fais pourtant observer qu'ils présentent des modes d'extrinsécation toujours nouveaux et très instructifs au point de vue théorique, et cela rend beaucoup des cas recueillis fort dignes d'attention ; je suis donc extrêmement embarrassé dans le choix des exemples à citer. Mais la difficulté n'est pas surmontable, et il convient de se décider en quelque manière.

CAS XVIII. – Je commencerai par un exemple survenu dans les solitudes de la jungle asiatique, rapporté par un membre de la *Society for Psychical Research.* Je l'extrais du *Journal* de cette société (vol. XII, p. 260).

M. W. G. Grottendieck, de Dordrecht en Hollande, écrit à la date du 27 janvier 1906 :

En septembre 1903, il m'arriva d'assister à un phénomène anormal, que j'ai pu observer avec le plus grand soin dans tous ses détails. J'avais accompli la traversée de la « jungle » de Palembang à Djambi (Sumatra) avec une escorte de cinquante indigènes javanais, dans un but d'exploration et en revenant au point de départ, je trouvai mon habituelle résidence occupée. Je dus donc transporter mon sac-lit dans une autre cabane encore inachevée, construite avec des poutres adhérentes entre elles, et couverte de grandes feuilles desséchées et superposées de « kadjang ». La cabane était située fort loin de l'autre résidence, qui appartenait à la « Compagnie des Huiles » au service de laquelle je me trouvais. J'étendis le sac-lit sur le plancher de bois, je disposai tout autour la moustiquaire, et je m'endormis bientôt. Vers une heure du matin, je me réveillai à demi au bruit d'un objet tombé près de mon oreiller, en dehors de la moustiquaire. Deux minutes après, j'étais complètement réveillé, et je regardais autour de moi pour vérifier ce qui pouvait bien continuer à tomber d'en haut ; j'aperçus des cailloux noirs, d'une longueur de deux centimètres environ. Je me levai, je pris la lampe déposée au pied du lit et, me mettant en observation, je découvris que les pierres arrivaient du plafond, décrivant une parabole et tombant près de mon oreiller.

J'allai dans l'autre chambre réveiller le jeune garçon malais que j'avais avec moi, lui ordonnant de sortir pour inspecter la jungle autour de la cabane ; et, tandis qu'il s'exécutait, je l'aidais dans sa recherche en éclairant le feuillage avec une lampe électrique. Pendant ce temps, les cailloux n'avaient pas cessé de pleuvoir à l'intérieur. Quand le garçon revint, je l'envoyai de garde à la cuisine, et pour mieux surveiller la chute des pierres, je me mis à genoux près de l'oreiller essayant de les saisir au vol ; mais mon entreprise était impossible, *car les pierres semblaient faire un saut en l'air dès que je bondissais pour les saisir.* Alors je grimpai sur la palissade qui séparait ma chambre de celle du garçon et, examinant le plafond au point d'où elles provenaient, je constatai qu'elles sortaient de la couche de feuilles de « kadjang », *laquelle, cependant, n'était absolument pas trouée.* Je tentai à nouveau de les saisir au passage de là-haut, mais toujours inutilement.

Quand je descendis, le garçon entra pour me dire qu'à la cuisine il n'y avait personne. J'étais cependant convaincu qu'un mauvais plaisant devait se cacher quelque part, et m'armant de mon fusil Mauser, je fis feu cinq fois de la fenêtre vers la jungle, obtenant ce beau résultat qu'à l'intérieur de la cabane les pierres commencèrent à pleuvoir avec plus de fougue qu'auparavant.

J'obtins cependant ainsi *de réveiller complètement le garçon qui, avant les coups de feu, semblait lent et somnolent.* Mais dès qu'il vit tomber les pierres, il cria que c'était le diable qui les lançait, et fut saisi d'une telle épouvante qu'il s'enfuit en courant vers la jungle, en pleine nuit. *Dès qu'il disparut, la pluie de pierres cessa ;* mais le garçon ne revint plus et je le perdis pour toujours. Les pierres ne présentaient par elles-mêmes rien de particulier, à part qu'en les touchant on les sentait plus *chaudes* qu'elles n'auraient dû l'être normalement. Quand le jour parut, je retrouvai sur le parquet les pierres, et j'aperçus sous la fenêtre les cinq cartouches que j'avais tirées. Je voulus examiner encore le plafond au point d'où la pluie de pierres avait jailli, mais je ne découvris rien, pas même l'ombre d'une fêlure dans la couche de feuilles de « kadjang ». Pendant la courte période de temps qu'avait duré le phénomène, 18 à 22 pierres étaient tombées. J'en mis plusieurs dans ma poche, et je les conservai longtemps, mais elles furent perdues dans mon dernier voyage. Je crus d'abord qu'il pouvait s'agir de pierres météoriques, *puisqu'elles semblaient chaudes au toucher ;* mais comment s'expliquer le fait *qu'elles traversaient le plafond sans le trouer.*

Pour conclure : le pire de l'aventure pour moi, c'est que la fuite du garçon m'obligea à me préparer moi-même mon déjeuner, et à renoncer au pain grillé et à l'habituelle tasse de café.

En réponse aux questions que lui adressa le conseil directeur de la *Society for Psychical Research,* M. Grottendieck ajouta des éclaircissements, parmi lesquels je note les suivants :

Je me trouvais seul avec le garçon dans la cabane, qui était complètement entourée par la jungle.

Au point de vue de la fraude, le garçon est hors de question, car lorsque je me penchai sur lui pour le réveiller (il dormait sur le parquet près de ma porte), deux pierres tombèrent l'une après l'autre, et je *les vis* et *les entendis* tomber, la porte étant ouverte.

Les pierres tombaient avec une lenteur remarquable ; de sorte que, même en supposant la fraude, il resterait quelque chose de mystérieux à expliquer. On aurait dit qu'elles *s'attardaient en l'air,* décrivant une courbe parabolique et frappant le sol avec force. Même le bruit qu'elles produisaient était anormal, car il était trop fort relativement à la lenteur de la chute.

J'ai dit que le garçon m'avait semblé somnolent jusqu'au moment où les coups de feu le réveillèrent, et son état se devinait à ses mouvements empreints d'une lenteur anormale. Il s'était levé, il était entré dans la jungle et en était revenu en se comportant d'une façon extraordinairement lente. La lenteur de ses actes avait produit en moi l'identique et étrange impression éprouvée par la lenteur de la chute des pierres.

Tels sont les passages essentiels des relations envoyée par M. Grottendieck. Il faut remarquer que la pluie de pierres cessa avec la fuite du garçon, et que celui-ci semblait en état de demi-veille (probablement en conditions de *transe)* circonstances qui ne laissent aucun doute sur les rapports de cause et d'effet entre la présence dudit garçon et la production des phénomènes.

En tout cas, l'exemple en question met déjà en relief plusieurs modes d'extrinsécation d'ordre merveilleux, combinés à des indices impressionnants d'une intentionnalité et d'une volonté occultes. De cette dernière nature semblent être les détails des pierres qui tombaient toutes dans un espace limité, et qui déviaient en l'air pour ne pas se laisser cueillir. Tout aussi extraordinaire semble le fait que les pierres *s'attardaient en l'air* ; qu'elles jaillissaient à travers une épaisse couche de feuilles *non trouée* de « kadjang », et qu'elles étaient *chaudes* au toucher. Il s'ensuit que si les phénomènes ont été bien observés (et il n'y a pas de raison d'en douter), ce cas présente déjà des modes d'extrinsécation suffisamment mystérieux pour confondre le jugement de ceux qui sont enclins à attribuer tous les phénomènes de « poltergeist » à des causes exclusivement « animiques » ou subconscientes.

Il est utile de noter que les modes d'extrinsécation supranormaux des phénomènes exposés, ne sont pas exceptionnels, mais se répètent tous en d'autres cas du même genre, en s'appuyant mutuellement. Le plus rare est celui de brusque déviation des projectiles pour ne pas se laisser saisir ; néanmoins on le retrouve trois fois dans les cas que j'ai recueillis, et j'en rapporterai plus loin un second exemple (XXIIIe cas).

Moins rare, mais toujours peu commun, est celui qui consiste dans la *lenteur relative* avec laquelle les pierres décrivaient en l'air leur parabole (lenteur dont on a la confirmation dans ce fait que s'il n'en avait pas été ainsi, le relateur n'aurait pas essayé de les saisir en l'air) ; pourtant on le retrouve cinq fois dans ma classification, et je rapporterai plus loin l'un de ces exemples (XXIIe cas), tandis que j'en citerai un autre ici, que j'extrais d'une relation de « pluie de pierres » survenue en Sicile, en juin 1910, et fort bien observée en plein jour. M. Paolo Palmisano, qui en fut témoin oculaire, écrit à propos d'une pierre qui avait touché un garde à l'œil droit : « Elle *arrive avec une grande lenteur,* ne produisant aucune contusion chez le garde. Du reste, tout le monde se persuada bien vite que les pierres ne produisaient pas de dommages, où qu'elles frappassent ». Et plus loin : « Alors nous assistâmes à un splendide spectacle : près de l'endroit où se tenait assise une jeune sourde-muette, fille du paysan, une pierre se détacha du mur, et décrivant avec une *lenteur relative* un demi-cercle en l'air, elle vint se poser dans la main de mon ami. Nous nous regardâmes abasourdis : mais la pluie de pierres continuait, et tandis que j'écris elle continue encore » (*Giornale di Sicilla* du 7 juin 1910).

A propos des projectiles qui partaient d'un point où n'existait aucun trou pour les laisser passer, et de leur condition de chaleur anormale, je dois noter que, malgré l'aspect merveilleux de ces circonstances, elles se répètent avec une fréquence relative dans les phénomènes de « poltergeist », et je me réserve de discuter le fait à l'occasion d'autres cas du même genre (XXIe cas).

CAS XIX. – J'extrais cet autre exemple de l'ouvrage de De Mirville, *Des Esprits et de leurs manifestations fluidiques* (p. 380). L'auteur reproduit le cas d'une revue de magistrature, en le faisant suivre de la relation de son enquête personnelle, qui confirme les faits.

Le 2 février 1846, on lisait ce qui suit dans la *Gazette des Tribunaux :*

Un fait des plus singuliers — fait qui se reproduit chaque soir, chaque nuit depuis trois semaines, sans que les recherches les plus actives, la surveillance la mieux entendue, la plus persistante, aient pu en faire découvrir la cause — met en émoi tout le quartier populeux de la Montagne Sainte-Geneviève, de la Sorbonne et de la place Saint-Michel. Voici ce que constate, d'accord avec la rumeur publique, la double enquête judiciaire et administrative à laquelle on procède sans désemparer depuis plusieurs jours.

Dans les travaux de démolition ouverts pour le percement d'une rue nouvelle, qui doit joindre la Sorbonne au Panthéon, se trouve, à l'extrémité d'un terrain où existait autrefois un bal public, le chantier d'un marchand de bois au poids et de charbon, chantier qui borne une maison d'habitation, élevée d'un seul étage, avec greniers. C'est cette maison, éloignée de la rue d'une certaine distance, et séparée des habitations en démolition par les larges excavations de l'ancien mur d'enceinte de Paris construit sous Philippe-Auguste et mis à découvert par les travaux récents, qui se trouve, chaque soir et toute la nuit, assaillie par une grêle de projectiles qui, par leur volume, par la violence avec laquelle ils sont lancés, produisent des dégâts tels qu'elle est percée à jour, que les châssis des fenêtres et les chambranles des portes sont brisés, réduits en poussière comme si elle eût soutenu un siège à l'aide de la catapulte ou de la mitraille.

D'où viennent ces projectiles, qui sont des quartiers de pavé, des fragments de démolition, des moellons entiers, et qui, d'après leur poids et la distance d'où ils proviennent, ne peuvent évidemment être lancés de main d'homme ? C'est ce qu'il a été jusqu'à présent impossible de découvrir. En vain a-t-on exercé sous la direction personnelle du commissaire de police et d'agents habiles, une surveillance de jour et de nuit, en vain le chef du service de sûreté s'est-il rendu avec persistance sur les lieux ; en vain a-t-on lâché chaque nuit dans les enclos environnants, des chiens de garde ; rien n'a pu expliquer le phénomène, que, dans sa crédulité, le peuple attribue à des moyens mystérieux ; les projectiles ont continué à pleuvoir avec fracas sur la maison, lancés une grande hauteur au dessus de la tête de ceux qui s'étaient placés en observation jusque sur le toit des maisonnettes environnantes, paraissant provenir d'une très grande distance, et atteignant leur but avec une précision en quelque sorte mathématique, et sans qu'aucun parût dévier, dans sa courbe parabolique, du but invariablement désigné.

Nous n'entrerons pas dans de plus amples détails sur ce fait, qui trouvera sans doute une explication prochaine, grâce à la sollicitude qu'il a éveillée. Déjà l'enquête s'étend sur tout ce qui peut se rattacher dans ce but à l'application de l'adage : *Cui prodest is auctor.* Toutefois, nous ferons remarquer que, dans des circonstances à peu près analogues et qui produisirent également une certaine sensation dans Paris lorsque, par exemple, une pluie de pièces de menue monnaie attirait chaque soir les badauds, rue Montesquieu, ou lorsque toutes les sonnettes de la rue de Malte étaient mises en mouvement par une main invisible, il a été impossible de parvenir à aucune découverte, de trouver une explication, une cause première quelle qu'elle fût. Espérons que celte fois on arrivera à un résultat plus précis.

Deux jours après, le même journal disait encore :

Le fait singulier est demeuré jusqu'à ce moment inexplicable que nous avons signalé ce matin, du jet de projectiles considérables contre la maison d'un marchand de bois et de charbon, rue Neuve-de-Cluny, proche de la place du Panthéon, a continué de se produire aujourd'hui encore, malgré la surveillance incessante exercée sur les lieux mêmes.

A onze heures, alors que des agents étaient échelonnés sur tous les points avoisinants, une pierre énorme est venue frapper la porte (barricadée) de la maison. A trois heures, le chef intérimaire du service de sûreté, et cinq ou six de ses principaux subordonnés étant occupés à s'enquérir près des maîtres de la maison de différentes circonstances ; un quartier de moellon est venu se briser à leurs pieds comme un éclat de bombe.

On se perd en conjectures. Les portes, les fenêtres sont remplacées par des planches clouées à l'intérieur pour que les habitants de la maison ne puissent pas être atteints, comme l'ont été leurs meubles et jusqu'à leurs lits, brisés par les projectiles.

Ici finissent les citations de la *Gazette des Tribunaux ;* M. de Mirville les fait suivre de la relation de sa propre enquête. Il écrit :

Ce phénomène dura trois semaines environ ; toujours mêmes précautions, mêmes dégâts, même impossibilité de saisir un coupable. Cependant tout cessa, et le public parisien, si vivement intrigué pendant un temps, accepta, ne fût-ce que pour se reposer, nous ne savons plus quelle absurde solution.

L'hiver suivant, nous trouvant à Paris, et voulant en avoir le cœur net, nous allâmes demander quelques renseignements à la police d'abord, et à la *Gazette des Tribunaux* ensuite. La première nous répondit qu'on avait *fini* par croire que c'était le propriétaire de la maison lui-même qui, on ne sait trop par quels calculs et spéculation, avait voulu la discréditer ; la seconde nous affirma que c'était un mauvais plaisant qui jouait ces tours au pauvre homme, et que M. le commissaire de police l'avait pris sur le fait et fait mettre en prison... Mais, comment s'appelait-il ?... — On l'ignore... — A quelle prison peut-il être ?... — Demandez au commissaire de police, il se fera un vrai plaisir de vous le dire.

Ces réponses assez divergentes, quoique émanant de deux autorités officielles, nous parurent plus que suspectes, et nous crûmes y reconnaître le sceau de toutes les précédentes. Alors nous nous rendîmes dans le quartier, nous visitâmes la maison, nous causâmes avec le maître charbonnier Lerible, à qui elle appartient. Après un récit très détaillé de la chose, le bonhomme ajouta dans un style que nous vous demandons, Messieurs, la permission de conserver :« Mais, croiriez-vous bien, Monsieur, qu'ils ont eu la simplicité de m'accuser de tout cela ; moi, propriétaire, moi, qui ai été plus de trente fois à la police pour la prier de me débarrasser ; moi, qui le 29 janvier, ai été trouver le colonel du 24e, qui m'a envoyé un peloton de ses chasseurs. J'avais beau leur dire : "Croyez que c'est moi, si ça vous amuse, ça ne change rien à la chose ; allez toujours, dites-moi seulement comment je m'y prends et prenez-moi l'individu que je fais travailler, puisque vous voyez bien que ce n'est pas moi, qui suis auprès de vous ; ainsi, que ce soit moi ou bien que ce soit un autre qui l'emploie, *amenez-moi mon particulier.* Ça vous regarde, et vous n'aurez pas servi un ingrat..." Mais, bah ! Monsieur, ils ont bien fait ce qu'ils ont pu, les pauvres diables, mais ils n'ont mis la main sur personne : et puis, une supposition encore, que ce fût moi qui me démolisse ; dites donc un peu, est-ce que j'aurais meublé ma maison tout exprès, avec de beaux meubles tout neufs, comme je venais de faire un mois auparavant ? Est-ce que j'aurais laissé abîmer tout mon mobilier, comme ce buffet à glaces, que les pierres paraissaient ajuster ? Tenez, Monsieur... » Et le pauvre homme nous montrait tous les fragments de sa vaisselle brisée, de sa pendule, de ses bocaux à fleurs, de ses glaces, débris qu'il évaluait à quinze cents francs, ce qui ne nous étonnait pas, et dans le fait, nous trouvions sa défense assez valable, surtout lorsqu'il ajoutait : « Et moi donc, est-ce que je n'aurais pas commencé par me mettre à l'abri ? Est-ce que ces pierres ne tombaient pas sur moi encore plus rudement que sur les autres ? Tenez, voyez encore cette blessure près de la tempe ; savez-vous bien que je pouvais y rester ? Ah Monsieur, il faut convenir qu'il y a des gens qui sont drôles. »

Un détail bien curieux est celui qu'il nous fit admirer : cette chambre était remplie de pierres et de fragments de tuiles longs et plats ; cette forme nous frappa. « Par quel hasard ? lui dîmes-nous... » — « Voilà, Monsieur, c'est que j'avais fermé mon volet. Eh bien ! remarquez bien cette fente-là. — effectivement, c'est une fente très longue et très étroite — Eh bien ! Monsieur, à partir du moment où j'eus fermé mon volet, toutes les pierres eurent cette forme que vous leur voyez, et toutes arrivaient par cette fente, qui a à peu près leur largeur ! Nous restâmes confondus devant l'adresse des jongleurs qui visaient aussi juste et d'une aussi grande distance. C'était à le donner en cent mille à Auriol, encore en le plaçant à vingt-cinq pas, au lieu d'un kilomètre pour le moins. »

Ce brave homme nous avait intéressé, mais nous voulûmes questionner ses voisins ; nous nous adressâmes donc à plusieurs, entre autres à un grand libraire, qui forme l'angle de la rue dans laquelle se trouve située cette maison. Comme les autres, il regardait la chose *comme absolument inex-*

plicable, et trouvait l'accusation de jonglerie plus absurde que tout le reste.

Alors nous nous rendîmes chez le commissaire de police ; il était absent malheureusement, mais ses deux secrétaires occupaient son bureau, et celui qui le remplaçait nous répondit : « M. le commissaire de police vous affirmerait comme moi, Monsieur, que malgré nos infatigables recherches, on n'a jamais pu rien découvrir, et je peux vous assurer à l'avance qu'on ne découvrira jamais rien. — Merci, Monsieur ; nous en étions aussi parfaitement sûrs, mais nous tenions à vous l'entendre dire. »

Voilà le cas bien curieux raconté par De Mirville. Quant à ce qu'il écrit sur les absurdes soupçons de la police et sur les légendes nées un an après les événements, nous ferons observer que telle est l'histoire de presque toutes les enquêtes sur les phénomènes de « poltergeist ». En effet, presque toujours les causes des phénomènes demeurent impénétrables, contraignant les sceptiques à se payer d'inductions plus ou moins absurdes, qui, si elles sont inoffensives tant que persistent les manifestations dans toute leur évidence, prennent cependant consistance et déguisent la vérité, lorsqu'avec l'arrêt des manifestations s'affaiblissent les impressions d'authenticité incontestable qu'en avaient rapportées les assistants.

Le remarquable incident des projectiles formés de façon à pouvoir passer à travers une mince fente de volet, bien que merveilleux, n'est pas du tout rare dans cette série ; même la circonstance la plus curieuse de la précision avec laquelle les projectiles atteignaient leur but, se confond avec d'autres nombreux incidents de projectiles qui frappent systématiquement un certain but avec une précision mathématique, et ces incidents constituent la règle dans cet ordre de choses. Chacun comprendra quelle grande importance théorique présentent ces épisodes, parce qu'ils supposent à l'origine des phénomènes une intention servie par des facultés et des pouvoirs supranormaux.

Nous remarquerons enfin qu'on ne trouve dans ce cas aucun indice de rapports entre phénomènes et personnes : ce qui est d'autant plus digne d'intérêt, que les phénomènes persistèrent trois semaines, et furent continuellement surveillés par des agents de police ; si donc quelque rapport de ce genre avait existé, il n'aurait pu échapper à tant de surveillance. A ce propos on pourra faire une curieuse observation : si les rapports entre phénomènes et personnes se vérifient presque toujours dans les cas simples de « poltergeist », ils ne se vérifient presque jamais dans les cas exceptionnels pour l'intensité des manifestations : exactement le contraire de ce qui devrait arriver. Comment expliquer cette apparente contradiction ?

On pourrait d'abord avoir recours à l'hypothèse selon laquelle l'agent occulte tirerait l'énergie télékinésique de médiumnités lointaines et inconscientes ; mais il resterait à expliquer pourquoi le phénomène se vérifie justement quand de plus fortes réserves d'énergie sont nécessaires.

Il y aurait aussi l'hypothèse de Jackson Davis, selon laquelle existeraient des localités puissamment « médiumnisées » à la suite d'événements tragiques advenus sur les lieux, qui, déterminant chez les acteurs une énorme dispersion d'effluves vitaux susceptibles d'être enregistrés et conservés par les objets d'alentour, fourniraient aux « esprits » le moyen de se manifester selon les manières les plus variées sans l'assistance de « médiums et cela bien des années encore après les événements. Cependant, pour justifier l'application de cette hypothèse au cas étudiés, il aurait fallu une seconde enquête sur les précédents habitants de la maison, ce que De Mirville n'a pas fait.

CAS XX. – En février 1913, tous les journaux de Belgique publièrent d'amples renseignements sur un cas de « pluie de pierres » survenu dans leur pays. Le directeur d'un journal d'Anvers, *Le Sincériste,* se rendit sur les lieux pour interroger les gendarmes et le propriétaire de la maison, obtenant une pleine confirmation des faits. Il écrit :

Tous les journaux du pays ont rapporté les faits singuliers de jets de pierres, sans auteur connu, qui se sont produits à Marcinelle, près de Charleroi, dans la maison occupée par M. Van Zanten, rue César de Paepe.

Ces manifestations, qui ont commencé le jeudi 30 janvier, ont pris fin le dimanche 2 février dernier et n'ont duré que quatre jours environ. Elles ont mis en mouvement la police locale, ainsi que la gendarmerie ; elles ont provoqué une descente du parquet ; mais toutes les investigations officielles sont sans résultat jusqu'à ce jour, à notre connaissance.

Nous nous sommes rendus sur place le 5 février ; la maison où ces événements ont eu lieu est la dernière d'une série de constructions analogues ; à côté d'elle, en façade, rue César de Paepe, se trouve un grand jardin bien ombragé, qui s'étend jusqu'au coin de la première rue transversale, et entoure également le fond des cours et clos des petites habitations, dont la maison Van Zanten termine la file.

Peu après notre arrivée sur les lieux, nous avons pu lier conversation avec un agent de l'autorité, qui a pris une part considérable à l'organisation de la surveillance.

Ce qui l'avait le plus frappé, dans les circonstances dont il avait eu à se préoccuper, c'était la singulière exactitude du tir, les projectiles frappant, semblait-il, exactement à l'endroit choisi à l'avance par l'auteur du délit.

« J'ai vu, me dit-il, une pierre arriver au milieu d'une grande vitre, puis une série d'autres frapper en spirale autour du premier point d'impact, de façon à briser méthodiquement toute la feuille de verre ; j'ai même vu, ajouta-t-il, dans une autre fenêtre, un premier projectile retenu par des débris de verre dans l'ouverture qu'il venait de produire, être chassé à son tour par un second passant exactement au même point.

« Les pierres ne peuvent venir, d'après nos observations, que d'une maison située sur la face opposée du quadrilatère, à 450 mètres environ du but. Pour obtenir une pareille rectitude dans ses projections, il faut que le coupable dispose d'une catapulte assez puissante et parfaitement réglée. »

— Ceci, lui fis-je observer, ne résout pas le problème ; les objets lancés différant, d'après ce que vous venez de nous dire, en poids, forme, grandeur et densité, chaque projectile suivra donc, une trajectoire différant considérablement l'une de l'autre, par suite des effets variables de la résistance de l'air ; de plus, le vent agirait encore d'une façon notable pour déplacer les pierres, tantôt d'un côté, tantôt de l'autre. De sorte que l'on peut affirmer qu'un tir aussi précis, avec des projectiles aussi différents, est au-dessus des forces humaines.

Quelques instants après, j'eus l'occasion de voir M. Van Zanten qui, avec une très grande complaisance, consentit à me montrer l'immeuble, les dégâts commis, les projectiles conservés, et répondit en outre de la façon la plus courtoise et la plus détaillée aux questions que je crus devoir lui poser.

Je lui ai parlé, d'abord de ce que m'avait dit auparavant l'agent de la force publique.

Le premier fait est parfaitement exact, me dit M. Van Zanten, seulement le gendarme ne l'a pas vu — il le sait parce que je le lui ai dit — la première pierre est en effet venue, frapper exactement au milieu de cette vitrine et les suivantes ont touché systématiquement en spirale autour du premier trou.

— Ainsi, dis-je, le premier coup a porté juste, sans aucun réglage préalable ; voilà encore un tour de force, dont aucun artilleur en chair et en os n'est capable, quoi qu'en ait dit *l'Étoile Belge*.

— Quant à la première pierre rechassée par une seconde, le fait est exagéré ; encore une fois, le gendarme n'était pas là en ce moment ; nous-mêmes étions dans la chambre voisine : un caillou était resté pris entre la barre de cuivre portant le petit rideau, et le montant de la fenêtre. Nous entendîmes encore un coup, et en retournant auprès de la fenêtre, nous vîmes que le petit projectile n'était plus à sa place primitive, qu'il était tombé à terre.

« Mais ce qui nous a le plus étonnés, c'est qu'aucune des 300 pierres jetées n'ait touché personne ; le premier jour, mon petit garçon était au jardin, ma petite fille dormait au premier, dans son berceau près de la fenêtre ouverte ; ils n'ont été incommodés en aucune façon ; la bonne a reçu, il est vrai, un quart de brique sur la tête, mais elle n'en a presque pas souffert ; mon beau-père a été touché au bras et il s'est écrié « Tiens, je n'ai rien senti. »

— C'est là un des signes, dis-je, auquel on peut le mieux, d'après ce qu'en dit la théorie, distinguer les projectiles de hantise de ceux dus à une intervention humaine. »

Comme à ce moment la domestique rentrait précisément, je l'interrogeai également. On sait combien il est fréquent de rencontrer dans les maisons hantées une personne de sexe féminin, arrivée à l'âge de la crise prothémique ; la bonne ne semble pas avoir quinze ans ; les phénomènes semblaient s'attacher à elle, car les projectiles ne commençaient guère à se montrer que lorsqu'elle s'était levée ; la bonne me montra le point de la tête où la pierre l'avait touchée ; aucun chignon, ni bonnet ne protégeait cet endroit. — « Avez-vous beaucoup souffert, dis-je ? Oh, oui, car j'ai encore pleuré de mal pendant la journée. — Cependant cela n'a pas saigné, vous n'avez pas eu de gonflement, de bosse ? — Non, rien de semblable. » Le projectile avait le volume d'un quart de brique ; il me semble vraiment peu naturel qu'il ait produit si peu d'effet, venant de si loin et devant par conséquent retomber de haut.

Telles sont les indications que j'ai recueillies ; il faut, selon moi, d'après ces indices, attribuer une probabilité assez sérieuse à l'intervention d'une cause extra-humaine dans les faits relatés ci-dessus *(Annales des Sciences Psychiques,* 1913, p. 152).

Dans ce cas, il faut remarquer tout d'abord la quantité des projectiles lancés, d'où l'on pourrait tirer une bonne preuve complémentaire en faveur de l'origine supranormale des phénomènes si l'on tient compte qu'un opérateur humain, qui aurait lancé trois cents projectiles sans changer de place, n'aurait pas manqué de se faire cueillir en flagrant délit par les gendarmes.

A noter en outre que lorsque les projectiles frappaient les personnes, ils ne leur causaient aucun mal, ou en causaient beaucoup moins qu'ils n'auraient du le faire normalement ; alors qu'en frappant les objets ils produisaient les dommages correspondant à leur volume et à leur poids.

Cette particularité curieuse constitue la règle dans les manifestations de « poltergeist » et contribue avec les autres rapportées plus haut à démontrer l'existence d'une intention et d'une volonté occultes qui viennent régler les manifestations.

Ces particularités suggèrent une autre observation se rattachant à un commentaire qui a suivi le XVIIIe cas, à propos de certains exemples où l'on parlait de projectiles qui parcouraient avec une *lenteur relative* leur parabole en l'air ; phénomène théoriquement intéressant, mais dont je faisais remarquer la rareté d'après les données statistiques recueillies. Maintenant je crois que cette assertion est modifiable, et cela par suite de ces exemples de projectiles inoffensifs pour les personnes, qui contiennent implicitement l'hypothèse qu'en ces conditions ils ne peuvent que parcourir avec une *lenteur relative* leur parabole dans l'air, car autrement ils ne manqueraient pas de produire tout leur effet en frappant, les personnes, ainsi qu'ils le produisent en frappant les carreaux, les meubles et la vaisselle.

L'affirmation relative à la rareté des cas de ralentissement dans la course des projectiles, s'appliquerait donc aux personnes qui eurent la possibilité de l'observer, mais le phénomène lui-même semble se réaliser avec une fréquence relative.

CAS XXI. – Encore un exemple de « pluie de pierres », que j'extrais des *Annales des Sciences Psychiques* (1895, p. 86). Il fut communiqué par M. le curé Gabard, et le rapporteur est un agent de la police, qui écrit :

Au mois de juillet 1867 ou 1868, les filles Touin, couturières, revenant de journée, étaient frappées par des pierres ou de la terre, tombant sur elles sans leur faire le moindre mal ; elles crurent d'abord qu'elles avaient affaire à quelques mauvais drôles cachés derrière les buissons ; mais, chose étrange, en arrivant au milieu du bourg de l'Absie, leur résidence, la chose continuait.

Rentrées dans leur maison, elles étaient à l'abri. Cela dura au moins 15 jours. Les deux sœurs, effrayées de ne jamais voir leur adversaire et craignant de recevoir à la fin un mauvais coup, portèrent plainte plusieurs fois à la gendarmerie.

Comme les pierres ne tombaient plus, une fois les filles dans leur maison, et qu'on ne les voyait pas lancer, on dit simplement : « Elles sont folles ! »

Tout le monde à l'Absie riait de la peur de ces pauvres filles. Mais bientôt on fut obligé de les plaindre.

Un soir, les pierres furent plus hardies, et continuèrent de tomber même dans la maison.

Alors on vint encore chercher les gendarmes : « Ah ! Messieurs, ça tombe dans notre maison ; venez, venez, s'il vous plaît »

Le brigadier Guilloteau, aujourd'hui retraité à Saint-Florent-le-Vieil (Maine-et-Loire), se rend à la maison avec les gendarmes Fleury et Andrault.

Tout était fermé, portes et fenêtres. Or, les pierres et la cendre tombaient toujours, mais sans faire du mal.

A une heure du matin, le brigadier vint me réveiller avec Duron, disant : « Allez donc remplacer les camarades pendant le reste de la nuit ; vous rirez ! »

Nous partons. Rendus à la maison nous constatons le fait, comme tous les autres. On ne voyait pas tomber les pierres, on ne les voyait que par terre, ou sur les endroits qu'elles frappaient. La cendre, au contraire, descendait par la cheminée. Il y en avait plus de trois doubles décalitres. En tombant, elle faisait le même bruit qu'une cheminée de locomotive : Ouf ! Ouf !

Le gendarme Andrault s'approcha de la cheminée et se mit à crier : « Tu n'as pas fini, dis donc ? En as-tu encore pour longtemps ? » La réponse ne fut pas longue à venir : ouf, et un double décalitre de cendre couvrait la figure du pauvre camarade.

On fit venir alors M. Pouzet, maire de l'Absie, et plusieurs autres personnes notables. Plus de cinquante personnes ont constaté le fait que je rapporte.

Les camarades se retirèrent ; je restai avec Duron et plusieurs témoins.

De nouveau, nous regardons sur la maison : personne ! Je monte dans le grenier : personne ! Alors je dis : « Est-ce que ça tombe toujours ? — Oui, toujours. » Je redescends.

Il était vers les trois heures du matin : tous ceux qui étaient là avaient reçu des pierres, mais comme elles ne faisaient pas mal, nous disions : « C'est un bon b... qui nous amuse. »

Lorsque les pierres nous touchaient, on entendait un petit sifflement : *feus* ! comme lorsque la foudre tombe ; ce bruit très léger n'était entendu que par celui qui recevait la pierre.

Ce qui nous surprit encore beaucoup ce fut de voir la lampe en verre, qui était sur la table, enlevée par une pierre grosse comme les deux poings, et placée par terre sans être ni cassée, ni même éteinte.

Les pierres qui tombaient dans le vaisselier brisaient tout ce qui s'y trouvait. Je me suis placé en face, le dos appuyé au meuble ; à peine étais-je placé, qu'une pierre tombe et casse trois assiettes ; je ne l'avais pas vue venir.

Aussitôt je me place devant une armoire faisant face au vaisselier. N'ayant pas vu la pierre, je pensais qu'elle venait d'en haut. Aussitôt un choc se fit entendre au-dessus de ma tête et une pierre grosse comme un œuf de poule roulait à mes pieds. Ce fut la dernière : celle-ci avait bien marqué son empreinte sur la porte de l'armoire,

Pendant la nuit, nous étions allés chercher un nommé Romain, domestique de M. Tixier, qu'on soupçonnait de faire de la magie. « Eh bien ! dit-il lorsqu'il fut renfermé avec nous, vous ne direz pas maintenant que c'est moi qui fais cela ? »

Etant allés chercher aussi un nommé Aubry, nous revenions en riant, lorsqu'une grosse pierre comme la moitié d'un double décalitre roule au pied de mon camarade, qui s'écrie : « Ah ! je suis mort ! — Mais non, tu chantes encore ! »

Les pierres furent enlevées : le lendemain, il y en avait dans la maison au moins la moitié d'un plein tombereau. En général, c'étaient des tuiles et des morceaux de pierres de taille qui avaient été enlevées près de l'église qu'on restaurait à ce moment. La maison où ces faits se passaient était à peu près à 8 ou 10 mètres de l'église. Les pierres ramassées dans la maison étaient de toutes grosseurs. Or, je certifie qu'à part la cheminée, devant laquelle il y avait toujours quelqu'un, il ne se trouvait pas dans toute la maison un seul trou de la grosseur du tuyau de ma pipe.

Le lendemain tous les habitants venaient voir les pierres et la cendre que l'on sortait de la maison Après notre procès-verbal, le lieutenant est venu prendre lui-même des informations, ne voulant pas croire le fait relaté par notre procès-verbal.

Si, comme le lieutenant, d'autres incrédules ne veulent pas croire ce fait que je certifie, ils n'ont qu'à se rendre à la gendarmerie de l'Absie (Deux-Sèvres) et demander les archives de la gendarmerie an brigadier, et ils liront les procès-verbaux que nous avons faits à ce sujet, car nous avons rédigé au moins vingt procès-verbaux pour ce beau coup de magie.

On doit bien penser que le toit de la maison comme tous les coins et recoins de la maison avaient été minutieusement visités par nous.

Ainsi dans le grenier il y avait à peu près cinquante fagots de bois : je les ai tous enlevés pour constater qu'un gamin ne se trouvait pas caché là. Enfin, si on peut m'expliquer ce fait, je serais très heureux de savoir : 1° comment les pierres tombaient sur les personnes sans leur faire du mal ; 2° cassaient la vaisselle et respectaient la lampe ; 3° tombaient dans tous les sens et n'étaient aperçues que lorsqu'elles roulaient à terre ou frappaient un objet ; 4° comment pouvaient-elles entrer, puisque dans toute la maison il n'y avait pas un trou gros comme mon petit doigt, et nous avons relevé des pierres de toutes grosseurs, même grosses comme des litres.

Le fait a été constaté la nuit par plus de cinquante témoins, et le jour plus de cinq cents personnes sont venues voir les pierres et la cendre sorties près de la maison.

Encore une fois, je certifie que tout ce que je viens de dire est conforme à la vérité. (Signé : Mousset, ex gendarme en retraite.)

Ce cas renferme plusieurs épisodes dignes de commentaires, mais pour abréger je ne m'arrêterai que sur le phénomène de la chute des pierres dans un endroit hermétiquement clos, phénomène qui impliquerait le passage de la matière à travers la matière.

Notons que des épisodes analogues se retrouvent assez fréquemment dans la série de faits qui nous occupe ; dans un autre exemple déjà rapporté (XVIIIe cas) nous avons vu que le relateur, M. Grottendieck, parle de « pierres qui débouchaient à travers une couche compacte des feuilles de kadjang, *qui n'était nullement trouée* ».

Dans un autre cas non rapporté ici, publié dans le *Light* (1909, pp. 603-616) et communiqué par Lady Mackenzie, on lit ce qui suit : « La pluie de pierres durait déjà depuis quelque temps, quand j'eus l'idée de fermer une des chambres afin de vérifier si les pierres continuaient à tomber à l'intérieur. Je choisis la chambre la plus hantée, et je la fermai à clef, ayant soin de m'assurer qu'il n'y restait aucune pierre. Je la rouvris après quelques heures, et à ma grande stupeur j'aperçus dans un angle de nombreuses pierres disposées en cercle. Je recueillis les pierres, et je refermai la porte à clef, non sans d'abord fixer de l'intérieur l'autre porte et la fenêtre. Après quelque temps je rentrai dans la chambre, et dans ce même angle je retrouvai le même cercle de pierres reconstitué. Il faut remarquer que la disposition circulaire des pierres n'était pas accidentelle, mais délibérément voulue par l'opérateur occulte ; et en voici le motif : ... sur la sollicitation d'amis croyant à l'intervention d' “esprits malins”, quelques membres de ma famille avaient eu recours aux prêtres exorciseurs, en obtenant des objets sacrés pour les exorcisations, parmi lesquels un chapelet que les prêtres conseillèrent de pendre dans la chambre où les manifestations étaient plus intenses ; et en effet le chapelet fut accroché dans la chambre fermée. Or il advint que les deux fois le cercle de pierres fut trouvé sous le chapelet ; comme si l'esprit, offensé par l'intromission des révérends, avait disposé les pierres en forme de chapelet pour se moquer d'eux. »

Dans un autre cas de pluie de pierres advenu en juillet 1908 à Boccioleto, province de Novare, et rapporté par la revue *Luce e Ombra* (1908, p. 436), on lit ces renseignements fournis par un témoin oculaire : « Qu'on remarque ces circonstances merveilleuses. Le plafond est intact, sans aucune fêlure ; les murs sont très épais, en pierre, parfaitement blanchis. Et pourtant les pierres pleuvaient de toutes parts, descendaient du plafond, sortaient des parois avec une extrême violence, sans laisser dans le plafond et dans les murs aucun signe de leur passage... On essaya de fermer hermétiquement les fenêtres et les portes, et les pierres (sans laisser un signe de leur passage) tombaient à grand bruit sur le sol et y restaient sous les yeux de tous. J'en ai emporté deux chez moi, et beaucoup de personnes venues du dehors en emportèrent également après les avoir vu tomber sous leurs yeux... On fit aussi cette expérience : plusieurs des pierres tombées furent marquées avec du charbon, puis lancées au loin, et il arrivait parfois que les mêmes pierres marquées rentraient à la maison... Un soir, neuf personnes s'étaient réunies et enfermées là, et une vingtaine de pierres ne tardèrent pas à tomber en les frappant toutes sans exception, mais sans leur faire aucun mal... Les pierres tombées n'ont rien d'extraordinaire ; elles sont de la même nature et de la même forme que celles qu'on trouve autour de la montagne. En général elles avaient un poids de deux ou trois cents grammes, quelques-unes dépassaient le demi kilo, et le 19 il en tomba une du poids de quatre kilos, devant plusieurs personnes. J'ai été témoin par mes propres yeux... et, qu'on le remarque bien, le phénomène ne fut pas isolé, mais se répéta quotidiennement pendant presque un mois... »

Je n'ajouterai pas d'autres exemples, car ceux que j'ai cités doivent suffire à démontrer la réalité du phénomène de la *chute de pierres dans un endroit hermétiquement clos* ; phénomène merveilleux, mais qui ne devrait pas extrêmement étonner ceux qui ont des notions suffisantes en matière métapsychique, si l'on songe que le même procédé de physique transcendantale se vérifie dans les phénomènes dits « d'apport ». Moi-même je possède à ce sujet une large expérience personnelle dont j'ai rendu compte dans le volume intitulé *Ipotesi spiritica e teoriche scientifiche* (pp. 185-237). Alexandre Aksakoff observe à ce propos : « Il est certain que nous ne pouvons nous le représenter autrement qu'en supposant une désagrégation momentanée de la matière solide, au moment du passage d'un objet, et sa reconstitution immédiatement après, c'est-à-dire — en langage médiumnique — sa dématérialisation et sa rematérialisation. Il est bien entendu que cette définition n'est que conventionnelle — acceptée à défaut d'une autre meilleure — car elle ne s'applique qu'à l'apparence du phénomène et non à son essence. »

Quoi qu'il en soit, la définition concorde avec les explications fournies par les personnalités médiumniques, qui affirment en outre exercer leur pouvoir sur la matière au moyen d'un acte de volonté. Ajoutons que les deux catégories de phénomènes présentent une curieuse particularité très favorable à la précédente définition : à savoir que si l'on palpe les pierres tombées et les objets « apportés », on éprouve souvent une sensation de chaleur qui parfois est remarquable, d'autres fois intense, et en quelques cas brûlante. Or, en vertu de la loi physique de la transformation des forces, c'est justement ce qui devrait arriver si la pierre ou l'objet « apporté » subissaient un procédé de désintégration et de réintégration très rapides, c'est-à-dire qu'en ce cas devrait se vérifier une réaction thermique plus ou moins remarquable selon les différentes constitutions moléculaires des pierres ou des objets.

Chacun voit que cette concordance entre les effets d'une réaction moléculaire physico-chimique consécutive à un phénomène donné, et ce qui se produit dans ces cas de « poltergeist » etd' « apport », équivaut à une affirmation indirecte de la définition proposée.

*
* *

Restent à rapporter plusieurs exemples de « manifestations variées » qui, pour la plupart, consistent en phénomènes de mouvements, transports et lancements d'objets et d'ustensiles de ménage ; auxquels s'ajoutent parfois des incidents d'ordre persécutoire, comme lorsqu'on arrache violemment les couvertures de sur les personnes endormies, ou que l'on renverse les lits où elles se trouvent ; ou comme lorsque les vêtements s'enflamment sur le corps de la victime désignée, ou bien les couvertures, les matelas, la maison où elle demeure.

CAS XXII. – La forme la plus simple de ces manifestations est représentée par le cas suivant étudié par le Pr. Lombroso. Il écrit :

Le 16 novembre 1900, à Turin, Via Bava, n° 6, dans un cabaret tenu par un certain Fumero, on commença à entendre durant la journée, mais plus spécialement la nuit, une série de bruits étranges. En vérifiant la cause, on constata qu'on brisait dans la cave, après les avoir lancées à terre de leurs rayons intacts, des bouteilles vides et pleines ; le plus souvent elles descendaient d'en haut et roulaient, s'amoncelant contre la porte fermée, de façon à obstruer l'entrée lorsqu'on voulait ouvrir la porte. Dans la petite chambre à coucher de l'étage supérieur, qui, au moyen d'un escalier, communiquait avec la chambre voisine de la petite salle du cabaret, sorte d'arrière-boutique, s'entassaient les vêtements, et quelques-uns descendaient par l'escalier dans la chambre du des sous ; deux chaises, en tombant, se cassaient ; des objets de cuivre, qui étaient pendus au mur de l'arrière-boutique, tombaient à terre en parcourant de longs espaces dans la chambre, quelquefois en se cassant. Un spectateur posa sur le lit de la chambre supérieure son chapeau : celui-ci disparut instantanément et fut retrouvé dans la boîte à ordures de la cour.

En examinant attentivement s'il existait des causes étrangères de ces faits, il fallut les exclure ; en vain on eut recours à la police, puis au prêtre ; même tandis que celui-ci officiait ; un énorme récipient en verre rempli de vin se brisa à ses pieds. Un pot de fleurs, apporté dans le cabaret, descendit sur une table voisine du haut d'une cimaise de la porte où il avait été placé, sans se casser. Deux récipients de rosoli en train de distiller, se brisèrent en plein jour. Cinq ou six fois, en présence des gardes, une petite échelle appuyée d'un côté au mur, dans la petite salle du cabaret, se renversait lentement sur le sol, sans pourtant blesser personne. Un fusil traversa la chambre et fut trouvé à terre dans l'angle opposé : deux bouteilles descendirent d'en haut avec un certain élan sans se briser, et contusionnèrent au coude un commissionnaire, qui en rapporta une légère ecchymose.

La foule s'amassait et la police, se préoccupant de la chose, fit comprendre aux Fumero qu'elle les soupçonnait de simulation, de sorte que les pauvres gens se décidèrent à souffrir leur mal en silence ; même ils firent croire que tout avait cessé après une visite imaginaire que j'aurais faite, pour ne pas ajouter les railleries au dommage. J'étudiai avec attention le cas.

J'examinai attentivement les lieux. Petites chambres ; deux qui servaient de boutique pour vendre le vin, l'une d'arrière-boutique, réunie par un petit escalier à une autre chambre supérieure qui servait de chambre à coucher, enfin une cave profonde à laquelle on accédait par un long escalier et un corridor. On me prévint qu'on avait remarqué qu'aussitôt que quelqu'un entrait dans la cave, les bouteilles se brisaient. J'y entrai d'abord sans lumière, et j'entendis en effet du verre se briser et des bouteilles rouler sous mes pieds ; alors j'éclairai le local. Les bouteilles étaient rangées sur cinq rayons, superposés les uns aux autres ; au milieu se trouvait une table grossière, sur lequel je fis poser six bougies allumées, supposant que les phénomènes spirites devaient cesser, la grande lumière. Au contraire, je vis aussitôt trois bouteilles vides, qui étaient debout sur le parquet, rouler comme poussées par un doigt et se briser près de ma table. Pour empêcher un truc possible, j'examinai attentivement, un bougeoir à la main, et palpant toutes les bouteilles pleines qui se trouvaient sur les rayons, je m'assurai qu'il n'y avait ni fils ni cordes qui auraient pu expliquer leurs mouvements. Après quelques minutes, deux bouteilles d'abord, puis quatre, puis d'autres bouteilles des second et troisième rayons, se détachèrent, et tombèrent à terre *sans violence, comme portées par quelqu'un ; après cette descente, plutôt que cette chute,* six se brisèrent sur le sol humide, déjà tout inondé de vin ; deux demeurèrent intactes. Après un quart d'heure, trois autres bouteilles du dernier rayon tombèrent et se cassèrent par terre ; je quittai la cave : tandis que j'étais sur le point de sortir j'entendis se casser une bouteille par terre ; je fermai la porte et tout redevint tranquille.

Je revins un autre jour. On me dit que les mêmes phénomènes à peu près continuaient, ajoutant que du mur où il se trouvait pendu un petit moulin en cuivre avait sauté d'un point à l'autre de l'arrière-boutique, se heurtant sur la paroi d'en face au point qu'il en fut écrasé, ce que je pus constater. Deux ou trois chaises avaient sauté avec une telle violence qu'elles s'étaient cassées, sans toucher aucun de ceux qui se trouvaient là ; une table s'était également brisée.

Je demandai à bien examiner les personnes. Il y avait un garçon de treize ans, d'apparence normale, et un autre premier garçon également normal. Le patron était un vieux soldat courageux, qui menaçait les esprits avec un fusil ; à juger de son teint rose et de sa bonne humeur, il semblait un peu alcoolique. La patronne était au contraire une petite femme de cinquante ans, consumée, très gracile, sujette à des tremblements, des névralgies et des hallucinations nocturnes dès l'enfance, et avait été opérée de l'hystéro-ovariectomie, je conseillai donc au mari de l'éloigner pour trois jours. Elle alla à Nole, son pays (22 novembre) et là elle eut des hallucinations de voix nocturnes, de mouvements, de personnes, que nul autre ne vit ni entendit, mais elle ne provoqua aucun mouvement. Durant ces trois jours, aucun fait ne se produisit dans le cabaret ; quand elle revint les phénomènes se multiplièrent, d'abord avec une grande violence, puis avec plus de mesure. Etant donné cela, je conseillai à la femme de s'absenter de nouveau, et elle repartit (26 novembre). Le jour du départ de la femme, laquelle était dans un état de grande excitation et avait blasphémé contre les prétendus « esprits », on vit se casser, tombant à terre, toutes les assiettes et les bouteilles qu'elle avait préparées sur la table : quand la famille voulut dîner, elle dut faire préparer la table dans un autre endroit et par une autre femme, car aucune assiette touchée par la patronne ne restait intacte. Donc un flux médiumnique semblait soupçonnable en elle.

Cependant, durant son absence *les phénomènes se répétèrent également ;* et justement deux de ses bottines, qui se trouvaient dans sa chambre à coucher sur la toilette, en plein jour, à huit heures et demie du matin, descendirent l'escalier, parcoururent en l'air l'arrière-boutique, passèrent de celle-ci à la chambre de restaurant, et là allèrent tomber, d'en haut, aux pieds de deux clients assis à une table (27 novembre). On les replaça sur la toilette continuellement surveillées, elles ne bougèrent pas jusqu'à midi du jour suivant, et à cette heure, quand tout le monde était à table, elles disparurent. On les retrouva une semaine plus tard, sous le lit de la même chambre.

Comme les phénomènes continuaient, on rappela la femme de Nole ; ils se répétèrent avec une égale intensité. Une bouteille de limonade, par exemple, qui était dans le cabaret, sous les yeux de tous, en plein jour, *parcourut lentement, comme si elle avait été accompagnée par une main,* quatre ou cinq mètres jusqu'à l'arrière-boutique, dont la porte était ouverte, puis elle tomba à terre et se brisa.

Après cela, il vint à l'esprit du patron d'éloigner un garçon, celui de treize ans. Celui-ci parti (7 décembre) tous les phénomènes cessèrent ; ce qui pourrait faire soupçonner aussi une influence de cet enfant, qui pourtant n'était pas hystérique, et ne provoqua auprès de ses nouveaux maîtres aucun accident spirite ; ou bien on pourrait admettre que, même de Nole, la femme hystérique influait sur les objets de sa maison à Turin, comme nous le verrons arriver ailleurs.

Voilà ce qu'écrivait le Pr. Lombroso dans son livre *Ricerche sui fenomeni ipnotici e spiritici* (p. 246). Dans une autre relation du même cas, publiée précédemment dans les *Annales des Sciences Psychiques* (1906, p. 268), il reproduit le témoignage de M. Pierre Merini, à la date du 9 janvier 1901, dont j'extrais ce passage :

Là (dans la cave), en compagnie de plusieurs autres personnes, je vis se rompre des bouteilles sans cause apparente et plausible. Je voulus rester seul pour mieux vérifier le phénomène. Les autres personnes ayant accepté cette proposition, je m'enfermai dans la cave, tandis que tout le monde se retirait au fond du corridor où commence l'escalier qui conduit à l'étage supérieur. Je commençai par m'assurer, à l'aide d'une bougie, que j'étais réellement seul. Cet examen était facile, grâce à la petitesse de la cave et à la difficulté qu'il y aurait eu à se cacher derrière le peu d'ustensiles d'usage vinaire qui s'y trouvaient. Le long des parois les plus longues de la cave on avait disposé une série de robustes poutres soutenues à chaque bout par des pieux. Ces planches étaient entièrement couvertes de bouteilles vides et pleines. Je fais encore noter que la fenêtre regardant sur la cour, qui servait autrefois à éclairer la cave, était en ce moment obstruée par une planche.

Je vis alors plusieurs bouteilles vides et pleines se rompre d'elles-mêmes *sous mes yeux*. J'approchai une échelle du lieu où elles se brisaient avec plus de fréquence, et je montai jusqu'au dernier échelon. Je pris une bouteille vide qui s'était rompue peu auparavant, et dont il ne restait à peu près que la moitié inférieure, je l'isolai des autres, en la plaçant à quelque distance du lieu où elle était auparavant, c'est-à-dire sur le sommet d'un des pieux de soutien des planches. Au bout de quelques instants, la bouteille achève de se rompre et vole en éclats. Voilà un des faits que je puis le mieux certifier.

Examinant avec attention la manière dont se rompaient les bouteilles, je pus constater que la rupture était précédée du craquement spécial propre au verre lorsqu'il se fend...

Nous remarquerons dans ce cas le phénomène curieux et peu commun des bouteilles qui sans tomber ou se déplacer volaient en éclats, et l'autre assez commun mais toujours intéressant des bouteilles qui, tombant, ne se précipitaient point, mais tombaient avec une « relative lenteur, comme accompagnées par une main ». Ce dernier phénomène de ralentissement dans la chute ou dans la course des projectiles, a été déjà amplement commenté dans cet ouvrage. J'ajoute que les mouvements supranormaux des objets ne se limitent pas à ces faits dans la série des hantises, mais ils se manifestent sous les formes les plus variées et les plus capricieuses, comme on le verra dans l'exemple qui suit.

CAS XXIII. – Je l'extrais des *Proceedings of the S. P. R.* (vol. VII, p. 383) ; il fut étudié par Frédéric Myers et Mrs Sidgwick en 1891. Le cas remonte à l'année 1849, mais le relateur, Mr. Bristow, avait conservé les notes prises à l'époque sur les événements, et s'en servit pour établir la relation envoyée à la Société. Myers alla le trouver, et, comparant la relation aux notes, les trouva parfaitement conformes. En outre, Mrs. Sidgwick eut soin d'interroger les deux témoins principaux, obtenant la pleine confirmation des faits.

La relation est longue, et je n'en rapporterai que les passages essentiels. Les phénomènes se produisirent dans le village de Swanland, aux environs de Hull dans une boutique de charpentier où Mr. Bristow travaillait comme apprenti. Il écrit :

Le matin où se produisirent les phénomènes, je travaillais au banc près du mur, d'où je pouvais observer tous les mouvements de mes deux compagnons et surveiller la porte d'entrée. Tout à coup, l'un d'eux se tourna brusquement en s'écriant : « Amis, vous feriez mieux de garder pour vous les morceaux de bois et de travailler. » Nous demandâmes des explications, et il répondit : « Vous savez très bien ce que je veux dire : l'un de vous m'a lancé ce morceau de bois » ; et ce disant, il montrait un petit morceau de bois d'environ quatre centimètres carrés. Nous protestâmes tous deux que nous ne l'avions pas lancé ; et quant à moi j'étais certain que mon autre compagnon n'avait jamais cessé de travailler. La chose tomba bien vite et l'incident fut oublié ; mais quelques minutes plus tard, l'autre camarade se retourna brusquement comme le premier, s'écriant à mon adresse : « C'est toi maintenant qui m'as lancé cet autre morceau » (indiquant à ses pieds un morceau de bois en pointe de la grosseur d'une boite d'allumettes).

Ils étaient maintenant deux à m'accuser, et mes dénégations ne servaient à rien ; de sorte qu'en riant, j'ajoutai : « Comme ce n'est pas moi, je suppose que si quelqu'un vous a visés, c'est maintenant mon tour. » Je n'avais pas achevé la phrase, qu'un autre morceau de bois vint me frapper à la hanche.

Je m'écriai : « On m'a touché ici il y a un mystère à résoudre ; regardons autour de nous » — Nous fouillâmes tous les coins à l'intérieur et à l'extérieur, sans venir à bout de rien — et ce cas étrange et embarrassant forma le thème de nos discours pendant quelque temps ; puis nous nous remîmes à l'ouvrage. J'avais à peine commencé, que des persiennes amoncelées en haut sur des poutres exprès fixées au mur, commencèrent à s'agiter avec un tel fracas, qu'il semblait qu'elles dussent se réduire en miettes. Nous pensâmes aussitôt : « Il y a quelqu'un là haut » ; je saisis une échelle, je grimpai rapidement et avançai la tête, mais je constatai seulement que les persiennes étaient immobiles et couvertes d'une couche non dérangée de poussière et de toiles d'araignées. Comme je descendais, et lorsque je me trouvais avec la tête au niveau des poutres, je vis un petit morceau de bois gros comme deux doigts s'avancer en sautillant sur une planche qui y était déposée et avec un dernier bond de deux pieds, venir se placer près de mon oreille. Je sautai à terre en criant abasourdi « Il ne s'agit pas de rire ! Il arrive des choses surnaturelles. Qu'en dites-vous ? »

L'un de mes compagnons approuva ; l'autre continua de soutenir que quelqu'un se moquait de nous. Tandis que continuait la petite dispute, de l'angle extrême de la boutique un morceau de bois prit son vol et alla frapper le sceptique sur le bord de son chapeau. Je n'oublierai jamais l'expression que prit son visage ; il devint tout penaud et changea d'opinion sur l'instant.

De temps en temps, un morceau de bois taillé un instant auparavant et tombé sur le sol, sautait brusquement sur les,établis, et se mettait à danser au milieu des instruments et, ceci est remarquable, que malgré nos innombrables tentatives, nous ne parvînmes jamais à mettre la main sur un morceau de bois en mouvement, car ils éludaient adroitement tous nos stratagèmes.

Je me rappelle un morceau de bois qui, du banc, sauta sur un chevalet situé à trois mètres de là, d'où il bondit sur un autre meuble, puis dans un angle de la boutique, où il resta tranquille. Un autre traversa la boutique comme une flèche, à la hauteur d'un mètre du soi allant frapper à la porte d'une chambre de débarras, sans causer aucun bruit. Tout de suite après, un autre morceau prit son vol cri ligne ondoyante, comme flottant sur un liquide agité. Un autre vola en ligne oblique, pour se poser ensuite tranquillement à rites pieds. Tandis que le chef de fabrique John Clarck m'expliquait les détails d'un dessin, et que nous tenions tous deux le doigt dessus, de manière qu'entre le doigt de l'un et celui de l'autre il pouvait y avoir une distance de deux centimètres, un morceau de bois pointu. vint frapper la table en passant à travers nos doigts...

Ce qui précède est un petit exemple rigoureusement précis de ce qui arriva le premier jour des manifestations ; et cet état de choses persévéra avec une plus grande ou une moindre intensité, durant six semaines de suite, et toujours en plein jour. Quelquefois on jouissait d'une tranquillité relative pendant un jour ou deux, durant lesquels se produisaient une ou deux manifestations journalières ; mais alors suivaient des jours d'activité extraordinaire, comme si on avait voulu rattraper le temps perdu. Dans une de ces périodes, tandis qu'un ouvrier réparait une persienne sur le banc voisin du. mien, je vis s'élever un morceau de bois d'environ quinze centimètres carrés et trois d'épaisseur, qui décrivit les trois quarts d'un ample cercle en l'air et alla frapper avec force la persienne au point où travaillait mon camarade. Ce fut le plus grand morceau de bois que j'aie observé en l'air ; les dimensions de la plupart ne dépassaient pas celles d'une boîte d'allumettes ordinaire, bien qu'ils fussent de formes variées. Le dernier morceau volant que je vis était de chêne, et avait les dimensions d'environ six centimètres carrés, sur deux et demi d'épaisseur. Il tomba sur moi de l'angle extrême du plafond, et dans sa course une ligne hélicoïdale, à la façon d'un escalier en tire-bouchon du diamètre de cinquante centimètres environ. Il ne sera pas inutile d'ajouter que tous les morceaux de bois sans exception provenaient de l'intérieur de la boutique, et qu'aucun n'arriva par la porte.

L'un des côtés les plus étranges des manifestations consistait en ceci, que les morceaux de bois taillés par nous et tombés par terre se faufilaient dans les coins de la boutique, d'où ils s'élevaient jusqu'au plafond d'une façon mystérieuse et invisible. Aucun des ouvriers, aucun des visiteurs qui accoururent nombreux dans ces six semaines de manifestations, ne parvinrent à en surprendre un seul en train de s'élever. Et pourtant les morceaux de bois, en dépit de notre surveillance, trouvaient bien vite le chemin d'en haut, pour tomber ensuite sur nous d'un point où rien n'existait un moment auparavant. Peu à peu, nous avions fini par nous habituer à la chose, et les mouvements des morceaux de bois, qui semblaient vivants, et en certaines circonstances même intelligents, ne nous surprenaient plus, et n'attiraient presque plus notre attention.

En réponse à une question de Myers, Mr. Bristow écrit à la date du 19 juillet 1891 :

Aucun rapport n'existait entre les manifestations et les personnes. Les ouvriers de la boutique travaillaient souvent dans les maisons privées, et nous trois, qui fûmes présents le premier jour des manifestations, nous travaillâmes à maintes reprises et alternativement dehors pendant la période où ils se déroulèrent ; et plus d'une fois nous fûmes absents tous les trois. Il en est de même des autres ouvriers, qui s'absentèrent tous successivement pendant les six semaines de hantise. Malgré cela les phénomènes ne cessèrent jamais.

Je détache ces autres passages de la relation de Myers sur la conversation qu'il eut avec Mr. Bristow :

Sauf en des cas spéciaux, les projectiles tombaient et frappaient sans produire aucun bruit, bien qu'ils arrivassent avec un élan tel, qu'en conditions normales ils auraient dû produire un fort choc.

Personne ne vit jamais un projectile au moment où il partait ; on eût dit qu'on ne pouvait les apercevoir s'ils n'avaient parcouru d'abord au moins quinze centimètres du point initial. Ce qui porte à considérer un autre des côtés du mystère, c'est que les projectiles ne se mouvaient que lorsque personne ne les regardait, et lorsqu'on s'y attendait le moins... Parfois l'un de nous surveillait attentivement un morceau de bois pendant un grand nombre de minutes de suite, et le morceau ne bougeait pas ; mais si l'observateur se distrayait un instant, ce même morceau sautait sur nous... Nous n'avons jamais pu constater si les morceaux commençaient leur vol d'une manière invisible, ou s'ils profitaient au contraire d'une seconde de distraction de notre part.

Quelquefois la direction des projectiles était rectiligne, mais le plus souvent elle était ondulatoire, rotatoire, hélicoïdale, serpentine ou sautillante.

...De nombreux visiteurs furent profondément impressionnés par les manifestations, mais le plus frappé de tous fut le propriétaire du magasin, Mr. John Gray, pour une raison particulière. Il avait perdu un frère, mort dans des conditions économiques embarrassées. Ce frère avait laissé un fils, nommé John Gray comme son oncle, qui fut accueilli comme apprenti dans le magasin, mais mourut peu de temps après de consomption. Dans le pays, on murmurait que les créanciers de son père n'avaient pas reçu tout l'argent qui leur était dû (environ 100 livres sterling) et que l'oncle était responsable du fait. En outre, je vins à savoir que le dernier désir du neveu avait été, que son oncle payât les dettes de son père. Cependant l'oncle n'avait pas exaucé le désir du mort... Je peux personnellement témoigner de l'excessive terreur dont il fut saisi lorsque se déclarèrent les manifestations. Un jour il me fit venir avec lui pour certains travaux, et chemin faisant il commença à me parler des phénomènes ; il semblait désirer m'entendre dire qu'ils pouvaient s'expliquer naturellement. Son maintien était celui d'un homme pétrifié par la terreur ; et je me persuadai qu'il était soumis à des manifestations personnelles dont nous ne savions rien... Un jour on apprit qu'il avait payé les créanciers de son frère, et les manifestations cessèrent immédiatement. Aucune pierre sépulcrale n'avait été placée sur la tombe du neveu, mais, quand les phénomènes se déclarèrent, l'oncle s'empressa d'accomplir aussi ce devoir ; et je crois que la pierre existe encore dans le cimetière de Swanland...

(En effet, Mrs. Sidgwick retrouva dans ce cimetière une tombe avec le nom de John Gray, mort à l'âge de 22 ans, le 5 janvier 1819.)

Myers, en commentant cette dernière particularité d'une mort en relation directe avec la hantise (particularité dont Mrs. Sidgwick obtint la pleine confirmation de la part des témoins interrogés) s'exprime comme il suit :

On ne trouve dans ce cas aucun « phénomène intellectuel », mais seulement une projection inconcluante de morceaux de bois dans toutes les directions, par œuvre d'une intelligence quelconque, et avec l'intention évidente d'attirer l'attention sans causer de mal à personne. Malgré cela les témoins des faits s'accordent en principe pour les juger provoqués par un homme récemment défunt dans le but d'en terroriser un autre vivant, et de l'induire à accomplir un devoir de conscience. Et les témoins affirment que le but fut atteint, et, qu'aussitôt les manifestations cessèrent.

Si l'on considère ce point de vue comme plausible, en tenant compte de preuves concomitantes d'autre nature, il faut remarquer que l'allure indéterminée, l'absurdité des manifestations ne pourraient constituer une objection à ce même point de vue ; car personne ne peut s'ériger en arbitre pour juger de quels pouvoirs dispose, ou à quelle limitation de pouvoirs est sujette une entité désincarnée. En tout cas il est certain que les mouvements d'objets tels qu'ils se réalisèrent. faisaient part de l'expérience acquise dans sa vie par l'agent supposé, et que de l'aveu des témoins ils se montrèrent efficaces dans l'obtention du but qu'il se fixait évidemment. Remarquable est aussi le fait que la manifestation des phénomènes semblait en ce cas indépendante clé la présence de personnes spéciales.

C'est ainsi que Myers commente ce fait, et ses observations serrées font ressortir d'une manière évidente et supérieure le problème de l'intervention supposable d'entités désincarnées même en certaines manifestations de « poltergeist » quelque vulgaires qu'elles paraissent, et malgré qu'elles soient ordinairement en rapport médiumnique avec des personnes présentes. Comme le dit bien Alexandre Aksakoff : « Si le spiritisme n'offrait que des. phénomènes physiques et des matérialisations sans contenu intellectuel, nous aurions dû attribuer ces phénomènes à un développement spécial des facultés de l'organisme humain ; mais étant donné que les phénomènes physiques du médiumnisme sont inséparables de ses phénomènes intellectuels, et que ces derniers nous obligent, par la force de cette même logique, à reconnaître, pour certains cas, l'existence d'un tiers agent, en dehors du médium, il est naturel, logique, de chercher également dans ce tiers agent la cause de certains phénomènes physiques d'ordre exceptionnel » (*Animisme et Spiritisme,* p. 468).

L'incident des morceaux de bois qui déjouaient constamment les tentatives de ceux qui voulaient les prendre pendant leurs exercices est aussi à retenir dans le cas en question ; il est analogue à celui cité dans le XVIIIe cas, où les projectiles, déviaient en l'air pour ne pas se laisser cueillir.

CAS XXIV. – Je rapporte maintenant un cas mixte, où les phénomènes de transport et les mouvements d'objets alternent avec des pluies de pierres, des phénomènes phoniques et d'autres manifestations. Il fut publié en opuscule par le Pr. Perty de l'Université de Berne, en 1863, et les phénomènes se produisirent en l'année 1862. Le Pr. Perty se mit en rapport épistolaire avec la famille habitant la maison hantée, et la valeur probante du cas consiste dans les lettres obtenues en réponse. Le relateur les fait procéder de ces renseignements :

Au mois d'août 1862, du 15 au 27, la maison du conseiller national Joller à Niederdorf, près de Stans, canton d'Unterwalden, fut le théâtre de phénomènes mystérieux. Des tables et des chaises furent renversées par une main invisible ; des coups furent frappés contre les portes et contre les planches, des portes s'ouvrirent et se fermèrent d'elles-mêmes ; à la fin, le bruit devint terrible, les verrous sautèrent et l'on craignit la démolition de la maison. Pour les personnes qui se trouvaient dans la chambre, les coups venaient de la cave sur, le plancher ; pour celles qui étaient en observation dans la cave, ils venaient de haut en bas ; en même temps des coups étaient frappés, comme avec un marteau, sur les tables et les chaises. Malgré les recherches les plus minutieuses, on ne put trouver à tout cela une cause visible. Ce qui n'empêcha pas, quelques jours après, un journal de Lucerne, *Der Eidgenoss,* de prétendre que la chose était expliquée par les preuves les plus palpables : on avait trouvé les instruments frappeurs ayant servi à faire du bruit dans le but de déprécier la maison sur le point d'être peut-être vendue à l'encan, etc.

Le conseiller Joller répondit à cette affirmation, dénuée de tout fondement, dans le *Bund* du 4 septembre en déclarant formellement que cet étrange phénomène, malgré l'enquête officielle et les mesures prises, n'avait pu être expliqué par aucune cause matérielle. Le Vacarme dura, se concentrant en un cercle plus petit, jusqu'au 27 août, et cessa alors pour quelque temps. On peut admettre pour parfaitement certain que ces bruits n'étaient pas produits par des mains humaines. Ce fut, comme on pense, pour une nombreuse famille, des jours d'indicible terreur qui eurent de cruelles conséquences.

Les gens superficiels voulurent, comme toujours, donner une explication mécanique ; les dévots virent là l'œuvre du diable, contre quoi Joller s'exprime avec indignation. Ce cas tout nouveau fit du bruit dans la presse suisse et étrangère, et on parla, comme d'ordinaire, d'illusions, de tromperie, etc. Dans *l'Allgemeine Zeitung* du 28 septembre, un correspondant de Berne assure que le fin mot est trouvé, que la cause de ce vacarme n'est autre que le fils, âgé de 18 ans, de M. Joller celui-ci aurait appris près de Bohémiens toutes sortes de tours, et se serait exercé à celui-là pour effrayer ses parents et s'amuser lui-même. Sur ma demande d'information, M. Joller m'écrit ce qui suit à la date du 2 octobre :

« En réponse à votre honorée du 30 septembre, je vous informe tout d'abord que les phénomènes mystérieux, sans toutefois la violence tumultueuse du début, et à de plus longs intervalles, continuent toujours dans ma maison et que les journaux dont vous me parlez ne contiennent pas un mot de vrai à ce sujet. »

Après avoir regretté que la Commission d'enquête n'ait pas entendu, pour rédiger un procès verbal, les nombreuses et honorables personnes qui ont été témoins oculaires et auriculaires de ces étranges phénomènes, M. Joller ajoute :

« Exposé d'une part au feu croisé d'une populace grossière et fanatique, de l'autre à celui de la presse incrédule, calomniatrice et moqueuse, je fus, avec une nombreuse famille, abandonné à mon malheur, et aujourd'hui la santé ébranlée de ma femme et de mes enfants me force à changer de domicile au premier jour. J'ai tâché au début de garder le plus profond secret sur l'affaire ; mais le tapage devint si fort que tout était à craindre et que je ne pus me taire plus longtemps. Les phénomènes, dont bien malgré moi il fallut me convaincre avec mes sens, en plein état de veille, au grand jour, pendant six semaines et souvent jusqu'à douze fois par jour, sont de natures très diverses. Au commencement se firent entendre, avec une intensité croissant de jour en jour, des coups frappés contre les murs, les planches et surtout contre les portes de la maison. Quand ces phénomènes étaient très violents, les portes s'ouvraient et se refermaient, arrachées avec force des loquets. Ces bruits diminuèrent peu à peu pour se changer en un léger cahotement, tel que mes enfants et moi l'avions entendu depuis des années, mais sans y attacher d'importance. Pendant trois jours, tables, chaises, vaisselle furent renversés, tantôt avec bruit, tantôt sans bruit. Plus tard, des tableaux furent enlevés des murs, des vases ôtés du dessus des tables et des commodes, puis posés renversés sur le plancher, toutes sortes d'objets étaient bizarrement pendus aux crochets des murs ; finalement *les tableaux étaient retournés sous nos yeux contre les murs ;* des pierres, des fruits, des habits, etc., étaient jetés de tous côtés et cachés quelquefois dans des endroits sombres, malgré serrures et verrous. Souvent des pierres furent jetées dans la cheminée. Rien ne fut brisé ni endommagé, et les pierres qui, du haut de la cheminée, atteignirent l'un ou l'autre de mes enfants, causaient un choc à peine sensible. Un terrible phénomène, qui faillit coûter la vie à mon fils, fut l'apparition de nuages sans forme déterminée qui, à plusieurs reprises, en plein jour, purent être observés même par des personnes n'habitant pas la maison. Ce qui était insupportable, c'est le contact d'une main glacée et de l'extrémité de doigts, ainsi qu'un courant d'air glacial produit comme par un rapide battement d'ailes, tel que l'ont senti tous les habitants de la maison, la plupart du temps la nuit, mais aussi dans le jour. On imitait aussi avec une perfection singulière le bruit d'une montre que l'on remonte, d'un banc à bobines, du bois que l'on fend, de l'argent que l'on compte, de frottements de chants et de sons articulés comme par une langue humaine. En général, ces bruits, souvent très forts, avaient quelque rapport avec le travail et la conversation des gens de la maison. Le dernier phénomène se produisit avant-hier soir, environ vers huit heures : une pierre humide de rosée fut jetée par-dessus l'escalier presque devant la porte de l'appartement ; une semblable tomba également de la cheminée dans la cuisine. Il y a seulement sept semaines ces faits m'auraient fait sourire et hausser les épaules, mais aujourd'hui il me faut bien les affirmer de toutes les forces de mon être.

Le P. Perty ajoute : « M. le conseiller national Joller, qui est partout considéré comme un homme loyal, éclairé, ami de la vérité, se consolera de l'ennui et de l'inquiétude que lui ont causés ces phénomènes mystérieux en pensant qu'ils contribuent à élargir l'horizon de l'esprit en ouvrant des vues sur un nouvel ordre de choses, et que le faux jugement porté sur lui par quelques-uns ne provient que de l'ignorance des gens qui pensent machinalement » (*Annales des Sciences psychiques,* 1895, p. 94).

Dans ces observations du Pr. Perty se dessine peut-être une bonne réponse à la plus grande objection contre l'origine spirite de beaucoup de phénomènes de « poltergeist » ; objection fondée sur leur vulgarité, combinée à l'absence de buts apparents ou plausibles en soi. Or, en partant du fait que les exemples ne sont pas rares où les buts apparents existent et sont d'ordre spirite, (comme dans le XXIIIe cas) et de l'autre fait que la vulgarité des manifestations pourrait uniquement représenter *la voie de moindre résistance* à disposition de l'entité communicante afin d'établir un rapport avec les vivants, on pourrait toujours croire, avec le Pr. Perty, qu'en thèse générale les manifestations sont utiles en ce qu'elles « contribuent à élargir l'horizon de l'esprit en ouvrant des vues sur un nouvel ordre de choses » ; ou, en d'autres termes, parce qu'elles auraient pour but d'impressionner les hommes, en faisant surgir dans leur âme l'idée d'un mystère dans la vie, en secouant leur scepticisme, et en les reconduisant à méditer sur la possibilité de l'existence d'une âme survivant à la mort du corps, avec toutes les conséquences morales et sociales qui en dérivent. Si l'on admettait cela, on admettrait que grâce aux manifestations en question, un but très noble serait atteint par des moyens modestes ou vulgaires ; ce qui s'adapterait à la nature trop souvent vulgaire de l'homme, parmi lesquels un grand nombre demeurent sceptiques devant toute argumentation philosophique ou psychologique en faveur de la survivance, mais se rendent devant des faits concrets d'ordre supranormal, quelque banals qu'ils semblent.

Je dois cependant observer que l'explication du Pr. Perty et aussi celle de Myers ne suffisent pas à éliminer toutes les incertitudes théoriques inhérentes aux modes d'extrinsécation des manifestations de « poltergeist ». Car enfin il y a des cas où elles ne semblent pas seulement vulgaires et non concluantes, mais sont littéralement terrifiantes et nuisibles aux gens ; dans ces circonstances elles prennent le nom de « manifestations persécutoires ». Tels sont par exemple les deux cas suivants :

CAS XXV. – Il fut publié par Alexandre Aksakoff, dans l'ouvrage intitulé *Les Précurseurs du Spiritisme dans les 250 dernières années,* œuvre traduite en allemand par Feilgenhauer, et dont le Pr. Walter Leaf publia un long compte rendu dans les *Proceedings of the S. P. R.*. (vol. XII, p. 319). Au sujet de l'épisode qui suit, il écrit ces observations :

Ce cas se produisit dans un petit village russe, et grâce au fait qu'il se trouva être advenu sur une propriété de l'État, il fut soumis à une rigoureuse enquête officielle d'un caractère qui exclut tous les doutes. Alexandre Aksakoff en publia entièrement les documents, y compris les dépositions de tous les témoins. La relation suivante fut rédigée par moi d'après ces documents.

En janvier 1853, un peloton de cavalerie ayant pour siège le village de Liptsy, gouverneur de Karkhoff, était commandé par le capitaine Jandachenko, qui, avec sa femme, habitait une maison de quatre chambres, destinée au logement des officiers par le Conseil de la commune. La maison avait appartenu à une famille de paysans, et au temps où ceux-ci l'habitaient rien ne s'était produit d'anormal. Il semble néanmoins qu'en janvier 1852 quelque chose de mystérieux s'y était passé, mais comme un seul témoin fait par hasard une allusion à ce fait nous passerons outre, en commençant par le 9 janvier 1853, époque où débute ce récit.

Ce jour-là, les époux Jandachenko prirent possession de la maison, qu'un corridor séparait en deux parties, dans l'une desquelles se trouvait une chambre à coucher et un petit salon, dans l'autre un grand magasin et la cuisine. Dans la cuisine dormaient les domestiques, qui ce soir-là étaient cinq : deux femmes nommées Ephimie et Matrone et trois soldats, dont l'un, nommé Vasil, était ordonnance du capitaine, tandis que les autres étaient pour le moment à son service.

Quand les serviteurs eurent éteint la lumière, mais avant qu'ils s'endormissent (et sur cela les témoignages sont concordants) plusieurs coupes et gobelets en bois déposés sur le poêle furent lancés à travers la cuisine. On fit la lumière, et les objets continuèrent de voler dans toutes les directions, se mouvant pourtant quand personne ne les regardait ; et l'on ne parvint pas à découvrir la cause du phénomène. Le lendemain, 5 janvier, le capitaine Jandachenko se rendit chez le curé du village — Victor Salyezneff — pour l'informer des faits, et celui-ci visita la maison le 6, accompagné de ses assistants. Dans son témoignage, il raconte ce qui suit : « Dès que j'entrai dans la maison, je vis tomber une petite pierre dans le corridor ; puis une écuelle pleine de soupe se précipita à mes pieds, bien que je fusse entouré par les assistants munis des icônes ; et tout de suite après, plusieurs coups résonnèrent. » Le capitaine Jandachenko ajoute que lorsqu'on eut aspergé la maison d'eau bénite, une hache déposée dans le grenier du couloir, fut lancée avec force et à grand bruit contre la porte. Un autre prêtre — le père Loukowski — présent aussi ce jour-là, dépose : « Ayant été à la cuisine avec plusieurs compagnons, nous vîmes tous voler une bouteille de vernis, qui alla s'écraser contre la porte du couloir, où il n'y avait personne ; et je sus du capitaine que la bouteille était enfermée à clef dans l'armoire du salon. »

Malgré l'inefficacité de l'eau bénite, les bons prêtres ne se découragèrent pas : ils revinrent le lendemain avec l'artillerie lourde de leur ministère ; et renforcés d'un troisième prêtre, de beaucoup d'assistants, de nombreuses icônes, ils procédèrent à un service religieux solennel. Ils avaient à peine commencé qu'en présence de tous une pierre frappait la fenêtre de la cuisine, où il n'y avait personne, faisant voler les carreaux en éclats. Puis un morceau de bois et un seau plein d'eau s'envolèrent de la cuisine au milieu de la sainte compagnie, où le seau se renversa. Mais l'horreur des assistants arriva à son comble lorsqu'ils virent une pierre se précipiter dans le bassin de l'eau bénite. Il ne restait qu'à asperger de nouveau la maison d'eau lustrale, ce à quoi les prêtres vaquèrent avec empressement. Mais les phénomènes continuèrent, et le capitaine revint invoquer une autre cérémonie d'exorcisme contre les « esprits malins » ; et la cérémonie eut lieu avec un résultat identique.

Ce jour-là, les mêmes manifestations se répétèrent devant d'autres témoins ; mais le lendemain les choses tournèrent encore plus mal ; le lit où dormaient les époux Jandachenko prit feu spontanément devant eux. Ils purent l'éteindre à temps, mais le feu commença d'un autre côté, et ils durent recommencer. En même temps, deux morceaux de brique frappaient successivement la fenêtre, réduisant quatre carreaux en miettes. Après cette aventure, le capitaine Jandachenko se décida à abandonner la maison ; mais quelques jours après il y revint, et recourut pour la quatrième fois à l'œuvre d'un quatrième prêtre exorciseur, œuvre qui semble avoir été d'une certaine efficacité pendant quelque temps, car les phénomènes se réduisirent à quelques « gémissements lugubres » entendus à la cuisine par les domestiques.

Cependant, après quelques jours, les manifestations recommencèrent. Le 22 janvier le capitaine fit venir plusieurs amis pour assister aux faits, et à cette occasion le soldat Vasil fut légèrement blessé à la tête par un couteau lancé contre lui par « l'influence maligne ». Les choses allèrent de mal en pis, à ce point qu'on dut pourvoir à la sûreté de la maison en la faisant surveiller par une garde de paysans ; mais la surveillance ne servit à rien, et dans l'après-midi du 23 le toit de la maison s'incendia spontanément et fut détruit en peu de temps. Il ne fut pas possible d'éteindre le feu, car les efforts des pompiers furent contrariés par des nuages de fumée dense et fétide qui leur étaient lancés au visage.

Ce dernier incident amena le chef de la police du district à ordonner une enquête, qui fut exécutée les 4 et 5 février, avec résultat complètement négatif ; car aucun indice ne fut découvert contre personne, comme il appert du rapport rédigé par les fonctionnaires y préposés. Cependant, après l'enquête la quiétude revint pour quelques mois.

Pendant ce temps le capitaine Jandachenko s'était définitivement transféré dans une autre maison, et ce fut dans la nouvelle demeure que les phénomènes recommencèrent. Le 23 juillet, on vit les oreillers voyager en l'air, et se vider les seaux d'eau. Le capitaine eut soin immédiatement de faire surveiller la maison par les paysans, qui se disposèrent tout autour à la chaîne ; mais tout fut inutile. Le 24, les choses empirèrent, et le matin il arriva un grave accident : à 8 heures, on vit tout à coup le toit de paille de la maison en flammes. La rapide intervention des paysans fit qu'on put éteindre le feu avant l'arrivée des pompiers et de leurs pompes. Cependant, quand ceux-ci arrivèrent on les retint par mesure de prudence. A trois heures de l'après-midi, on s'aperçut qu'une fumée dense se dégageait d'un grenier de cette aile de la maison ; et un soldat, s'y introduisant à plat ventre, en tira un matelas dans l'intérieur duquel le feu couvait. Pour la seconde fois, on avait évité un désastre ; mais vers cinq heures, voici que tout à coup un coup de vent subit s'élève, et des flammes se dégagent de toutes parts sur le toit. Cette fois le feu se propagea avec une telle rapidité, que les pompiers n'eurent pas le temps de faire fonctionner leurs machines, ne parvenant qu'avec peine à les sauver de l'incendie ; les conséquences en furent que la maison du capitaine avec quatre autres furent complètement détruites.

Ce grave accident amena une seconde enquête très sévère, qui dura cinq jours (du 27 au 31 juillet) pendant lesquels tous les habitants du village furent interrogés. Comme on ne put rien conclure et rien découvrir, la chose fut déférée au tribunal civil de Karkhoff qui s'en occupa avec une extrême persévérance. La dernière enquête à ce sujet fut ordonnée trois ans après les événements (juillet 1856) et le rapport comprit les résumés de tous les résultats précédents. Le long réquisitoire prit fin avec une déclaration des juges où ils reconnaissaient explicitement qu'aucun soupçon n'existait contre personne. Après quoi, les documents furent consignés aux archives, d'où Alexandre Aksakoff les tira.

Tel est l'intéressant cas résumé par le Pr. Walter Leaf. C'est un des rares exemples où les manifestations de hantise suivent la famille dans sa nouvelle demeure. En général, il arrive au contraire que si la famille hantée se transporte ailleurs, les manifestations s'atténuent ou cessent dans la maison hantée, mais ne se répètent pas dans le nouveau domicile. Cette circonstance des manifestations qui, cette fois, adhèrent aux personnels plutôt qu'aux lieux, devrait à plus forte raison faire considérer ce cas comme d'origine « persécutoire ». Cependant, alors que dans les autres épisodes à caractère persécutoire la figure de la victime se détache avec précision, ici, rien de semblable et ce défaut ne peut être attribué à quelque négligence de la part des relateurs, car les autorités chargées des trois enquêtes officielles n'auraient pas manqué de faire noter le fait, s'il avait existé.

Au point de vue spiritualiste, on ne saurait comment justifier des manifestations de cette nature à moins qu'on n'accepte les versions populaires de l'existence « d'esprits malins », et de la possibilité de « vengeances d'outre-tombe », versions purement traditionnelles et toutes gratuites, mais qu'on ne saurait remplacer par d'autres moins gratuites, car l'unique hypothèse scientifique à la disposition des chercheurs serait que les phénomènes doivent être attribués aux gestes désordonnés d'un « Moi subconscient » capable de se transformer en persécuteur de soi-même, et cette hypothèse est encore plus gratuite et plus absurde que les versions populaires mentionnées.

CAS XXVI. – Ce second exemple de manifestations persécutoires fut également publié par Alexandre Aksakoff dans l'ouvrage cité, et je l'extrais du même article du Pr. Walter Leaf (*id.,* p. 322). Il s'agit d'un cas extraordinaire, soigneusement étudié par Aksakoff, qui réunit les attestations écrites de plusieurs témoins, recueillit des lettres de l'époque où l'on avait décrit les phénomènes, se procura la relation publiée au temps où ils se déroulèrent dans le journal *Uralsk Gazette,* ainsi que le rapport sur l'enquête ordonnée à ce propos par le gouverneur de la province. Aksakoff avait déjà publié un long résumé du cas dans l'ouvrage *Animisme et Spiritisme,* mais dans cette relation intégrale on remarque des détails nouveaux et intéressants.

Le relateur, M. Shchapoff, était le chef de famille habitant la maison hantée, et celle-ci s'élevait, aux environs de la ville de Iletsky, gouvernement de Uralsk (Orenbourg).

La relation est longue, et je serai obligé d'en omettre les passages non essentiels. M. Shchapoff écrit :

Le 16 novembre 1870, je rentrais chez moi, revenant de la ville de Iletsky, à vingt kilomètres de là. La famille se composait de ma mère et de ma belle-mère, toutes deux âgées de 69 ans ; de ma femme, qui avait un peu plus de vingt ans, et d'une petite fille à la mamelle. Ma femme vint à ma rencontre en me contant que depuis deux jours elles ne dormaient pas, à cause d'événements extraordinaires advenus dans la maison. J'allais accueillir en plaisantant cette annonce, quand je remarquai que ma femme semblait sérieusement impressionnée, et j'écoutai le récit suivant :

« Le soir du 14, l'enfant s'était montrée nerveuse et rageuse, et pour la tranquilliser ma femme avait appelé la cuisinière Marie, qui en jouant de l'harmonica et en dansant autour d'elle, était parvenue à l'endormir. Peu de temps après, ma femme, se trouvant au salon et conversant avec une de nos voisines, la vit tressaillir brusquement, puis se ressaisir en expliquant qu'elle avait vu une ombre humaine passer devant la fenêtre ; et tandis qu'elle disait cela, toutes deux aperçurent effectivement une ombre glisser à l'extérieur devant la fenêtre. Elles allaient sortir pour se rendre sur les lieux, quand de la mansarde du dessus le son de l'harmonica avec accompagnement de la danse exécutée un instant auparavant par la cuisinière Marie, parvint à leurs oreilles ; cette danse est clairement reconnaissable à son rythme caractéristique “à trois temps”. Elles supposèrent naturellement que Marie était occupée à s'exercer, mais à leur grande surprise elles la trouvèrent endormie à la cuisine, tandis qu'en haut la danse continuait. La jeune cuisinière se réveilla, et se munissant d'une lumière elle monta tout de suite dans la mansarde, où elle arriva et ne vit personne. Pendant ce temps, comme les deux dames avaient entendu tambouriner sur les volets, elles appelèrent le meunier et le jardinier, qui parcoururent avec soin les alentours, sans rien découvrir ; et pendant ce temps continuaient le tambourinement et les danses, qui se prolongèrent jusqu'au matin, empêchant tout le monde de dormir. Le lendemain soir, à dix heures, encore les danses en haut et le tambourinement sur les volets, et cela jusqu'au matin, malgré la surveillance des membres de la famille et de tout le voisinage. »

Tel fut le récit de ma femme. J'allai interroger le meunier, qui confirma pleinement tous ces dires ; mais il ajouta qu'il avait découvert et emporté un nid de colombes sous le bord du toit, ce nid, selon lui, était cause de ce branle-bas. Je restai satisfait de l'explication, et, donnant à ma femme une petite leçon sur les dangers de la superstition, je ne m'occupai plus de l'incident. Quand j'eus pris le thé, j'ouvris un volume des voyages de Livingstone, m'absorbant dans cette lecture ; ma femme se retira avec l'enfant dans sa chambre, qui était séparée de la mienne par une porte vitrée. Tout était tranquille, je lisais avec un vif intérêt depuis plus de deux heures, quand une sorte de grattement provenant de la mansarde se fit entendre. Je supposai que le chien y avait pénétré ; mais le son se transforma en celui indubitable d'une danse « à trois temps », qui cessait par intervalles pour reprendre, et qu'il me fut facile de localiser au point exactement au-dessus du lit de ma femme. Tandis que j'écoutais, on entendit de petits coups sur les carreaux de la fenêtre de ma femme, qui semblèrent exécutés avec les bouts charnus des doigts ; puis ils se firent plus distincts, et ils partirent frappés avec les ongles. J'allai voir à travers la porte vitrée, et, à la lueur de la veilleuse, je vis ma femme profondément endormie. Exactement à cet instant résonna un coup assez fort pour réveiller ma femme, qui, regardant autour d'elle et m'apercevant, demanda si j'avais entendu. A mon tour, je lui demandai si par hasard elle n'avait pas frappé. Comme si on avait voulu répondre à ma question, un coup résonna sur la fenêtre de ma chambre. J'accourus promptement, et je regardai dans la cour éclairée par la lune, mais je ne vis rien. Je me cachai près de la fenêtre, retenant ma respiration, dans l'attente de surprendre le coupable, mais au contraire deux coups assourdissants résonnèrent dans le mur, frappés de l'intérieur, à la hauteur de mon oreille ; et leur violence fut telle qu'elle secoua la maison comme un tremblement de terre. Involontairement je fis un saut en arrière tandis que ma femme s'écriait : « Oh, mon Dieu ! on recommence ! » et se mettait à prier. Je mis ma pelisse, pris mon fusil, et envoyai chercher le jardinier. Nous commençâmes tout de suite de minutieuses recherches autour de la maison, et nous lachâmes les chiens ; mais ni nous ni les chiens ne découvrîmes des traces de rien, bien que la nuit splendidement éclairée par la lune, et l'air parfaitement tranquille. Nous observâmes attentivement la couche de neige sous la fenêtre : aucune empreinte. Quand nous rentrâmes enfin, les personnes demeurées demandèrent si les coups qu'elles avaient entendus avaient été frappés par nous. Pendant ce temps, le bruit des danses continuait en haut, et nous montâmes à la mansarde avec des bougies et des lanternes, en fouillant le moindre recoin, mais toujours inutilement ; et il faut observer que pendant notre présence sur le lieu, tout restait tranquille ; mais dès qu'on descendait dans la chambre du dessous, les danses et les sons recommençaient... Le lendemain les manifestations furent moins violentes, et après deux jours elles cessèrent complètement. Nous discutâmes longtemps les faits avec les voisins et les amis ; mais le 20 décembre, me trouvant avec un invité, j'eus l'idée de tenter une expérience, faisant répéter à Marie la danse avec laquelle avaient commencé les phénomènes. Dès que la jeune cuisinière eut commencé les premiers pas, on entendit des coups sur les carreaux de la fenêtre, qui se mirent à accompagner le rythme de la danse, constitué par « sept mesures » se terminant chaque fois par deux ou trois coups très forts. Et les manifestations persistèrent jusqu'à minuit.

Le lendemain soir, à une heure tardive, les coups recommencèrent sans préliminaires de danses ; en même temps se fit entendre un son caverneux qui semblait provenir du tuyau de la cheminée. Peu de temps après, les objets existant dans la chambre, y compris les souliers et les pantoufles, se mirent a voler dans toutes les directions, se heurtant au plafond et aux murs ; quelquefois ils sifflaient en volant. Mais le fait le plus étrange est celui-ci : que lorsqu'ils retombaient sur l'épais tapis étendu à terre, ils produisaient un bruit qui n'était pas en rapport avec la cause ; ainsi, un morceau d'étoffe retiré du lit retombait en produisant un choc, semblable à celui d'un corps solide très lourd - et au contraire un gros corps solide retombait sans bruit...

... Le 8 janvier, ma femme vit surgir de sous son lit un petit globe lumineux, qui, se développait rapidement, atteignit le diamètre d'une assiette et son impression fut si grande qu'elle s'évanouit. Le jour suivant, les coups se firent entendre à 3 heures de l'après-midi, c'est-à-dire en plein jour, et quand ma femme dormait. A partir de ce moment, ils commencèrent à suivre les pas de ma femme, où qu'elle allât dans la chambre ; ce qui fut cause de sérieuses préoccupations pour nous. Je craignais pour sa santé ; et non tant pour le phénomène en *soi* – qui ne semblait pas la troubler excessivement – que pour ce fait qu'à chaque manifestations de coups elle éprouvait une faiblesse spéciale, accompagnée d'une somnolence invincible. Nous décidâmes par conséquent d'abandonner pour un mois notre résidence et de nous rendre à la ville.

Nous partîmes le lendemain. A peine arrivés, nous rencontrâmes le Dr Shustoff, mon ami, qui, entendant de quoi il s'agissait, expliqua que les phénomènes dépendaient d'une force électrique ou magnétique, causée par la particularité du terrain, ou bien par l'organisme de ma femme. Cette explication peu claire soulagea nos esprits assez peu imbus de science, et nous invitâmes le docteur à venir constater sur les lieux. Nous revînmes donc à la maison, et dès que nous fûmes arrivés, nous fîmes danser Marie. On n'obtint que des coups faibles, mais le docteur put les entendre sur les carreaux de la fenêtre pendant que ma femme se tenait visiblement endormie dans l'angle opposé de la chambre. Cela lui suffit pour développer avec plus d'ampleur sa théorie de la force électrique, et notre satisfaction fut grande, car nous pouvions enfin bannir la pensée tourmentante des « esprits ». Ma mère aussi, qui depuis deux mois priait sans interruption, faisant le signe de la croix cent fois par jour sans influer en rien sur les phénomènes, sentait maintenant qu'elle respirait plus librement. Malgré cela, nous ne renonçâmes pas au séjour projeté en ville, et nous repartîmes.

Seuls les domestiques restèrent à la maison ; durant notre absence ils ne perçurent aucune manifestation. J'ajouterai que je revins une fois en compagnie d'un ami, essayant de faire danser Marie, sans résultat.

Nous revînmes le 21 janvier, et avec nous les manifestations. En effet, dès que ma femme fut couchée les coups recommencèrent, et les objets recommencèrent à voler. Mais cette fois se mirent à voler aussi des ustensiles dangereux, et cette nuit-là un couteau de table fut lancé avec violence contre la porte. Nous essayâmes d'éviter le péril en enfermant à clef dans l'armoire les couteaux et les fourchettes ; mais vers minuit ils volaient tout de même dans la maison. Nous nous sentions envahis par la terreur et nous étions reconnaissants aux amis lorsqu'ils venaient nous tenir compagnie.

Quant à la théorie électrique du Dr Shustoff, elle subit un dernier assaut le soir du 24 janvier. Ce soir-là, ma femme causait avec un invité, nommé Alekseeff, et je tenais dans mes bras l'enfant, en chantonnant pour la distraire. Quand je cessai de chanter, ils me prièrent de continuer ; puis, de changer de chanson. Je m'exécutai, et pour la première fois je m'aperçus que les coups sur la fenêtre battaient la mesure de mon chant. Après moi M. Alekseeff se mit à fredonner, et les doigts invisibles battirent la mesure également, la perdant seulement lorsqu'il changea brusquement de chant et de rythme. Nous essayâmes alors de fredonner à mi-voix ; puis de réduire le chant à un simple mouvement des lèvres, enfin de le *moduler mentalement ;* et les coups conservèrent toujours la plus parfaite synchronie de rythme... Nous découvrîmes ensuite que la « force » non seulement répétait le nombre de coups que nous frappions sur les carreaux, mais reproduisait exactement ceux que nous *voulions mentalement...* Alors je commençai à adresser des questions à cette « force » : « Toi qui te manifestes, es-tu un homme ? — (Silence). — Tu es donc un esprit ? — (Un coup). — Bon ? — (Silence). — Mauvais ? — (Deux coups puissants). — Quel est ton nom ? » — Je prononçai un grand nombre de noms de bons esprits, sans obtenir de réponse..., mais dès que je tournai ma pensée au nom générique par lequel on désigne le Pouvoir du Mal, hésitant à le prononcer, les coups résonnèrent, de telle façon qu'on eût dit qu'on voulait me l'arracher des lèvres : et alors je prononçai le mot « Démon », auquel répondit un coup sur la porte si fort et si assourdissant, que tous reculèrent...

Pour abréger, je ne rapporte pas la suite des dialogues, qui eurent lieu à deux reprises, et ne présentent d'autre particularité, que celle de la « lecture de la pensée ». Je noterai seulement qu'on adressa à la « force intelligente » une demande impliquant l'avenir, et qui se rapportait au résultat de la guerre franco-allemande, alors engagée, ce à quoi elle répondit en prophétisant la victoire de la France. Il est facile d'en déduire que là aussi la « force intelligente » n'a fait que lire dans la pensée des assistants leur opinion erroné à ce sujet.

... En attendant la section d'Orenburg de la « Société Géographique Impériale », ayant entendu parler des manifestations, m'en demanda une relation, surtout à propos du phénomène météorologique du globe lumineux. J'écrivis la relation, et j'en envoyai une copie au Dr Shustoff, inventeur de la théorie électrique, en lui demandant s'il était toujours du même avis. A ma surprise et satisfaction, au lieu de me répondre il vint me trouver en compagnie de deux de ses amis : l'ingénieur du gouvernement Mutin, et le littérateur Savicheff, rédacteur du journal *Uralsh Military Gazette.*

Tous trois se présentèrent comme de simples curieux intéressés par les faits, mais on découvrit qu'ils étaient au contraire officiellement chargés d'une enquête par le général Verevkin, gouverneur de là province. Je mis ma maison à la disposition de mes hôtes, qui commencèrent par une visite minutieuse des lieux. Les manifestations, qui avaient cessé depuis quelque temps, reprirent avec leur arrivée, et débutèrent par des coups et des lancements d'objets. Le lendemain matin ils dressèrent leurs appareils, en bouleversant même le parquet de la chambre à coucher de ma femme, dans le but de planter une tige de fer dans le terrain du dessous ; cette tige de fer fut mise en contact avec la porte, dont ils couvrirent les vitres de feuilles d'étain ; près de la porte, ils mirent une bouteille de Leyden, des aimants et d'autres ustensiles. Sans m'étendre davantage à décrire leurs préparatifs, je dirai tout de suite que tout cet appareil n'apporta aucune lumière sur la cause des phénomènes.

On tenait aussi un journal où toutes les observations étaient minutieusement notées ; et dans ce but on montait la garde régulièrement dans la chambre de ma femme.

Leur premier soin fut d'établir de quelque manière le système d'extrinsécation des phénomènes ; mais on eût dit que les phénomènes s'amusaient à les désorienter. Dès qu'on commença, et tandis que nous prenions le thé, les pinces, les petites cuillers, d'autres ustensiles de ce genre furent projetés loin de ma femme en ligne droite. Nous en conclûmes à l'unanimité que de l'organisme de ma femme se dégageait une force répulsive ; et quand nous pensions avoir enfin saisi un fil d'orientation, il arriva à ma femme d'aller ouvrir l'armoire, et les objets disposés à l'intérieur volèrent vers elle, et certains poursuivirent leurs routes.

Je fais noter encore que malgré la plus attentive surveillance, personne ne parvint jamais à apercevoir les objets quand ils partaient, mais seulement lorsqu'ils volaient ou tombaient. On essaya de faire toucher à ma femme tous les objets disposés dans l'armoire, dont aucun ne bougea ; pourtant, tandis que notre attention se concentrait sur l'expérience, de l'angle opposé survenaient en volant un chandelier et une louche, qui tombèrent à nos pieds.

Ces expériences continuèrent plusieurs jours ; puis les manifestations changèrent. Un soir Akutin, tandis qu'il faisait son tour de garde dans la chambre de ma femme, appela pour dire qu'il avait entendu un vague frottement sur le lit où ma femme se trouvait endormie ; il avait essayé de l'imiter en grattant sur le couvre-lit de soie, et son acte avait été immédiatement reproduit au même endroit. Il répéta l'expérience, et le résultat fut conforme à ses paroles. On multiplia les essais en déterminant des sons de différentes intensités sur le couvre-lit, sur les oreillers, sur les pieds du lit et sur les chaises, les sons se répétaient immanquablement au point où ils étaient faits. Alors Akutin demanda à la « force » de désigner tour à tour celui de nous qui avait produit le bruit, et dans ce but il prononçait nos noms successivement, tandis que la « force » indiquait l'auteur moyennant un coup, sans jamais se tromper. Inutile de dire qu'on surveillait rigoureusement ma femme, qui était dans son lit les épaules tournées vers nous, et ne pouvait nous voir.

Akutin demeura quelque temps muet et pensif... puis il me demanda si je consentais à me rendre avec ma femme à la ville pour de futures observations ; j'y consentis. Arrivés à Iletsky, les phénomènes devinrent extrêmement faibles, et on n'entendait les coups que dans le voisinage immédiat de ma femme. Akutin amena avec lui deux médecins ; l'un des deux, nommé Dubinsky, était allemand et se montra tout de suite d'un scepticisme irréductible. Il déclara que ma femme produisait les coups en faisant claquer la langue, et l'invita à tenir sa langue dehors. Les coups cessèrent un instant, puis reprirent et continuèrent. Alors il s'en lira en déclarant que les coups n'étaient autres que les pulsations de son cœur ! Donc, quand Akutin manifesta l'intention de publier une relation favorable aux phénomènes, le Dr Dubinsky s'y opposa énergiquement en lui prédisant qu'il se serait compromis sans aucun but, vu que ces prétendues merveilles étaient des tours d'adresse frauduleuse, et que toutes les enquêtes de ce genre avaient toujours prouvé la fraude. Ces paroles exercèrent une impression profonde sur l'esprit d'Akutin, qui en demeura perplexe et troublé... Il finit par nous déclarer que le Dr Dubinsky avait raison ; que de toute façon il aurait pensé à rédiger un rapport qui ne nous causât point d'ennuis, et que comme nous étions les victimes d'une mystification à laquelle ma femme s'était laissée aller en raison de l'état morbide dans lequel elle se trouvait, il conseillait de la confier aux soins d'un médecin spécialiste.

En effet, je confiai ma femme aux soins du Dr Dubinsky ; sa santé physique et morale en fut améliorée, tandis que les manifestations cessaient complètement. Nous aurions donc pu nous considérer heureux et satisfaits, si deux faits n'étaient venus nous affliger profondément ; l'un est que *l'Uralsk Military Gazette* publia un article, signé par les trois membres de la commission, où l'on déclarait que les prodiges avérés dans notre maison étaient dus à une action exclusivement humaine ; l'autre, que nous reçûmes une communication du gouverneur de la province, où l'on nous faisait part que d'après l'enquête, les phénomènes se montraient fort explicables, et par conséquent on nous avertissait qu'ils ne devaient plus se produire, sous peine d'encourir les punitions édictées pour qui propage la superstition.

Après cet avertissement officiel, qu'on juge de notre horreur lorsque, revenus en mars à notre résidence, nous assistâmes au renouvellement immédiat des phénomènes ! Et cette fois, même la présence de ma femme ne semblait pas nécessaire. Un jour, je vis de mes yeux le canapé sur lequel ma mère était assise, faire quatre sauts sur ses quatre pieds, à la terrible épouvante de la pauvre vieille. Cet incident s'imprima dans mon âme d'une manière indélébile ; d'autant plus qu'auparavant j'avais toujours observé les phénomènes en compagnie de personnes qui m'influençaient au point de ne pas me permettre de croire au témoignage de mes yeux ; mais cette fois j'étais seul avec ma mère, le phénomène s'était produit en plein jour, et j'avais vu clairement le meuble se lever de terre trois ou quatre fois, de ses quatre pieds.

Le soir du même jour, nous étions au salon, quand d'un lavabo situé dans l'antichambre, à la vue de tous, se dégagea une étincelle bleue et crépitante qui glissa rapidement vers la chambre de ma femme, bien que ma femme ne s'y trouvât pas. En même temps, nous aperçûmes le reflet d'une flambée à l'intérieur. Je me précipitai dans la chambre, et je vis que le feu avait pris à un peignoir de coton posé sur un guéridon d'angle. Dans la chambre se trouvait ma belle-mère, qui versa promptement un broc d'eau sur les flammes. Je procédai à un examen minutieux de la pièce, sans découvrir d'autre raison d'incendie que l'étincelle crépitante que nous avions vue. On respirait une âcre odeur de soufre, qui semblait s'exhaler du peignoir, dont la partie attaquée par le feu était encore brûlante, et fumait plus que si on avait versé l'eau sur un fer rouge.

Le lendemain je fus appelé à la ville pour des affaires des plus urgentes, et bien qu'il me fût dur de m'éloigner de ma famille en de semblables conditions, je ne pus me libérer ; et, en partant, je priai un jeune voisin, nommé Portnoff, de me remplacer durant ma brève absence.

Lorsque je fus de retour deux jours après, je trouvai ma famille qui se disposait à déloger, avec les malles dans la rue, prêtes à être chargées. J'appris qu'ils voulaient fuir parce que les meubles de la maison avaient commencé à prendre feu spontanément, et surtout parce que le soir précédent la robe de ma femme s'était allumée sur elle ; et notre voisin Portnoff, qui avait éteint la flambée, s'était gravement brûlé les mains.

M. Portnoff, dont les mains étaient couvertes de cloques, me raconta que le soir de mon départ les phénomènes débutèrent par l'apparition de brillants météores dansant sur la véranda, en face du salon. Leurs dimensions variaient de la grosseur d'une noix à celle d'une pomme ; ils étaient de forme globulaire, de couleur rouge brillant, parfois bleuâtres, et semblaient opaques. Leur danse curieuse se prolongea quelque temps, et on eût dit qu'ils s'efforçaient de pénétrer dans la maison par la fenêtre du salon. A ce moment ma femme était éveillée.

Le soir suivant, tandis qu'ils se trouvaient sur la véranda, il arriva à Portnoff de rentrer pour un instant, et il trouva son propre lit en flammes. Il appela au secours, et l'incendie fut promptement dompté, bien qu'il eût attaqué toute la garniture du lit. On procéda avec un soin extrême à l'extinction de toute trace de feu ; puis on revint sur la véranda, en discutant avec animation sur cet accident, dont on ne pouvait deviner la cause. Tout d'un coup on sentit de nouveau une odeur de brûlé, cette fois on constata que le feu couvait dans le rembourrage du matelas, constitué de crin de cheval ; et comme le matelas brûlait d'en dessous, il semblait inadmissible que le feu fût causé par des étincelles non éteintes du premier incendie ; d'autant plus qu'un matelas bourré de crin est fort peu sujet à l'incendie.

Et je n'ai pas tout dit ; le dernier événement, une véritable catastrophe nous attendait. Nous fûmes obligés de fuir, malgré l'inondation des champs causée par la fonte des neiges. Je transcris les paroles de Portnoff :

« Je grattais la guitare. Avec nous se trouvait le meunier, qui se leva pour prendre congé, et Hélène Efimovna (ma femme) l'accompagna jusqu'au seuil de la maison. Quelques instants plus tard, s'éleva un cri désespéré qui semblait venir, de loin, bien que la voix me fût familière. Saisi d'une horreur indicible, je me précipitai vers la porte de la maison, et au fond du corridor je vis une colonne de feu, dans le centre de laquelle se trouvait Hélène Efimovna. Les flammes naissaient en bas, et l'entouraient de façon à presque la cacher. Comme elle avait une robe légère, j'espérai que les flammes n'étaient pas violentes, et je me mis à les éteindre avec les mains ; mais il me sembla les avoir plongées dans la poix ardente, et j'en rapportai de terribles brûlures. Pendant ce temps, on entendait un crépitement ininterrompu, qui semblait prendre naissance sous terre, et le parquet vibrait et sursautait. Le meunier était accouru aussi au cri de la victime, m'aidant à la transporter ailleurs, évanouie, et avec ses vêtements carbonisés. »

Ma femme raconta à son tour que lorsqu'elle fut de retour dans le corridor, le sol sursauta, des rugissements d'enfer retentirent, et une étincelle bleuâtre se dégageant d'en bas se jeta sur elle. Elle eut à peine le temps d'émettre un cri, que les flammes l'entourèrent et elle perdit connaissance. A noter le fait qu'elle n'éprouva pas la moindre brûlure ; et bien que sa robe fût carbonisée jusqu'au-dessus du genou, même les membres inférieurs n'eurent pas à souffrir.

Le meunier raconta qu'en traversant le jardin, il avait entendu un bruit formidable, suivi d'un cri désespéré ; en même temps il avait aperçu un reflet d'incendie dans le corridor. Il fut saisi d'une telle épouvante, que ses jambes ne lui permirent qu'avec peine d'accourir à l'aide.

Après cette terrible aventure, il ne restait d'autre parti à prendre que la fuite. Et nous fuîmes sans retard, demandant l'hospitalité à un taudis de cosaques, où nous restâmes jusqu'à la fin de l'inondation. Dès que cela me fut possible, je vendis la maison et en achetai une autre. Quand nous nous transportâmes dans la nouvelle demeure les phénomènes ne se répétèrent pas, et la tranquillité revint en famille.

J'ajouterai une particularité que j'aurais dû dire plus tôt : plusieurs fois nous eûmes de ces manifestations qu'on appellerait aujourd'hui « matérialisation ». La première fois, il s'agissait d'une petite main rosée et délicate, qui semblait celle d'un enfant, et que ma femme surprit tandis qu'elle tambourinait sur les carreaux. Une autre fois, ma femme vit sur les carreaux deux petits êtres vivants, allongés et noirs, ressemblant à dès sangsues, qui l'impressionnèrent au point quelle s'évanouit. Une troisième fois, je me trouvais seul à la maison avec ma femme, qui dormait ; et j'essayais de surprendre la « force » quand elle frappait les coups sur le parquet de la chambre ; mais dès que j'avançais la tête, les coups cessaient et quand je m'en allais, ils recommençaient. Je parvins cependant un jour à saisir le bon moment, et je restai pétrifié d'horreur en voyant une petite main rose, semblable à celle d'un enfant, surgir littéralement du sol, disparaître derrière le couvre-lit, et le tirer vers soi avec un mouvement si rapide qu'on ne saurait l'imiter. Mon horreur dérivait du fait que par la position de ma femme relativement à la main, j'avais tout de suite compris que la main n'appartenait pas à cette dernière.

Je fais noter que ma femme était une personne saine, tranquille, affectionnée et très pieuse. Elle ne fut jamais malade jusqu'au jour de sa mort, advenue huit ans plus tard des suites de couches.

Nombreux sont les points dignes de commentaires dans ce cas extraordinaire, mais pour abréger je me bornerai à en considérer un seul dans toutes ses conséquences théoriques ; à savoir qu'ici les caractères réunis des phénomènes de « poltergeist » et de ceux de « hantise proprement dite » se combinent aux phénomènes de matérialisation partielle de membres, et avec manifestations obtenues expérimentalement, comme il arrive dans les séances médiumniques. Le fait est théoriquement d'une grande importance, car nous trouvons ainsi démontrée une fois de plus l'unité fondamentale de toutes les manifestations métapsychiques, qu'elles soient à manifestations spontanées, comme dans les phénomènes de hantise, ou à manifestations provoquées comme dans les séances expérimentales.

Ajoutons que ce cas démontre d'une façon encore plus évidente le rapport causal entre les manifestations et les personnes. Ce rapport est mis bien en relief par l'observation du relateur sur sa femme, qui, lorsque débutaient les manifestations, « était sujette à une faiblesse spéciale, accompagnée d'une somnolence invincible », somnolence qui bien souvent s'emparait complètement d'elle, au point que les plus importantes manifestations coïncidaient presque toujours avec une phase de son profond sommeil. Or, cette rencontre du phénomène de « transe » médiumnique dans un cas de « poltergeist » est très frappant en ce sens, qu'il rapproche encore ces manifestations de celles qui s'obtiennent dans les séances expérimentales.

Toutefois, après les analogies il faut remarquer une différence non négligeable entre les modes d'extrinsécation que nous avons vus et ceux des séances expérimentales ; c'est l'existence, en ce cas, d'une « cause locale », déterminant les manifestations, et conforme à ce qui se voit généralement dans les phénomènes de hantise. Cette particularité se dégage indubitablement des faits suivants : Une première fois les membres de la famille abandonnent la maison hantée pour se réfugier ailleurs, et avec leur départ prennent fin les manifestations, *qui pourtant ne se reproduisent pas dans la nouvelle demeure.* Une seconde fois, ils désertent le foyer, dans lequel la paix revient immédiatement, tandis qu'aucune manifestation *spontanée* ne se produit dans la seconde demeure, et ce n'est qu'expérimentalement qu'on obtient de petits coups supranormaux à proximité du médium, mais si faibles, qu'ils suscitent des soupçons de fraude chez le savant qui les observe. Enfin, ils quittent pour toujours la maison hantée, déterminant ainsi la fin de la hantise, *sans que celle-ci se reproduise dans la nouvelle résidence.* Ces conditions prouvent que si les facultés médiumniques de la jeune femme avaient été la cause suffisante des manifestations, celles-ci auraient du se reproduire dans les trois cas, ce qui ne se vérifia pas.

Donc, on peut seulement conclure que les phénomènes de hantise se réalisent quand se trouvent combinés deux facteurs également nécessaires : la présence d'un *sensitif* dans un milieu *médiumnisé.* On a déjà beaucoup discuté, à propos du formidable thème des causes ou influences « médiumnisantes », et pour ce qui se rapporte aux phénomènes de « hantise proprement dite » on a vu que d'ordinaire la « cause occasionnelle » génératrice des « influences locales » (qui consisterait en une saturation fluidique spéciale) est en rapport avec une mort, le plus souvent tragique, advenue dans la maison hantée ; on trouve très souvent aussi ce rapport dans les cas de « poltergeist », bien qu'il ne se vérifie pas pour celui qui nous concerne. Le fait justement qu'il ne se vérifie pas dans ce cas si important, conseille d'être prudents avant de formuler des hypothèses d'explication, bien qu'il ne signifie pas que des précédents de mort n'aient pas existé. On pourrait très bien présumer que le relateur n'y a fait aucune allusion parce qu'il n'en a pas saisi la relation avec les phénomènes. D'ailleurs, même si l'on écarte cette hypothèse, n'oublions pas ce qu'observe le Pr. Barrett, que « l'origine des phénomènes de poltergeist pourrait être aussi attribuée à l'œuvre de certaines intelligences de l'invisible, peut-être perverses et peut-être rudimentaires ». Avec cette explication, on comprendrait l'origine des manifestations même en l'absence de morts tragiques advenues dans la maison hantée ; mais il resterait à expliquer alors le problème de « l'influence locale », car on ne saurait concevoir comment aurait pu se produire alors la « médiumnisation du milieu » nécessaire aux manifestations.

Pour embrouiller encore plus le mystère, nous ajouterons le problème de la forme décidément « persécutoire » assumée par les manifestations en question. Cette forme – pour la plus grande confusion de nos idées – se trouve être atténuée par la très mystérieuse circonstance que les gestes persécutoires n'arrivent jamais à léser sérieusement les personnes, ce qui est la règle dans les phénomènes de hantise. Dans notre cas, les flammes qui entourent la victime n'ont pas le pouvoir de la brûler si peu que ce soit, tandis qu'elles en carbonisent les vêtements. Si donc il s'agissait d'entités perverses ou vindicatives, qui profiteraient de circonstances favorables pour terroriser les vivants, il faudrait en déduire qu'il ne leur est pas concédé de les offenser dans leurs personnes.

En tout cas, il y a ceci de certain, que le phénomène de l'innocuité de la flamme sur les personnes, démontre d'une façon absolue l'origine supranormale des manifestations, vu qu'en toute circonstance analogue d'origine naturelle, les flammes n'auraient pas manqué de brûler gravement la victime, comme elles brûlèrent les mains de la personne qui la secourut ; donc, malgré que les raisons des faits demeurent incompréhensibles, l'origine spirite des faits ne fait aucun doute.

CAS XXVII. – Je termine par un exemple d'ordre « mixte », où les manifestations de poltergeist se réduisent à l'audition d'une voix réelle qui converse avec les vivants.

J'extrais le cas du livre de Robert Dale Owen? *Foolfalls on the boundary of another world* (p. 339). Le relateur est l'écrivain spiritualiste bien connu S. C. Hall, qui le recueillit directement de la dame qui en fut percipiente avec sa famille. Elle lui accorda la permission de le publier, avec prière de tenir son nom caché, ainsi que celui des lieux où se déroulèrent les faits.

La valeur probante de ce cas est accrue par la circonstance que lorsqu'on publia la première édition du livre qui le renferme, le périodique local, *The Worcester Herald,* reproduisit l'épisode à titre de variété, en exprimant l'opinion que le relateur S. C. Hall s'était amusé à mystifier M. Dale Owen. Quelques semaines plus tard, avec une louable franchise, le directeur du journal se rétractait en ces termes : « Nous nous sentons en devoir de présenter publiquement nos excuses à Mr. S. C. Hall. Le banquier de Worcester chez lequel Mr. Hall rencontra la dame qui lui narra ses conversations avec un “esprit familier”, nous affirme que Mr. Hall a rapporté le cas avec une fidélité scrupuleuse, tel qu’il l’entendit de la bouche de la dame en question, et qu’il décrit avec autant de vérité la position de la dame, la rectitude de son caractère, et l’accent de conviction irrésistible avec lequel elle parlait. Nous espérons donc que Mr. S. C. Hall nous pardonnera de l’avoir gratuitement soupçonné d’avoir abusé de la crédulité d’un ami. »

Et M. Dale Owen ajoute : « Je me trouve heureux d’avoir obtenu d’une façon aussi inattendue une bonne preuve testimoniale de plus de la véracité du récit extraordinaire qui suit. »

Le banquier en question avait en outre déclaré qu’il connaissait depuis longtemps les faits, et que depuis une trentaine d’années il était en relation d’amitié avec la percipiente. Ni le banquier ni la dame ne s’étaient jamais occupés de pratiques spirites.

Voici donc le récit :

Vers l’année 1820, nous abandonnâmes notre résidence de Suffolk pour nous transférer dans une petite ville de France, qui est port de mer. Notre famille se composait de mon père, de ma mère, de moi, d’une sœur, d’un frère, et une domestique anglaise. La nouvelle maison se dressait solitaire aux environs de la ville, entourée de la plage ouverte, sans autres habitations ou constructions voisines.

Un soir, mon père en rentrant, vit un individu enveloppé dans un grand manteau qui était assis sur une pierre à quelques mètres de la maison. En passant auprès de lui, il lui dit bonsoir, mais n’en obtint aucune réponse. Il poursuivit son chemin vers la maison, mais avant d’entrer il se retourna, et ne vit plus l’individu. Tout à fait étonné, il revint sur les lieux, et portant ses regards tout autour il ne vit personne, bien qu’il n’existât aucun refuge qui eût pu cacher une personne.

En entrant au salon, il s’écria : « Mes enfants, j’ai vu un fantôme ! » Et nous rîmes de bon cœur.

Cependant, cette même nuit, nous commençâmes à entendre des bruits étranges dans plusieurs côtés de la maison, qui se répétèrent durant plusieurs nuits de suite. Parfois on eût dit que quelqu’un se plaignait amèrement sous nos fenêtres ; d’autres fois, c’étaient des grattements et des raclements sur les volets ; souvent nous arrivait le bruit d’une mêlée qui semblait se produire sur le toit, comme si un grand nombre de personnes y avaient été engagées dans une lutte très vive. Nous ouvrions la fenêtre en appelant à haute voix, sans obtenir de réponse.

Après quelques jours, les bruits se firent entendre dans la chambre où je dormais en compagnie de ma sœur (elle avait vingt ans, moi dix-huit).

C'étaient des coups sonores qui parfois se succédaient au nombre de vingt ou trente par minute ; d'autres fois, avec un intervalle d'une minute entre l'un et l'autre. Le lendemain, nous racontâmes terrifiées ce qui nous était arrivé, mais nous reçûmes pour toute réponse des reproches, car chacun croyait que nos affirmations étaient de sottes fantaisies.

Cependant, il arriva que les autres entendirent à leur tour les bruits externes et les coups dans notre chambre, et durent convenir qu'il ne s'agissait pas de fantaisies. Alors on attribua à l'incident du fantôme l'importance qui lui revenait. Pourtant nous ne fûmes jamais sérieusement épouvantés par les manifestations, et nous finîmes par nous habituer aux bruits étranges. Une nuit, tandis que les coups habituels résonnaient, il me vint l'idée de demander : « Si tu es vraiment un esprit, frappe six coups » ; et immédiatement six coups résonnèrent.

On continua ainsi durant plusieurs semaines, et à mesure que le temps passait nous nous familiarisions avec les bruits à tel point qu'ils perdirent tout caractère désagréable pour nous.

Mais il me reste à parler d'un épisode si merveilleux, que si les membres de ma famille n'étaient pas là, prêts à témoigner de son authenticité, je m'abstiendrais de le révéler. Mon frère, alors âgé de douze ans, aujourd'hui homme fait et célèbre dans sa profession, est prêt à confirmer les faits dans tous leurs détails.

Le jour vint où de concert avec les coups frappés dans notre chambre, on entendit au salon quelque chose de semblable à une voix humaine articulée. La première fois que le phénomène se produisit, la voix mystérieuse s'était unie en chœur à nos voix qui venaient d'entonner un chant populaire avec accompagnement au piano. Notre stupeur fut immense mais nous ne restâmes pas longtemps avec le doute que le phénomène dût être attribué à une imagination exaltée, car la voix mystérieuse ne tarda pas à parler clairement et intelligiblement, prenant part à nos conversations. C'était une voix gutturale, qui articulait les paroles avec lenteur et solennité, et s'exprimait en français.

« L'esprit » (car nous l'avions désigné ainsi) nous dit s'appeler Gaspard, mais chaque fois qu'on lui adressait une demande sur son histoire et ses conditions d'existence, il ne répondait pas ; de même qu'il ne dit jamais dans quel but il était entré en communication avec nous. Nous le considérâmes toujours comme d'origine espagnole, mais en vérité je ne saurais dire pourquoi. Il appelait chacun par son nom ; il ne touchait jamais aux arguments religieux, mais nous inculquait des maximes sublimes de moralité chrétienne, et par-dessus tout il semblait soucieux de nous faire comprendre que la vraie sagesse consistait à mener une vie vertueuse, et que la vraie beauté de l'existence sur terre était l'harmonie domestique. Un jour qu'une petite dispute s'était élevée entre ma sœur et moi, sa voix se fit entendre et sentencia : « M... a tort, S... a raison. » Il nous conseillait souvent, et toujours pour le mieux. Quelquefois il déclamait des vers.

Un jour que mon père cherchait anxieusement des documents qu'il croyait perdus, la voix de Gaspard s'éleva, indiquant exactement l'endroit où ils se trouvaient dans notre vieille demeure de Suffolk. Et les documents furent retrouvés à l'endroit précis qu'il avait indiqué.

L'esprit continua à se manifester pendant plus de trois ans ; et chaque membre de la famille, y compris les domestiques, put entendre sa voix. Sa présence (car nous ne pouvions douter qu'il fût présent) était toujours un plaisir pour nous, et nous avions fini par le considérer comme un hôte et un protecteur.

Un jour il annonça : « Je dois m'absenter pour quelques mois. » En effet, pendant plusieurs mois nous ne perçûmes plus sa présence ; et lorsqu'enfin un soir la voix bien connue résonna, annonçant : « Me voici de nouveau parmi vous ! » nous saluâmes tous joyeusement son retour.

Dans les moments où il partait, personne ne voyait de fantômes ; mais un soir mon frère demanda : « Gaspard, comme je serais heureux de te voir ! » Et la voix : « Va au fond de la cour je viendrai à ta rencontre et tu me verras ». Mon frère y alla, et peu après en revint en criant : « J'ai vu Gaspard ; il était enveloppé dans un grand manteau, avec un chapeau à grands bords sur la tête ; je l'ai regardé sous le chapeau, et lui aussi m'a regardé en souriant. — Oui, confirma la voix, c'était bien moi. »

Nous revînmes à Suffolk ; et ici, comme en France, Gaspard continua de converser avec nous pendant plusieurs semaines ; mais un jour il annonça : « Je suis obligé de prendre congé. En continuant à m'entretenir avec vous, je vous causerais des ennuis, car vos rapports avec moi seraient mal interprétés et sévèrement condamnés dans ce pays. » Son adieu fut extrêmement pénible et émouvant, et depuis ce jour, plus jamais nous n'entendîmes résonner la voix amie de Gaspard.

M. Dale Owen fait les commentaires suivants :

« Que penser de ce récit, d'où se dégage l'accent de vérité, et qui nous arrive directement des sources ? En voulant le déprécier pour l'écarter, à quelle hypothèse nous faudrait-il recourir ? Hallucination ? Illusion ? Mystification ? Disons-le franchement : s'il s'agissait de quelques épisodes advenus en une brève période de temps, on pourrait les expliquer par l'une de ces hypothèses ; mais quand les phénomènes se répètent un nombre infini de fois et persistent trois ans, se déroulant dans l'intimité du foyer domestique, avec les membres de la famille entière pour témoins ; quand tous y assistent d'un esprit calme et tranquille, sans l'ombre d'excitation ni de terreur (états d'âmes qui disqualifient parfois les témoins) ; quand tous les membres de la famille subissent jour par jour les mêmes impressions collectives, sur quelles bases rationnelles pourrait-on s'élever pour mettre de côté une série d'observations aussi importantes ?

« Je cherche en vain un moyen de résoudre le problème. Ou il faut admettre qu'il existe des communications orales avec le monde spirituel, ou bien qu'une entière famille de haut lignage, composée de personnes cultivées, intelligentes d'une réputation indiscutable, s'est mise d'accord pour se moquer du monde en répandant -un impudent mensonge, et en y persistant obstinément ! Ajoutons que ce mensonge non motivé est de ceux qui peuvent causer un dommage moral à qui le propage, car les présomptions humaines sont encore si enracinées, que ceux qui font des récits de ce genre ne sauraient éviter les commentaires méprisants et les soupçons injurieux. D'autre part, je reconnais que le fait d'un esprit désincarné qui parle à des oreilles de mortels, est un tel phénomène supranormal que bien des lecteurs refuseront de le croire. »

Il ressort de cette discussion que l'auteur se préoccupe excessivement du caractère merveilleux de l'épisode, de peur que le *vrai* ne paraisse à quelques-uns *invraisemblable ;* il sera donc utile d'observer que si à l'époque où l'auteur écrivait, le phénomène de la « voix directe » pouvait sembler merveilleux jusqu'au point de friser l'invraisemblable, il n'en est plus ainsi de nos jours, où le phénomène peut être expérimentalement obtenu. Il n'y a donc rien d'incroyable dans l'épisode rapporté ; et quand même on voudrait négliger les manifestations *expérimentales* pour se borner à celles *spontanées,* il serait aujourd'hui tout aussi facile de citer des épisodes encore plus extraordinaires.

Je rappellerai par exemple le fameux cas du « Follet de Udemuhlen », qui se manifestait dans le château de ce nom, puis dans celui d'Estrup, au cours des années 1584-1589. Le « follet parlant » se montrait en rapports médiumniques avec deux nobles demoiselles qui vivaient dans le château d'Udemuhlen, et quand celles-ci se transportèrent ailleurs, il les suivit. Il parlait d'une voix perçante d'adolescent ; il exhortait à pratiquer la vertu, et dévoilait sans cérémonie les vices et les défauts des personnes présentes, les grondant cruellement. Il se manifestait d'un caractère vif et impulsif, et avait le pouvoir d'agir sur la matière, en emportant et apportant des objets, administrant des corrections bien senties à ses détracteurs, surtout aux prêtres exorciseurs appelés au château pour l'en chasser. « L'esprit » affirmait être né et avoir vécu en Bohème, où il s'appelait Hintzelmann (César de Vesme, *Histoire du Spiritisme,* vol. 11, pp. 356-364).

Un autre cas intéressant est celui qui se vérifia dans la famille de John Richardson, à Hartford (Trumbul County, Ohio) dans la seconde partie de l'année 1854. Ce Richardson en publia un récit à la date du 8 janvier 1855, le renforçant de sa propre attestation sous serment devant le juge de paix, et avec des attestations analogues de sa femme et de Mr. James More. Le juge de paix, Mr. William J. Bright, corroborait le fait à son tour en déclarant que les phénomènes exposés étaient de notoriété publique. Là, on entendait deux voix humaines de tibre différent, qui affirmaient être celles de deux frères assassinés onze ans auparavant, nommés Henry et George Force. En même temps se réalisaient des manifestations complexes de « poltergeist », sans négliger les bris de vaisselle. On demanda aux esprits pourquoi ils se comportaient de cette manière, et ils répondirent : « Nous le faisons pour convaincre le monde de notre présence spirituelle effective. » (Epes Sargent, *Planchette, the despair of Science,* pp. 134-137.)

Alexandre Aksakoff, dans son livre *Les Précurseurs du Spiritisme,* note aussi un cas spontané de « voix directes » qui eut lieu dans une maison de paysans russes, aux alentours de Nijni-Novgorod. La voix assurait être un « domovoï » ou « esprit familier », et tenait d'amicales conversations avec les personnes présentes pendant la nuit, dans l'obscurité. Elle discutait le plus souvent sur les affaires du village et sujets semblables, susceptibles d'intéresser une famille de paysans russes. En ce cas, le médium était une fillette de huit ans, ce qui ne manque pas de valeur probante, car la voix de l'esprit était celle d'un baryton, qu'une fillette ne pourrait certes imiter (Voir *Proceedings of the S. P. R.,* vol. XII, p. 330).

Tout aussi digne d'intérêt est le cas que l'avocat F. Zingaropoli, de Naples, tira d'une vieille chronique dont on conserve une copie dans la bibliothèque Oratorienne de Naples ; ce cas date de 1696 et se produisit dans le couvent de la Congrégation de l'Oratoire. Le médium était un novice de dix-neuf ans, nommé Charles-Marie Vulcano ; parmi les nombreuses manifestations, on notait une voix humaine qui changeait souvent de tonalité selon les sentiments qui agitaient la personnalité communiquante, et qui se répandait en disputes interminables avec les moines, pour les convaincre qu'elle n'était pas celle d'un diable, mais d'un esprit désireux de progresser. Interrogée sur les motifs qui l'avaient amenée à se manifester, elle répondit « qu'elle ne savait pas pourquoi elle le faisait, et que Dieu seul le savait, qui, par ses justes jugements, lui avait permis de le faire. » (F. Zingaropoli, *Gesta di uno Spirito,* Napoli, 1904.)

Je noterai enfin le cas étudié par le Dr Reid. Clauny, médecin en chef de l'hôpital de Sunderland (Angleterre) et advenu en 1839. Le médium était une fillette de treize ans, nommée Mary Jobson, souffrant depuis quelque temps de graves crises hystériques, qui l'avaient rendue aveugle et sourde-muette. Les médecins avaient aggravé son état avec de nombreuses saignées et des applications inopportunes de vésicatoires. Arriva un autre médecin, qui prescrivit à son tour un vésicatoire. Alors des coups très forts retentirent dans la chambre, qui devinrent violents quand on fut sur le point d'appliquer le remède, et cessèrent quand on y renonça ; mais ils recommencèrent quand on retenta l'épreuve. Enfin on entendit une voix mystérieuse qui enjoignait au père de congédier les médecins et de laisser faire la nature. Depuis ce jour la voix continua de se faire entendre et de donner des conseils jusqu'à la guérison complète de la malade, qui eut lieu huit mois plus tard. Le Dr Clauny et ses confrères furent témoins des faits » (William Howitt, *History of the Supernatural ;* vol. II, p. 450).

En passant aux phénomènes de « voix directes » obtenues expérimentalement, je dirai que les premières manifestations de ce genre furent constatées dans le fameux « cercle familier » de Jonathan Koons (Athens County, Ohio), en 1852, où les esprits conversaient avec les expérimentateurs en se servant d'une espèce de trompette acoustique destinée à rendre les voix médiumniques plus sonores (Emma Hardings Britten, *Modern American Spiritualism* p. 307).

Le phénomène se révéla en 1853, à Los Angeles de Californie, dans le cercle familier de la famille Hildred, avec la médiumnité d'une fille du chef de famille ; en ce cas, on entendait souvent deux voix médiumniques qui conversaient et se concertaient entre elles avant de s'adresser aux expérimentateurs (Ouvr. cité, p. 439).

Puis vinrent les intéressantes expériences du Dr Wolfe avec le médium Mrs Hollis, où les voix médiumniques se montraient capables de causer pendant deux heures consécutives, en fournissant souvent d'excellentes preuves d'identification spirite (Dr N. B. Wolfe, *Startling Fact in modern Spiritualism,* pp. 151-159, 183-190, 285-286, 292, 301-302, 336-310, 364-365, 381-398).

On passe ensuite à la médiumnité. complexe et exceptionnelle de Mrs Everitt, de Londres (morte en septembre 1915 à 90 ans) ; femme d'excellente famille, largement pourvue des biens de la fortune, et qui s'exhibait uniquement par amour de la cause, dans l'intimité du cercle familier. Ses expériences, commencées en 1850, atteignirent leur apogée en 1867 avec le phénomène de la « voix directe ». Par la clarté des manifestations, par leur indiscutable véracité, par les preuves d'identification, qui les suivirent, elles sont à retenir parmi les plus mémorables du genre,. Il faut donc regretter d'autant plus qu'elles se soient déroulées dans l'intimité de cercles privés, sans le concours d'hommes de science autorisés qui pussent en confirmer les résultats.

On arrive enfin à l'époque contemporaine, où des manifestations analogues sont obtenues par la médiumnité de Mrs Etta Wriedt et Suzanne Harris (toutes deux nord-américaines). Avec la première, les manifestations sont les plus remarquables qu'on ait jamais obtenues, car on assiste souvent au phénomène de quatre voix médiumniques simultanées avec autant d'interlocuteurs ; tandis qu'on écoute des dialogues en toutes les langues et en tous les dialectes, selon les personnalités communiquantes et la nationalité des interlocuteurs (Consulter le livre du vice-amiral Usborne Moore : *The Voices,* et les articles de James Coates dans *Light,* 1914-1915).

Après ce que nous venons de voir, il est évident que si le phénomène de la « voix directe » pouvait sembler incroyable aux contemporains de Dale Owen, il n'en est plus ainsi de nos jours, où on peut l'obtenir expérimentalement, sans compter les épisodes analogues de nature spontanée recueillis récemment ; ce qui pourtant ne signifie pas qu'aujourd'hui le phénomène semble moins merveilleux qu'il y a soixante ans, mais uniquement que les preuves accumulées à ce sujet sont suffisantes pour le faire accueillir parmi les phénomènes médiumniques dont il n'est plus permis de douter.

CHAPITRE 8

CONCLUSIONS

Les adeptes des disciplines philosophiques sont familiarisés avec les termes par lesquels on désigne et on limite les possibilités de la science humaine, laquelle en dernière analyse peut se réduire à une « perception de rapports entre les phénomènes » Tel est le champ minuscule où s'agite l'inquiète mentalité humaine, et au-delà duquel s'étend à l'infini le domaine de l'Absolu et de l'Inconnaissable.

Par suite le progrès humain, avec ses grandes découvertes, ses admirables inventions, les chefs-d'œuvre de la littérature et de l'art, est totalement réductible à cette simple expression ; et les manifestations multiformes du génie sont à leur tour réductibles à la faculté de discerner et combiner des rapports qui demeurent insaisissables pour les mentalités ordinaires.

Profondément convaincu de cette vérité axiomatique, je me suis proposé de faire œuvre de science en l'appliquant aux phénomènes de hantise, me flattant de parvenir de quelque façon à les éclairer, sans prétendre les comprendre. Je me demandai donc quels étaient les « rapports » qui les relient, et par quels autres rapports ils se reliaient aux phénomènes métapsychiques en général.

Au sujet des rapports qui les rattachent entre eux, il était facile d'en remarquer un bien distinct, qui les caractérise et consiste dans le fait de leur manifestation en liaison avec une localité déterminée, à laquelle ils semblent en quelque sorte adhérer, jusqu'au point de ne pouvoir se réaliser autrement.

En continuant l'analyse comparée des faits, je remarquai qu'ils se divisaient en deux classes distinctes de manifestations : d'une part, celles *subjectives ou hallucinatoires* d'autre part celles *objectives ou physiques,* qui le plus souvent se produisent ensemble, ce qui rend impossible leur séparation nette en catégories ; si on voulait de quelque façon les distinguer, il ne restait qu'à grouper d'un côté les manifestations *surtout subjectives,* de l'autre celles *surtout objectives.* Subdivision purement conventionnelle, mais utile au point de vue de l'exposition, car on trouve entre les deux groupes des différences très importantes. Ainsi, les manifestations à extrinsécation *surtout subjective* persistent longuement dans le temps, coïncident généralement avec quelque mort advenue dans les lieux hantés, et sont marquées par des apparitions de fantômes ; alors que les manifestations à extrinsécation *surtout objective* présentent une durée très courte, coïncident rarement avec des morts, ne sont presque jamais accompagnées d'apparitions de fantômes, et ont la spécialité de se montrer en relation avec la présence d'un « sensitif ». En d'autres termes : les premières sont des manifestations d'ordre *surtout télépathique ;* les secondes, d'ordre *surtout médiumnique.*

Il était donc raisonnable de les distinguer pour mieux les analyser ; tâche à laquelle avaient déjà pourvu mes prédécesseurs, en désignant les manifestations surtout subjectives sous le terme de « phénomènes de hantise proprement dite », et celles surtout objectives avec le terme allemand de « phénomènes de *poltergeist* ».

Dans ce travail, je m'en suis tenu à ces termes consacrés par l'usage, parce qu'il n'y a pas de raison de les écarter ; à condition cependant de ne pas oublier qu'ils ne correspondent à rien de bien défini, étant donnée la promiscuité d'extrinsécation des phénomènes. Cette promiscuité est douée d'une valeur théorique, car il en résulte évidemment que la phénoménologie tout entière, au fond, est unique, et que par conséquent, il nous faut chercher en elle un élément causal commun, qui consiste probablement dans l'origine spirite de la grande majorité des phénomènes, avec cette différence que d'un côté ils se réalisent par une action surtout *télépathique,* et de l'autre par une action surtout *médiumnique.*

Cela pour les rapports qui *relient entre eux* les phénomènes de hantise. Il restait à étudier les rapports *qui les relient aux phénomènes métapsychiques en général,* et surtout à certaines catégories déjà familières à la recherche psychique. Grâce à l'analyse comparée entre les différents ordres de phénomènes, il me fut facile d'observer que ceux de « hantise proprement dite » présentent d'indubitables analogies avec les phénomènes de « télépathie entre vivants » et avec les « manifestations de défunts ». En poussant encore plus loin l'analyse, je reconnus que les trois catégories de phénomènes s'identifiaient tout à fait, en considérant que de l'une quelconque d'entre elles on passait à l'autre sans solution de continuité, et que même on trouve de nombreux faits qui les représentent ensemble ; c'est-à-dire qui commencent au lit de mort de l'agent, sous forme de « télépathie entre vivants » ; continuent après sa mort en se transformant en « manifestations de défunts », et se répètent pendant quelques jours dans le même milieu, s'identifiant avec les phénomènes de « hantise proprement dite ».

Devant des preuves si manifestes, on peut logiquement conclure que les catégories susdites de phénomènes font parties d'un tout homogène, et sont les compléments l'une de l'autre. Donc, les différences existant entre l'une et l'autre doivent être considérées comme purement nominales, et n'ont d'autre importance que celle de délimiter leurs graduations de développement, qui consistent en ceci : Lorsque se manifestent des fantômes de vivants, on les désigne par le terme de « phénomènes de visualisation télépathique » ; quand se réalisent des coups et des bruits provoqués à distance par la pensée d'un vivant, on les nomme « phénomènes d'audition télépathique » ; quand les mêmes manifestations surviennent après la mort d'une personne et en rapport avec cette mort, on les définit « apparitions ou manifestations de défunts » ; lorsqu'enfin ces mêmes manifestations se répètent plus ou moins longuement dans le même endroit, elles prennent le nom de « phénomènes de hantise proprement dite ». Voilà les graduations de développement des phénomènes ; et comme la simple circonstance de la *non répétition* ne peut constituer une différence substantielle entre les phénomènes de la dernière catégorie et ceux des autres, leur identité fondamentale ne saurait être mise en doute. Ce qui équivaut à admettre qu'elles ont la même cause pour origine, ou en d'autres termes que la cause permettant la production des phénomènes de l'une quelconque d'entre elles, doit servir également pour les autres. Donc, la cause qui détermine les « phénomènes de télépathie entre vivants » doit être valable également pour ceux de « hantise proprement dite ». Or, puisque l'origine des phénomènes télépathiques est accessible aux méthodes d'étude scientifique, nous nous trouvons en possession d'une base très favorable à l'explication des phénomènes de « hantise proprement dite ». En effet, si les modes d'extrinsécation des phénomènes de « télépathie entre vivants » permettent au chercheur de remonter aux sources, de manière à démontrer expérimentalement que l'apparition d'un fantôme de vivant a pour origine la projection de la pensée de l'individu dont le fantôme est apparu à distance (sauf quelques exceptions qui n'infirment pas la règle) alors il faut en conclure que lorsque le fantôme d'un défunt apparaît dans les phénomènes de hantise, celui-ci, à son tour, doit avoir pour origine une projection de sa propre pensée, dirigée à ce moment avec une intensité passionnée vers le lieu de sa demeure sur terre, ce qui peut s'appliquer aussi aux autres formes de manifestations communes aux deux catégories (sauf toujours les possibles exceptions qui n'infirment pas la règle).

Ces conclusions sont d'autant plus justifiées qu'elles sont appuyées par le fait que les phénomènes de « hantise proprement dite » présentent les mêmes caractères de *subjectivité* propres aux phénomènes télépathiques, c'est-à-dire que les fantômes hanteurs, de même que ceux télépathiques, sont pour la plupart « électifs », comme le sont les coups et les rumeurs qui sont formidables pour l'un et n'existent pas pour l'autre. Restent certains cas où *l'objectivité* des fantômes et la réalité des sons semblent hors de doute, conformément à ce qui se produit aussi dans la catégorie télépathique ; mais dans l'un comme dans l'autre cas, ces exceptions peuvent s'expliquer par des hypothèses collatérales parfaitement conciliables avec la principale.

A un point de vue général, nos conclusions peuvent donc être considérées comme fondées, et équivalent à reconnaître la validité de l'hypothèse spirite comme explication probable de la majorité des phénomènes de hantise. : ce qui ne veut pas dire : de toute la phénoménologie, car de même que toutes les manifestations de vivants n'ont pas une origine télépathique (comme par exemple les phénomènes de « bilocation ») toutes les manifestations de hantise ne semblent pas d'origine spirite.

Celles qui ne le semblent pas se manifestent sous deux formes : l'une, celle de « hantise de vivants » ; l'autre, qui suggère quelque chose d'analogue à l'interprétation *psychométrique* des faits.

De là l'opportunité d'accueillir aussi ces deux hypothèses si l'on veut expliquer la totalité des phénomènes, d'autant plus qu'elles s'harmonisent si complètement avec celle spirite qu'elles en sont le complément nécessaire. Cela étant, leur admission n'aurait exigé que de courtes explications préliminaires, s'il n'y avait eu des chercheurs qui les ont prétendues théoriquement suffisantes pour tout résoudre, et pour éliminer l'hypothèse spirite. Il était donc nécessaire de les analyser à fond, dans le but d'en mesurer la portée théorique et de juger de la place qui les attendait dans l'interprétation des faits.

J'ai commencé par l'hypothèse des « hantises de vivants », au sujet de laquelle j'ai fait noter que son défenseur — Frank Podmore parti faussement de cette hypothèse que puisque se réalisent des manifestations de vivants, les phénomènes de hantise devaient être considérés comme tels — ne craint pas de conférer à l'hypothèse télépathique une extension presque illimitée ; mais il ne parvient pas à prouver sa propre assertion, car cette hypothèse persiste à se montrer inconciliable avec une multitude de faits et contraint son défenseur soit à les ignorer, soit à les rejeter systématiquement, et cela au détriment de sa thèse qui se révéla si gratuite et si insoutenable qu'elle ne trouva aucun partisan et tomba sans pouvoir se relever.

La thèse de Frank Podmore voulait démontrer que les phénomènes de hantise, en leur qualité de manifestations exclusivement subjectives (ce qui n'est pas) dérivent de l'action télépathique soit de personnes habitant la maison hantée, soit de personnes lointaines qui ont demeuré autrefois, ou simplement informées des faits, lesquelles, en repensant aux événements tragiques qui se sont déroulés dans cette maison, ou bien à la frayeur éprouvée quand elles y demeuraient, sont la cause inconsciente que leur pensée se transmet télépathiquement aux personnes présentes dans les lieux ; de cette façon elles produiraient les phénomènes de hantise et contribueraient à leur prolongation.

Pour la critique de la théorie, je renvoie au chapitre IV ici, je me contenterai d'observer que pour mesurer toute l'inanité de cette thèse, il faut repenser à certains épisodes rapportés ici. Ce n'est certainement pas avec une projection de la pensée que l'on peut expliquer les manifestations imposantes et violentes décrites dans les IIe et XXVIIe cas ; sans compter que ces manifestations sont pour la plupart objectives, avec incidents de meubles qui se déplacent, d'ustensiles qui volent, d'apparitions lumineuses, de hurlements humains déchirants et d'attentats incendiaires ; tous épisodes qui ne comptent pas et n'existent pas pour la thèse de Podmore.

Il est inutile d'ajouter autre chose. Cette hypothèse éliminée comme explication suffisante de toute la phénoménologie de la hantise, peut encore être considérée comme explication possible de certains épisodes secondaires de « hantise proprement dite ». Ainsi réduite, elle n'est pas à repousser, car on ne peut que reconnaître que les deux ordres de phénomènes ont pour cause unique « l'esprit humain » — dans sa double condition « incarnée » et « désincarnée » ; par conséquent, on ne peut nier la possibilité que des phénomènes télépathiques se produisent entre vivants qui, se répétant plus ou moins longuement au même endroit, peuvent s'identifier de quelque manière avec les phénomènes de hantise proprement dite. Mais en même temps, il est à présumer que les épisodes de cette nature doivent être d'une rareté extrême, car ils requièrent des coïncidences de lieux, de temps, de personnes et d'états d'âmes excessivement improbables dans un milieu de vie terrestre, et par contre des plus probables dans un milieu de vie spirituelle, comme conséquences d'états d'âmes passionnels chez des entités récemment désincarnées.

Conformément à cette supposition, et d'après la classification des faits, on trouve que sur 532 cas recueillis, deux seuls exemples sont probablement dus à des « hantises de vivants ». Il s'agit donc d'exceptions si rares qu'on ne peut s'en servir pour fonder une hypothèse expliquant en masse une phénoménologie bien autrement imposante par ses modes d'extrinsécation, et qui est en outre inconciliable avec cette hypothèse en raison de la nature objective d'un grand nombre d'épisodes, de la relation indubitable qui existe entre certaines morts advenues sur les lieux et les manifestations, des preuves d'identification spirite qui en découlent, et du fait caractéristique de leur localisation à un lieu, localisation positive et intrinsèque, non éphémère ou télépathique. Cependant, l'existence des cas exceptionnels dont nous avons parlé, si on la considère relativement aux suppositions théoriques exposées, conseille d'accueillir aussi l'hypothèse de cas éventuels de hantise identifiables avec la « télépathie entre vivants », à condition cependant d'en circonscrire la portée en de justes limites, et de s'en servir uniquement à titre de complément de la principale hypothèse télépathico-spirite. C'est le critérium auquel nous nous sommes tenus dans cet ouvrage.

Il restait à considérer la seconde des hypothèses énumérées : celle « psychométrique », selon laquelle les phénomènes de hantise auraient pour cause des sortes d'émanations subtiles des organismes vivants, qui se perpétueraient dans une « ambiance » d'ordinaire inaccessible à nos sens, et en certaines circonstances sortiraient de l'état potentiel où elles se trouvent, pour susciter chez les vivants des phénomènes de perception subjective des événements qui leur ont donné naissance. Nous avons montré dans le chapitre VI que cette hypothèse, à laquelle les apparences accordent une latitude explicative assez vaste, se réduit pratiquement à des proportions non supérieures à celles de l'hypothèse précédente. Cela, parce que les phénomènes qui la suggèrent peuvent pour la plupart se ramener à de simples exemples de télépathie ; bien peu d'entre eux restent assez solides pour l'appuyer, et sont à peine suffisants pour la faire accueillir à titre d'hypothèse complémentaire d'une autre principale. Or, l'on parvient à la même conclusion si l'on réfléchit que l'hypothèse psychométrique n'explique pas les principales situations épisodiques de phénomènes de « hantise proprement dite », comme elle n'en explique pas les modes d'extrinsécation ; c'est ce que nous avons démontré d'une façon définitive dans les douze propositions qui servaient de conclusion au chapitre VI.

*
* *

Tout ce qui a été dit jusqu'ici regarde les phénomènes de « hantise proprement dite » ; je formule pour compléter la synthèse quelques courtes considérations sur les phénomènes de « poltergeist », dont nous avons déjà noté les rapports qui les rattachaient aux premiers. De ces rapports surgit l'unité fondamentale des phénomènes de hantise, et l'existence d'un élément causal commun, probablement supranormal ou spirite (sauf quelques exceptions qui n'infirment pas la règle) ; de sorte que la différence entre les deux catégories de phénomènes se réduit à ceci, que d'un côté, ils se réalisent par suite d'une action en majorité *télépathique,* de l'autre, en majorité *médiumnique.*

L'origine supranormale ou spirite des phénomènes de poltergeist se dégage avec évidence de ces modes d'extrinsécation.

C'est ce que prouvent surtout les épisodes des projectiles qui dévient en l'air pour ne pas se laisser cueillir, qui ralentissent leur course, qui décrivent en l'air des trajectoires capricieuses, qui frappent avec une admirable précision la cible choisie, qui passent à travers des fentes de portes et de fenêtres, et surtout, qui pénètrent dans des endroits hermétiquement fermés, circonstance où on les sent chauds au contact, ce qui correspond à ce qui devrait se vérifier si on réalisait le passage de la matière à travers la matière, avec désagrégation et réintégration instantanée de la masse moléculaire du projectile, et réaction thermique consécutive. Chacun verra comment cet ensemble de circonstances extraordinaires, impliquant l'intervention d'une intelligence occulte douée de facultés et de pouvoirs transcendantaux, rend insoutenable le point de vue de ceux qui prétendent l'expliquer en rabaissant cette intelligence au niveau des personnalités subconscientes créées par la désintégration du Moi conscient normal.

Viennent ensuite les preuves tirées des circonstances très remarquables des projectiles qui, lorsqu'ils frappent les personnes, ne leur font aucun mal alors qu'ils brisent la vaisselle et des flammes qui, entourant la victime, carbonisent ses vêtements sans léser sa personne. Or, comme en des circonstances analogues de nature normale, les projectiles blessent, et les flammes détruisent les tissus vivants, l'origine supranormale ou spirite ne saurait être mise en doute. De même, il appert de ces incidents que les intentions de l'agent occulte ne sont pas de blesser les personnes, ou, si l'on veut, qu'il est interdit à l'agent occulte de les blesser.

Viennent enfin les preuves tirées des exemples assez nombreux de « poltergeist » qui, à l'image de ceux de « hantise proprement dite », se trouvent en rapport avec une mort, et prennent fin dès que le but qui les avait évidemment déterminés est atteint ; circonstance qui constitue aussi une bonne preuve d'identification spirite.

Nous nous trouvons donc devant un ensemble de preuves convergeant toutes vers la démonstration de l'origine spirite de beaucoup de phénomènes de « poltergeist » ; en règle générale, il parait impossible d'éviter cette conclusion, malgré les rapports existant ordinairement entre la manifestation des phénomènes et la présence d'un « sensitif », qui fait probablement fonction d'un instrument au pouvoir d'un tiers, et rien de plus.

Il reste un petit nombre d'épisodes susceptibles d'être expliqués par l'hypothèse « animique », qui implique, dans notre cas, l'émission sporadique d'énergie télékinésique on médiumnique, contrôlée par une volonté rudimentairc d'origine subconsciente. On peut classer dans cette catégorie. certains épisodes peu complexes, qui se manifestent en l'absence d'éléments importants de physique transcendantale, ou en l'absence de précédents de mort ; de même qu'on pourrait dire qu'en général, les manifestations de « poltergeist » ne sont presque jamais ni entièrement « animiques », ni entièrement « spirites », ou en d'autres termes, qu'on trouve en elles, et côte à côte, des phénomènes « d'animisme » et de « spiritisme ».

Ouvrons ici une parenthèse, pour remarquer qu'en accueillant l'hypothèse « animique » parmi celles qui contribuent à l'explication des phénomènes de « poltergeist », on consolide encore l'unité substantielle de toutes les manifestations de la hantise, ou mieux encore de toutes les manifestations métapsychiques. En effet les rapports d'égalité entre les différentes catégories de phénomènes, sont étendus même au delà du cercle de ceux contemplés, démontrant que les « interférences animiques » telles qu'on les trouve dans les phénomènes de hantise, s'identifient avec les « interférences animiques » des séances médiumniques à « effets physiques », et sous une autre forme, des séances médiumniques à « effets intelligents ». Toutes ces considérations, au point de vue spiritualiste, ne devraient pas étonner, car on ne pourrait concevoir des manifestations « spirites » sans l'alternative « d'interférences animiques » ; en effet entre un « esprit désincarné » et un autre « incarné » il ne peut y avoir de différences substantielles, mais uniquement des limitations respectives dans la capacité d'exercer leurs facultés (spirituelles d'un côté, sensorio-psychiques de l'autre) au delà du cercle de leurs propres conditions d'existence ; limitations atténuées par l'intervention de la médiumnité, qui permettrait aux « désincarnés » de communiquer avec les « incarnés » au moyen des fluides vitaux et des facultés extériorisables des médiums ; et aux médiums, de profiter de leurs facultés spirituelles subconscientes, en parvenant à leur tour à communiquer avec les défunts, ou à se manifester à distance, ou à agir sans contact sur la matière ; de sorte que la médiumnité pourrait être définie comme *un état intermédiaire d'existence, consécutif à des processus initiaux de désincarnation de l'esprit.*

Les choses en étant là, le problème très troublant des « interférences animiques » (ou mystifications subconscientes) qui se réalisent fréquemment parmi les manifestations spirites, pourrait être virtuellement résolu. En effet l'état intermédiaire d'existence que l'on nomme « médiumnité » ne peut que déterminer une condition d'opposition entre les facultés spirituelles subconscientes du médium, qui tendraient à se libérer et à se répandre, et la volonté de « l'entité spirituelle », qui tendrait à en contrôler l'expansion pour la faire servir à ses propres fins. De là un état d'équilibre instable entre les deux tendances opposées, où tantôt l'une et tantôt l'autre prédominerait ou céderait, donnant lieu à des manifestations prêtant à confusion en partie « animiques », en partie « spirites ». D'où cet enseignement très utile que les interférences subconscientes qu'on rencontre dans les manifestations métapsychiques en général, ne peuvent être évitées, parce qu'elles dépendent des conditions anormales dans lesquelles se produisent les communications entre le monde spirituel et celui des vivants.

En fermant la parenthèse, et en appliquant ces conclusions à la casuistique étudiée, nous répéterons que si, d'après ces conclusions, nous devons admettre le fait de l'intrusion de fréquents épisodes « animiques » dans les phénomènes de « poltergeist », nous devons toujours recourir à l'hypothèse spirite pour en expliquer l'origine, et cela d'autant plus que nous avons démontré en son temps que sa valeur n'était nullement diminuée par les objections fondées sur la *vulgarité* et l'*inutilité* des manifestations de cette nature.

Pour leur *vulgarité,* nous avons expliqué que tout concourt à démontrer que les modes d'extrinsécation représentent la « voie de moindre résistance » à la disposition des personnalités spirituelles pour se manifester aux vivants ; c'est-à-dire que les personnalités spirituelles se manifestent comme elles peuvent, non comme elles veulent. N'oublions pas qu'en certaines circonstances, on peut ne pas écarter l'hypothèse de l'existence d'entités vulgaires ou maléfiques qui profitent de la présence d'un sensitif pour tourmenter et effrayer les vivants, sans autre but que de se divertir à leurs dépens, ainsi qu'il leur arrivait dans notre monde, où ceux qui se livrent à ce genre de distractions sont nombreux. Le Pr. Barrett a donc raison d'observer sur ce point qu'il « ne sait comprendre comment on persiste à imaginer que des méchants et des plaisants ne puissent exister dans le monde spirituel, où, rationnellement, ils doivent se trouver en plus grand nombre ».

Quant à l'inutilité des phénomènes en question, nous avons noté que même si l'on fait abstraction des cas assez nombreux où l'utilité et les buts existent et se montrent justifiés et normaux, l'observation du Pr. Perty n'est pas privée de valeur, quand il dit que les manifestations de hantise, bien que vulgaires et tourmentantes, offrent néanmoins une raison spéciale, en ceci qu' « elles contribuent à élargir l'horizon de l'esprit en ouvrant des vues sur un nouvel ordre de choses ». Cette observation est juste incontestablement, et nous apprend que même les manifestations supernormales, en apparence basses et vulgaires, peuvent contribuer à l'obtention d'un but noble et élevé.

*
* *

Récapitulons donc, en disant que d'après les procédés d'analyse comparée appliquée aux phénomènes de hantise, nous sommes parvenus à mettre en évidence que l'hypothèse spirite, entendue sous les deux formes de *transmission télépathique de la pensée entre morts et vivants,* et de *manifestations de défunts par la médiumnité,* est seule vraiment susceptible de les expliquer dans leur plus grande partie ; tandis que les hypothèses de la « télépathie entre vivants », de la « psychométrie » et de « l'animisme », si elles sont nécessaires à la compréhension plénière des faits, ne peuvent compter que comme hypothèses complémentaires.

C'est à ces conclusions pondérées et objectives que nous sommes parvenus. Comme il n'existe pas d'autres hypothèses formulables, quiconque tendrait à une interprétation différente est tenu de démontrer que l'une quelconque des trois hypothèses discutées, ou les trois considérées toutes ensemble, peuvent expliquer les faits sans obliger à recourir à l'hypothèse spirite.

Quant à nous, nous croyons avoir prouvé le contraire ; cependant nous accueillerons toujours avec déférence les conclusions des autres chercheurs, à condition qu'elles soient rigoureusement basées sur les faits, qu'elles examinent ces faits sous tous leurs aspects, et que leurs auteurs ne se fient pas trop à l'amplification des hypothèses, en sautant de la *métapsychique* à la *métaphysique,* et par conséquent, en creusant dans le vide absolu.

IMPRESSION, BROCHAGE
IMPRIMERIE CHIRAT
42540 ST-JUST-LA-PENDUE
JANVIER 2000
DÉPÔT LÉGAL 2000 N° 8602

IMPRIMÉ EN FRANCE